美国科学问答

美国中学生课外读物　美国家庭必备参考书

1000个历史知识

人类历史上的重要事件

THE HANDY HISTORY ANSWER BOOK

探险与开拓、战争与冲突、政府与政治、法律与著名审判
这些历史上的重要事件改变了世界

[美] 丽贝卡 · 弗格森 /著
张 镌 /译

上海科学技术文献出版社
Shanghai Scientific and Technological Literature Press

图书在版编目（CIP）数据

人类历史上的重要事件：1000个历史知识 /（美）弗格森著；张镌译．—上海：上海科学技术文献出版社，2015.6

（美国科学问答丛书）

ISBN 978-7-5439-6651-2

Ⅰ．①人… Ⅱ．①弗…②张… Ⅲ．①世界史—历史事件—通俗读物 Ⅳ．①K105-49

中国版本图书馆 CIP 数据核字（2015）第 088647 号

图字：09-2015-371

选题策划：张 树
责任编辑：李 莺 于学松
封面设计：周 婧

丛书名：美国科学问答
书 名：人类历史上的重要事件
[美]丽贝卡·弗格森 著 张 镌 译
出版发行：上海科学技术文献出版社
地 址：上海市长乐路 746 号
邮政编码：200040
经 销：全国新华书店
印 刷：常熟市人民印刷有限公司
开 本：720×1000 1/16
印 张：17.25
字 数：290 000
版 次：2019 年 2 月第 3 次印刷
书 号：ISBN 978-7-5439-6651-2
定 价：39.00 元
http://www.sstlp.com

前言

在我接受邀请进行相关研究并编写此书的第一版时，脑海中浮现出的第一个想法是充斥着日期、人物和地点的历史，尤其适合“一问一答”的格式。但第二个想法就是它有可能无法完成：历史内容过于庞杂，无法挤入有限的问题和回答中，也无法按照主题整齐地安排、整理并以长短合适的篇幅呈现。但很快，这些问题自己闪现在我的头脑中：什么是罗马和平时代……血泪之路……火药阴谋……网球场宣誓……凸出部战役……欧洲胜利日……黑色星期五？谁是匈奴人……好战分子……四大巨头……强盗贵族？谁是卡丽·内申……亚历克斯·德·托克维尔……克拉拉·巴顿……巴兰钦？什么是十字军东征……人权……布尔战争……外来投机商？

就这样，本书第一版印刷出版并深受读者欢迎，我从读者那里看到或听到的评论是发自内心的满意。本书可作为中学生和大学生的学习辅助用书；可将读者引入范围宽广的主题内容，例如，年轻学生感兴趣的世界大战；可让历史迷们感到耳目一新；并且可以供所有充满好奇心的各年龄段读者将其作为趣味读物来阅读。有些读者称这本书很“妙”，“得心应手”，还说是“简明的历史”，这本书永远拥有它的读者群。

因此，这本书有再版的必要。再一次，这些历史问题又很快跃入脑海，我利用再版的机会描述21世纪初一些惊人的事件，其中包括卡特里娜飓风破坏性的影响，本书进入最后的编写阶段时，飓风正袭击美国海湾地区（当时，这场风暴刚刚初步显示出威力，当这本书出版时，情况仍在发展）。我也利用这一机会将一些早期事件之间存在的空白填补上，将没有彻底结束的主题内容加以更新和修改。就最后这一点而言，历史是一成不变的说法实属错误。新文献不断被发现，民意随时会改变，学者推出一个又一个新的说法。只要询问一下亚历山大·格雷厄姆·贝尔的后代就可以证实这点。

本书可以成为学习的资源，让我们时不时地温习一下记忆中存留却无法确切描述的事件、术语和历史人物。本书并不想将历史全部囊括在内，单独一本书根本不可能做到这一点，但当初本书的构思者认为具备一定智商的读者可以很方便地通过它查找日常交谈和阅读中经常出现的问题。

本书集中探讨西方文明，但也不可能将东方的事件排除在外，东方的影响力一定会在西方有所体现，反之亦然，这样一看，地球村并不是什么新概念。

将歉意表达得最诚恳的人也许是卡尔·桑德堡（Carl Sandburg）。在其《美国歌袋》（*The American Songbag*）一书的前言中他说道："这本书以谦卑的语气开篇，并以同样的语气结束：'上帝，饶恕我吧，一个罪人。'"这里，我也恳切地为书中可能出现的事实偏误道歉，虽然已尽我所能地将信息的准确性加以核实。

愿我们共处和平的时代。

〔美〕丽贝卡·弗格森

目录

CONTENTS

目录

Contents

目录

本书事件年代史

史 前 时 期

公元前200万年

旧石器时代开始，持续到公元前1万年。

最早使用艺术和沟通形式（约公元前3.5万年）。

约公元前5万年

原始人开始在北美洲定居；移民（追逐猎物的猎人群体）通过亚洲和北美洲之间的广阔陆地或冰桥穿越白令海峡水路。迁移活动一直持续到约公元前4万年，之后又紧随第二个迁移时期，从公元前2.6万年持续至公元前8000年。

约公元前1万年

新石器时期开始，持续到公元前3300年。

约公元前8000年

古代人迁徙穿越美洲，到达南美洲最南端火地岛。

▶ 约公元前3300年

青铜器时代开始，持续到公元前2500年。

▶ 约公元前3000年

世界最古老的文明之一埃及在尼罗河谷中发展起来，埃及王国一直持续到公元前332年被亚历山大大帝领导的马其顿人征服。

希腊文明在地中海地区兴盛起来。

▶ 约公元前2500年

铁器时代开始，持续到公元前2000年。

古 典 时 期

▶ 公元前2000年

古典时期开始，首先由希腊人统治，后由罗马人统治。

▶ 约公元前1400年

希伯来先知摩西带领以色列人从埃及的囚禁中逃出。

《圣经》最初的5本书写成。

▶ 约公元前1200年

为期10年的特洛伊战争开始，麦锡尼人攻打在黑海贸易中具有关键地位的特洛伊城。

▶ 约公元前1000年

玛雅文化在中美洲兴盛起来。

▶ 公元前8世纪

罗马建立。

▶ 公元前6世纪

罗马共和国诞生(公元前509年)。

印欧民族凯尔特人遍布在今法国、意大利、葡萄牙、西班牙和不列颠群岛一带。到了公元前3世纪,远征至希腊,最终融入除爱尔兰和其他偏远地区外的罗马帝国。

▶ 公元前5世纪

希腊文明达到其鼎盛时期。

希腊哲学家苏格拉底为西方思想奠定基础。

▶ 公元前4世纪

马其顿亚历山大大帝建立一个从埃及延伸到印度的巨大帝国,将希腊思想和风俗传播到各地。

▶ 公元前3世纪

意大利开始迦太基战争,包括罗马人为获取疆土而发动的一系列战争。

▶ 公元前2世纪

罗马军队征服马其顿。

迦太基战争结束，罗马取胜。

▶ 公元前60年代

尤利乌斯·恺撒当选执政官，首个3人执政政权形成并治理罗马。

▶ 公元前40年代

恺撒被国人谋杀（公元前44年）。

▶ 公元前20年代

罗马帝国由统治者奥古斯都（亦称渥大维）建立，200年之久的罗马和平时代开始。罗马帝国持续近500年。

▶ 公元30年

耶稣遇害（约30年）。

▶ 3世纪

罗马帝国的军队征服了众多民族，罗马帝国横跨整个欧洲，包括整个非洲地中海海岸和中东部分地区。

▶ 4世纪

罗马皇帝康斯坦丁大帝皈依基督教（约312年），使教会合法化，基督徒重获信仰自由。

康斯坦丁大帝将罗马帝国首都移至拜占庭（近代改称君士坦丁堡，今土耳其伊斯坦布尔），将核心从西方转至东方，为拜占庭帝国铺平道路。

狄奥多西大帝去世（395年），罗马帝国划分为东罗马（以拜占庭为中心）和西罗马（以罗马为中心）。

中　世　纪

▶ 5世纪

在阿提拉领导下，匈奴统治东欧，阿提拉死后（453年），匈奴的统治地位结束。

罗马遭受日耳曼部落的反复攻击，476年，罗马最终灭亡，标志西罗马帝国的结束。东罗马帝国仍保持基督教，但受到东方的显著影响，作为拜占庭帝国存留下来。

▶ 6世纪

以君士坦丁堡（土耳其伊斯坦布尔）为中心的拜占庭帝国在力量和影响方面不断增强。

▶ 7世纪

穆罕默德创立伊斯兰教，被认为是阿拉（神）的先知。

封建制度开始作为组织和保护居地的方式而建立，地主授予属下土地，反过来属下为其提供服务，包括军事保护。

▶ 9世纪

公元800年圣诞节这天，查理曼被封为神圣罗马帝国统治者，神圣罗马帝国是德国和意大利的松散联邦，公元814年查理曼去世后，罗马帝国开始崩溃。

在中国唐朝时期，第一本书《金刚经》出版。

▶ 10世纪

奥托一世被加冕为神圣罗马帝国国王，该西欧城邦联盟一直持续到1806年。

11世纪

古挪威航海者雷夫·埃里克森到达加拿大纽芬兰或新斯科舍（1001年），成为踏上北美洲土地的第一个欧洲人。

教皇乌尔班二世宣布（1095年）进行第一次十字军东征，即从穆斯林手里恢复圣地（巴勒斯坦）的战争。

诺曼人入侵，法国诺曼底公爵威廉（亦称征服者威廉）驾船穿过英吉利海峡（1066年）。

12世纪

封建主义在法国扎根并传入英国、西班牙和基督教世界的其他地区。

欧洲第一所大学在意大利博洛尼亚成立（1158年）。

13世纪

成吉思汗建立其东方帝国。

马可·波罗来到东方（1270年），停留了约25年的时间，返回家乡威尼斯时带回了对其奇妙旅程的文字描述。

一系列军事远征——十字军东征结束，永久恢复巴勒斯坦圣地的基督教目标未能实现，但却建立商船航线，打开新的市场，造船业也一直得以改进，为探险时代铺平道路。

文艺复兴时期、探险时期和改革运动时期

14世纪

文艺复兴运动在欧洲扎根，持续到17世纪。在此期间，艺术和文学兴盛发展。

阿兹台克印第安人在如今的墨西哥城位置建立特诺兹提朗城（约1325年）。

百年战争开始（1337年），英国和法国之间时断时续的战争一直持续到

1453年，英国丧失所有欧洲大陆土地。

15世纪

拜占庭帝国落入土耳其人手中（1453年）。

古腾堡制造第一台平版印刷机（1440年）。

罗马天主教支持西班牙和葡萄牙派遣探险家寻找通往印度和远东的新商船航线，探险时期开始。

在西班牙王朝资助下，意大利探险家克里斯托弗·哥伦布向西远航（1492年）寻找通往东方和加勒比岛陆地（西印度群岛）的商船航线。

意大利航海家亚美瑞格·韦斯普奇到达西半球（1497—1512年），后来被认为是到达新大陆的第一位欧洲探险家，因此，新大陆以这位航海家命名：美国（America）来源于其名字亚美瑞格（Amerigo）。

16世纪

葡萄牙航海家戈斯帕尔·科汝特雷尔在加拿大拉布拉多和纽芬兰海岸登陆并进行探险（1500年），经鉴定，这是欧洲人在北美洲大陆的首次着陆。

神学教授马丁·路德将其《九十五条论纲》贴在德国萨克森威登堡教会大门上，自此，改革运动开始（1517年）。

在埃尔南·科尔特斯带领下的西班牙人到达墨西哥中部（1519年）；到1521年，已经镇压阿兹台克人并将墨西哥作为西班牙的总督管辖区占领。

南美洲印加人被西班牙人（16世纪30年代）征服。

奥斯曼（土耳其）帝国达到其鼎盛期，将伊斯兰教文化传播到东方和欧洲。

启蒙运动和科学革命时期

17世纪

为避免被西班牙在新大陆的殖民主义超过，英国沿北美洲大陆的东部海滨建立定居点。法国也在北美洲设立定居点，为其王权获得土地，并引发与英国展开一系列的殖民地战争（1689—1763年），最终英国获胜。

伽利略倡导富有争议的哥白尼宇宙日心说（1613年），提出地球围绕太阳旋转。

科学革命在进行中。该时期的特点是在天文学、解剖学、数学和物理学方面取得重大发明和快速进步，科学成为学校课程的一部分。奥斯曼帝国持续300年的衰落阶段开始。

西伐利亚和约（1648年）的签订结束了30年战争，帮助新教在欧洲建立。

奥利弗·克伦威尔被命名为英国护国公（1653年），中断了英国君主制。

查尔斯二世登上英国王位（1660年），展开复兴运动；重建君主专制，但君主与力量更为强大的议会之间存在冲突。

美国的第一所大学哈佛大学成立（1636年）。

沙皇彼得大帝统治俄国（1682—1725年），引入西欧文明并将俄国力量提升至与欧洲大国相当的水平上。

英国议会强迫国王威廉和王后玛丽接受人权法案（1689年），声称皇室不再拥有绝对权力，必须通过议会进行统治；英国的君主立宪制建立。

革命时代：战争与工业的诞生

▶ 18世纪

联合宪章（1707年）使苏格兰并入英国。

德国物理学家丹尼尔·华伦海特发明水银温度计（1714年）。

丹麦航海家维图斯横渡分隔亚洲和北美洲狭窄的白令海峡（1728年）。

纽约印刷工约翰·彼得·曾格所做试验（1735年）为自由出版业打下基础。

英国发明者约翰·哈里逊将航海钟引介到伦敦经度委员会（1736年）；该设备历经几次改进，可使探险家和贸易商进行更为准确的航海。

第一家高尔夫俱乐部在苏格兰爱丁堡成立（1744年）。

强烈地震袭击葡萄牙里斯本（1755年11月1日）。整个欧洲都有震感，地震引发哲学家的辩论，他们都竭力解释上帝为何在万圣节专门毁坏神圣宗教法庭的所在地。

法英战争（1754—1763年）在北美洲打响；英国成为胜者。

七年战争（1756—1763年）进行，欧洲各国争夺霸权。

英国取得对印度的控制（1757年）。

女沙皇叶卡捷琳娜统治俄国（1762—1796年）。

詹姆斯·瓦特获得第一个实用蒸汽动力机的专利（1769年）。

法国军事工程师尼古拉-约瑟夫·居纽建造蒸汽动力公路车辆（1769年），成为汽车研制的开端。

工业革命在英国开始（18世纪中叶），电力驱动机械被引入和传播到西欧及美国。

波士顿倾茶事件（1773年）和其他殖民地叛乱行动引发美国革命（1775—1783年）。

托马斯·佩因撰写《常识》一书（1776年），宣传民主是保证正常权利的唯一一种政府形式；这本小册子激起民众对美国革命的支持。

《独立宣言》由美国13个殖民地代表宣布（1776年）。

苏格兰经济学家亚当·斯密撰写《国家的财富》一书（1776年），提出商贸领域中的自然自由制度，构成资本主义的基石。

佛蒙特州禁止奴隶制（1777年）。

当最后一个州（马里兰州）批准联邦条款时，开始正式生效（1781年3月1日）；后来该文献被宪法取代。

巴黎和约结束美国革命（1783年9月3日）。

棉纺机在英国发明（1783年）。

首个热气球在巴黎飞行（1783年）。

制宪会议在费城召开（1787年），起草美国宪法；第二年由各州批准，于1789年生效。

法国革命（1789—1799年）从网球场宣誓和攻占巴士底狱开始。

英国出生的机械员、商人塞缪尔·斯莱特将纺纱机引入美国（1790年），开始了美国纺织工业，为南部棉花种植业创造极大的需求。

棒球成为普及的运动项目，甚至在马萨诸塞皮兹菲尔德镇法令中都被提及（1791年）。

权利法案（1791年）增补到美国宪法中。

伊莱·惠特尼发明轧棉机（1793年）。

安东尼·韦恩将军带领的军事力量在俄亥俄落叶木林击败肖尼人（1793年）。

革命领导人马克西米利安·罗伯斯庇尔在法国实行恐怖统治（1793—1794年）。

英国工程师理查德·特里维西克建造第一台机车发动机模型（1797年）。

英国医生爱德华·詹纳宣布他发明疫苗（1798年）。

雾月政变（1799年），拿破仑·波拿巴在法国执掌政权。

一 各历史时期及其重要事件

历史从什么时候开始?

自人类可以用文字记载历史事件时起历史就存在,文字记载之前的一切一般都被称为史前事物。自公元前约3500年起,人类开始用文字记载事件,伴随希腊文明兴起(公元前2000年)的古典时期被认为是历史的开端。

史前时期:公元前200万年—公元前2000年

什么是史前时期?

史前时期这一术语指的是书写历史开始前的时期,包括石器时代(旧石器时代和新石器时代)、青铜器时代和铁器时代。史前时期跨越了从公元前200万年—公元前2000年这一段历史长河,此时,伴随希腊和罗马帝国的兴起,古典时期开始。

什么是尼安德特人?

该术语指的是在旧石器时代中期(古石器时代期间)行走于地球上的原始人类,原始人类一词意为可直立行走、已灭绝的人类祖先，可能为“真正”人类（现代人）的祖先或与人类有亲缘关系的物种的祖先，例如现代灵长类动物（因此，“人”这一名词用于指代原始人中的男性和女性）。

1856年尼安德特人发现于德国杜塞尔多夫附近，当时，工人们偶然发现了类似人类的头颅和骨骼遗骸。这一发现激起了关于人类本性的讨论和争议，其中主要有两种观点：头颅与19世纪人类完全不同，属于病理学畸形人类（被认定患有严重骨骼疾病或某些先天性营养不良的个人）的头颅；或者为“早期”人类的头颅。英国著名自然学家托马斯·赫胥黎（Thomas Henry Huxley，1825—1895年）在其著作《人在自然界中的地位》中对后一观点表示支持。

另一个认为该头颅属于早期人类的倡导者为法国外科医生、古人类学家保罗·布洛卡（Paul Broca，1824—1880年），他认同查尔斯·达尔文（Charles Darwin，1809—1882年）的进化论，认为尼安德特人头颅是人类进化的关键所在。

1886年，比利时发现了两架类似的骨骼和一些石器工具，这一发现再次证明了赫胥黎和布洛卡所持观点的正确性——这些遗骸实际属于人类的早期祖先。1890—1892年于爪哇岛（位于东南亚）进行的挖掘工作使这一观点得以进一步证实，并且基本上已经解决了这一争议：索罗河沿岸发现了一些化石残骸，其发现者——荷兰古人类学家玛丽·尤金.F.T.杜布瓦（Marie Eugene F. T. Dubois，1858—1940年）将其命名为爪哇直立人，俗称爪哇人。

后来的一些发现——包括1923年夏天发现于中国的北京猿人提供证据表明大约在7万年—1.1万年前，欧洲、西亚和北非有尼安德特人种存在。不知何时起，这一人种开始灭绝，被另外一类人种取代，而其灭绝的原因却不得而知。

人类什么时候开始在地面上行走？

“露西”发现（20世纪70年代）后的几十年里，人们认为人类大概在300万年前开始在地球上行走。但20世纪90年代中期的化石挖掘将人类进化的起始点向前推进至400多万年前，21世纪早期令人更为惊叹的发现使研究者得出结论，认为人类祖先在600万年前就开始在地球上行走。

1974年11月，美国的唐纳德·C.乔纳森（Donald C. Johanson，1943—　年）发现了人类历史学上最受关注的成果：他在埃塞俄比亚的哈达尔发现了一副不完整的骨骼。该架女性骨骼具有300多万年历史，是迄今为止发现的最完整的原始人化石，但其头颅未被发现。该生物身高3英尺半，尽管貌似猿类，却肯定是直立行走。当乔纳森于1979年正式宣布这一发现时，“露西”（得名于发现化石时红极一时的甲壳虫乐队演唱的一首歌曲）被称为所有人类之母（髋骨确定了其性别为女性）。由于“露西”是直立行走者，这一发现成果自然证实了原始人在公元前300万年的时候就开始直立行走这一理论。

在“露西”被发现之后，研究人员还挖掘出更为古老的原始人化石。1994年，人类学家米芙·利基（Meave Leakey，1942— 年）和同事在肯尼亚图尔卡纳湖附近发现了具有410万年历史的二足物种化石，被认定为南方古猿湖畔种（实际上，最初的南方古猿湖畔种化石由哈佛大学一支探险队于1965年在肯尼亚发现，但直到后来有了其他的发现，才被认定是这一物种）。同样在1994年，位于美国伯克利的加利福尼亚大学古人类学家蒂姆·怀特（Tim White）和一支国际研究队成员公开发表了他们1993年在埃塞俄比亚发现的猩猩类动物化石这一研究成果；他们将这一动物归类为拉密达猿人，这些化石的历史可追溯至440万年前。1997—2001年之间在埃塞俄比亚阿瓦什中部地区发现的化石经判定具有近600万年的历史。2001年，约翰尼斯·海勒·塞拉斯（Yohannes Haile-Selassie；美国克利夫兰博物馆）与其他作者蒂姆·怀特和诹访元（日本东京大学博物馆）在《自然》杂志上发表了具有历史意义的研究成果：名为卡巴达猿人的原始人“代表了自人类（从猩猩种群）分裂、进化后的生物家族中第一个人类分支物种”。

什么是石器时代？

人们通常所指的石器时代实际上是两个时代：旧石器时代（约公元前200万年—公元前1万年）和新石器时代（公元前1万年—公元前3300年），在此期间，人类开始使用石器工具。

在旧石器时代，人类从其猿类祖先进化为现代人的模样，靠狩猎和采集食物为生。最初的现代人进化过程一直持续到旧石器时代末期，即大约为公元前1万年。之后，随着冰河世纪结束、地球变暖，原本靠狩猎和采集食物为生的人类生活方式出现革命性的变化，人类选择一种更为固定的生存方式，可以更好地控制其食物来源。伴随着新石器时代的来临，人类开始从事农业活动。

新石器时代在人类发展进程中带来深刻的变化。新石器时代的人类学会生产食物而不仅仅是采集食物。人们不再依靠打猎、捕鱼、采集野果和坚果维持生计，而是掌握了如何种植庄稼、饲养动物、制作陶器、用纤维和毛发编织衣物，并且可以锻造、研磨、抛光大理石、碧玉和其他坚硬石块制造更为复杂的工具和武器。更多的坚固房屋、居住区域甚至建有设防工事的村庄开始出现，为以后更加伟大的文明打下基础。

在新石器时代接近尾声时，中东地区的工匠学会用金属制造工具和武器。大约在公元前8000年，土耳其和伊朗制造出全世界最早的人造铜制物品——铜珠、别针和鞋钻，考古证据还表明在公元前5000年巴尔干地区曾经存在铜矿，制铜的工艺技术就是从这里开始向西方传播，大概1 000年后传到了阿尔卑斯地区，标志着铜器时代的开始（公元前4000年—公元前2200年）。

真有"铜器时代"这回事吗？

一些文字资料并未提到过铜器时代，而是直接从石器时代跨越到青铜时代。实际上，铜器时代（公元前4000年—公元前2200年）与旧石器时代末期和青铜器时代有所重合，其时代标志是人类将铜作为制造工具的材料。

什么是青铜器时代？

在青铜器时代（公元前3300年—公元前2500年）这一人类文化阶段中，人类开始使用青铜制造各种物品——主要是工具。当各种欧亚大陆人类文化从用木材、石头和骨头制造工具转而发展冶金技术时，新石器时代逐渐走向结束。黄铜是制造工具和武器的一种极佳的材料，中东地区的人们学会通过将锡和铜混合制造出青铜（因此，新石器时代和青铜器时代之间的过渡期有时被称为铜器时代）。青铜具有相当大的硬度、力度和密度，实践证明，与曾经使用石头、木材和骨头制造的工具相比，具有更好的持久度。青铜器时代一直持续到铁器时代开始为止。

铁器时代从什么时候开始？

铁器时代并没有与金属的发明（约公元前2500年）相伴而至，而是伴随着金属硬化或钢化过程的发明而来临，其时间大约在公元前1500年。人们了解到在炭火中反复加热熟铁、再对其锤凿，熟铁不仅变得比青铜硬度大，而且在长时间使用后依然保持这一硬度（铁匠发现在锤凿熔化黄铜时余下的珠状铁质小颗粒时，可以将这些小颗粒形成一大块铁，熟铁就是这种偶然发现的成果）。然而，这种熟铁仅可以用作装饰使用，在公元前2500年之后的1 000多年的时间里，铁一直是一种昂贵的装饰性金属，比青铜硬度更大，并且能够削磨成不错的刀刃，因此，一直都是制造工具和武器的金属材料。

下一个技术进步就是淬火的过程，将热铁反复放在冷水中，对金属进行进一步硬化。只有在这一系列的发明和创造之后，铁给人类文化和文明带来的重大影响才得以深入人心。

由于青铜稀有，价格也就非常昂贵。因此，直到人类开始使用铁，人类才开始真正地发挥对自然的掌控。也是由于这一原因，铁才一直被称作“象征民主的金属”。铁器工具的广泛使用意味着生活水平的普遍提高，例如：铁釜的使用让人们开始开采森林，新土地才可以耕种。其他一些重要的发展还包括使用铁器工具割羊毛、剪布料以及发明最基本的机器工具——镰刀。

铁器时代一直持续到古典时期开始才结束（公元前2000年左右）。

古埃及的特点有哪些？

世界最古老的人类文明之一——古埃及文明于公元前3000年左右或5000年前在尼罗河河谷中发展起来；一直持续到公元前332年被亚历山大大帝（公元前356年—公元前323年）征服为止。当时，共有30个王朝统治过埃及，这些王朝基本分成以下3个王国：古王国（公元前3世纪）、中王国（公元前2世纪早期）以及新王国（公元前2世纪中期）；这些王国统治时期之后为中间期，王国政府力量薄弱或置于外国统治之下。

第一王朝于公元前3110年由美尼斯（Menes）创建，美尼斯将埃及南部和北部的敌对王国联合在一起置于自己的统治下，并在孟菲斯城建都（现在的密提拉希那村，位于埃及北部、开罗以南14英里〔22.5千米〕处）。在古王国时期，商业兴盛，艺术繁荣，这一点可以由第四王朝（公元前2500年）开始兴建的吉萨金字塔（包括狮身人面像）得到很好的证明。古王国之后是长达258年的一段时间（中间期），统治者无能，政府混乱，在阿门内姆哈特一世（Amenemhet

吉萨金字塔和狮身人面像表明古埃及王国时期的商业兴盛、艺术繁荣。

Ⅰ）于公元前1991年掌握政权时，中间期终告结束。阿门内姆哈特一世重新统一了埃及，中王国开始。在中王国期，埃及发起了帝国主义运动，扩张领土，并征服了东部的巴勒斯坦和叙利亚。在公元前1720年左右，闪密特游牧民族进入埃及，从法老手里夺取权力，建立了从第十五到第十七3个王朝，这期间，国安民富，但埃及人驱逐了这一外国势力（公元前1570年），建立了新王国：接下来的200年是埃及文明发展的鼎盛时期，底比斯城和孟菲斯城被视为世界的政治、商业和文化中心。

古埃及人发明了日历，创造出象形文字，并发明了纸莎草纸（用纸莎草制成的纸张）。埃及人居住在尼罗河沿岸和地中海的南部，还制造出早期的航海船只。但埃及人的建筑才是这一古代人群名扬四海的真正原因：除了吉萨金字塔外，人们发现的伟大遗址还包括阿布辛贝神庙，国王拉美西斯二世（Ramses Ⅱ，公元前1250—　年）在其统治期间（公元前1304年—公元前1237年）派人用岩石建造了两座神庙；还有阿拜多斯不计其数的遗址和坟墓、卡尔纳克的神庙建筑群（古底比斯城遗址的一部分）以及卢克索神庙和其他建筑（也是古底比斯城遗址的一部分）。

在古埃及最后700年的时间里（公元前1085年—公元前332年），古埃及王国逐渐置于外国统治之下，公元前332年，亚历山大大帝（公元前356年—公元前323年）轻而易举就占领了埃及。

古典时期：公元前2000年—公元500年

什么是古典时期？

古典时期指的是古罗马和古希腊时期，大约从公元前2000年—公元500年。古典时期在史前时期之后、中世纪之前。在此期间，古希腊人和古罗马人对文学、哲学、科学、艺术和文字作出贡献，影响一直持续至今。

希腊文明始于何时？

古希腊文明开始于米诺斯文明。米诺斯是欧洲第一个发达的文明，米诺斯人生活富足、安宁，于公元前3000年—公元前1450年左右在地中海克里特岛上繁衍生息。米诺斯人用石头、灰泥和木材建造房屋，墙壁上画有辉煌的壁画，并能制造陶器、织染布料、耕种土地（人们认为米诺斯人最先使农作物产量有剩余、并出口到其他地区）、用石头建造道路、桥梁、建设高度发达的排水系统和沟渠（在克诺索斯王宫，皇室家族拥有花木浇灌系统，甚至还建有冲水厕所）。米诺斯人思想深刻，热爱音乐、舞蹈、运动和娱乐活动。

什么是麦锡尼时代？

米诺斯人被生活在希腊大陆上的麦锡尼人征服并取代，大约在公元前1450年，克里特岛遭遇200英尺（60.96米）海啸袭击（或地震波），这场灾难可能完全摧毁了这座岛屿，或将其力量削弱，轻而易举就可以将其占领。麦锡尼人在约公元前1650年—公元前1200年期间开始兴盛起来，这段时期被称为麦锡尼时代，麦锡尼人将从米诺斯人那里学会的文化和技能继续发展（米诺斯人与麦锡尼人曾是友邻）。麦锡尼人统治着爱琴海地区，都是技艺高超的骑手、马车驾驶者和出色的水手。麦锡尼文化以名为“卫城”的筑堡宫殿为中心，城市包括阿哥斯、哥林斯、斯巴达和当时规模不大的雅典城和底比斯城。

公元前约1200年，麦锡尼人攻打特洛伊城，特洛伊城在利润丰厚的黑海贸易中占据关键地位，特洛伊战争由此开始。历经了10年的奋战后（希腊诗人荷马〔Homer，公元前850—　年〕在《伊利亚特》中再现了这段历史），麦锡尼人终获胜利。但胜利的喜悦没有持续多久就终结了，多利安人（来自希腊大陆西北部）攻打了伯罗奔尼撒半岛（希腊南部半岛）的大部分地区。多利安人得益于铁剑这一武器，向南部涌入，掠夺焚烧麦锡尼的城市、征服了这个富庶的海上贸易国，将希腊推进至被名为“黑暗时期”（或古风时期）的阶段，从公元前1100年持续至公元前约800年。

▶ 什么是古希腊的“黑暗时期”？

公元前1100年多利安人征服了麦锡尼人后，这些游牧民族使希腊进入不断衰退的时期，持续时间长达300多年。多利安人拒绝在麦锡尼的城市中生活，喜欢自己游牧放羊、狩猎的生活。作为部落民族，他们没有法律的概念，这段时期的特点就是不同部落之间的宿怨仇杀。男人一般都携带武器——由铁器制成（多利安人将这一新型的、更耐用的金属从北部地区引入，结束了希腊的青铜器时代）。

在“黑暗时期”，希腊文化没留下任何证据；麦锡尼人使用的文稿消失得无影无踪，麦锡尼时代曾经盛极一时的艺术也逐渐衰落。在多利安人的统治下，众多的麦锡尼城市被遗弃，许多地区和岛屿似乎都无人居住。也没有证据显示曾与其他国家有过贸易往来，希腊这片土地上到处充斥着贫穷的迹象。

在多利安人占领希腊大陆时，一些麦锡尼的居住群落在遥远的地方生存下来。许多麦锡尼人向东逃到雅典，这里对于那些渴望回归到先前文明的人来说是个天堂般的地方。其他的麦锡尼人穿过爱琴海，在小亚细亚沿海定居，这些难民大多使用爱奥尼亚式希腊语。

希腊“黑暗时期”一个影响深远的遗产就是它的神话。当爱奥尼亚人试图坚守青铜时代的精湛文明时，他们非常怀念从前伟大的歌曲和诗文，包括希腊诗人荷马（生于公元前850年，卒年不详）的《伊利亚特》和《奥德赛》。这些史诗与8世纪诗人赫西俄德的《神谱》（描述宇宙和神的诞生）一起使希腊新宗教兴起，该宗教以居住在希腊东北部奥林匹亚山上的宙斯及其他11个神为基础。希腊众神后来被罗马人接受，并将神的名字加以改动。

什么是古希腊的黄金时期？

古希腊文明时期起始于所谓的古希腊黑暗时期之后，结束于约公元前800年。在这段时期里，多利安人居住地点更为固定，逐渐将希腊大陆上的贸易和文化加以恢复。自给自足的城邦发展起来，其中包括军事中心斯巴达和成为艺术、教育和民主中心的雅典。这是希腊古典文明中伟大的希腊化时期的开端，希腊文明在公元前400年中期达到鼎盛，这段成就卓越的时期就被称为黄金时期。

古希腊文明的特点有哪些？

古希腊人将自己称为“Hellenes”、将自己的土地称为“Hellas”，给西方文明带来了最深刻的影响。他们对每一领域作出的贡献在2 000年后的今天依然伴随在我们左右。

希腊人的思想形成了科学、医学、哲学、艺术、文学、建筑和工程学、数学、音乐、戏剧、语言及政治。古希腊人信奉个人自由、理性思维和真理，并认为做每件事情都应适度。他们还认为人们应为工作和娱乐安排时间，并且应当将思维活动和体力活动加以平衡。

成为希腊文明遗产的知识起源于多利安人入侵希腊大陆后在小亚细亚地区（黑海和地中海之间的半岛，今土耳其占据的地区）建立的居住地。希腊人学会了腓尼基语字母表并将其加以改进用到自己的语言中，腓尼基语字母表由居住在古腓尼基沿海国家中（今叙利亚西部和黎巴嫩）的闪米特人发展起来。希腊人还开始用自己的语言记录下希腊诗人荷马的口头史诗（《伊利亚特》和《奥德赛》）以及其他希腊诗人和历史学家的作品。

伟大的希腊哲学家包括苏格拉底（Socrates）、柏拉图（Plato）和亚里士多德（Aristotle），希腊文学包括荷马的史诗以及萨福（Sappho）满怀激情的爱情

位于希腊雅典卫城山顶上的帕特农神庙，神庙建于公元前447年—公元前432年之间。

诗。希腊人给人类带来了埃斯库罗斯（Aeschylus）、索福克勒斯（Sophocles）和欧里庇德斯（Euripides）的悲剧，现代学生依然在研究这些诗歌，还有阿里斯托芬（Aristophanes）和米南德（Menander）的喜剧。古希腊人热爱演说，一些古希腊人将演说视为诗歌的最高形式。在现代依然著名的演说家有安蒂丰（Antiphon）、吕西阿斯（Lysias）、伊索克拉底（Isocrates）和狄摩西尼（Demosthenes）。

希罗多德（Herodotus）被称为"历史之父"，给现代世界留下了波斯战争（公元前550年—公元前449年）的描述，波斯战争由希腊城邦和波斯王国之间的冲突所致。希腊人还给人类带来了"医学之父"——希波克拉提斯（Hoppocrates），他提倡医生应该运用理性思维诊断病因，并且要研究患者的外观、行为和生活方式来进行诊断和治疗（现代医学专业学生在毕业典礼上诵读的"希波克拉提斯誓言"就是由其本人创作）。希腊科学家包括泰利斯（Thales）、毕达哥拉斯（Pythagoras），科学家兼思想家包括留基伯（Leucippus）

和德谟克利特(Democritus)。当然,希腊人还给现代文明带来了奥林匹克运动会。

罗马共和国存在于罗马帝国之前?

是的。罗马共和国在之后的几个世纪里被认为是势力均衡政府的榜样,该共和国建于公元前509年。罗马帝国直到公元前27年才建立,奥古斯都(别名渥大维,公元前63—14年)成为其第一任统治者。古罗马的发展概况如下:

公元前753年,罗马城建立(有些传说声称罗马城由罗慕洛斯〔Romulus〕与雷穆斯〔Remus〕兄弟建立)。罗马位于台伯河上绿树成荫的小山上,距离大海约15英里(24千米),具有得天独厚的海上贸易优势,并拥有抵御侵略者的天然屏障。罗马城易于把守,该地区农业发达,其他包括制造业和采矿业在内的经济活动也非常繁盛。

公元前509年,罗马共和国由贵族建立,政府由两名选举出的官员领导,这两名官员被称为执政官。执政官共同享有权力,其中的任何一人都有权否决另一人的决议,因此,可以保证一定程度上的权力均衡。任期也很短暂:每个选举上来的执政官仅就任一年。这些城邦头领都由罗马元老院统领,元老院由政治元老组成,同时也设有一些集会,其中百姓具有发言权。

公元前390年,高卢人(来自西欧的凯尔特人)夺取焚烧了罗马城,并在短时间内占领这座城市。公元前约300年,罗马人与希腊人进行联系,不仅接受了他们的思想,还接受了他们的神话。很快希腊众神都被赋予了罗马语名字。

到了公元前275年,罗马控制了意大利半岛的大部分地区。罗马人的家园稳固,因此他们将目光投向海外扩张,在公元前264年—公元前146年,发起布匿战争以争夺领土。罗马人征服了西西里、撒丁和科西嘉这几个地中海岛屿、高卢的部分地区、西班牙大部分地区以及迦太基(位于北非)。

在公元前最后一个世纪里,罗马进入其文明的鼎盛时期。但在这一世纪中期时,罗马共和国却由于内战而四分五裂。经过20年的战争,罗马帝国于公元前27年开始形成,奥古斯都(渥大维)成为第一任皇帝。尽管罗马共和国的一些痕迹依然存留,但奥古斯都大帝却拥有至高无上的权力,统领执政官,任命元老院议员,控制各个省份,并统领军队。平民集会依然存在,但大多数情况下平民失去了在政府中的发言权。

罗马帝国持续了将近500年的时间，到了公元3世纪，罗马帝国的军队已经征服了许多民族，帝国领土已经扩展到整个欧洲，并将整个非洲地中海沿岸和中东的部分地区包括在内。在这个拥有无限权力、不断扩张的时期里，巨大的陆路和海路交通网络上贸易繁荣，一直延伸到中国、印度和非洲。由金、银、铜制成的钱币由罗马政府发行、掌控。

在395年，狄奥多西大帝（347—395年）去世，罗马帝国也分裂成两部分：东罗马和西罗马。476年，在经历了日耳曼游牧部落的一连串攻打后，罗马帝国灭亡。

什么是罗马和平？

罗马和平是罗马帝国的鼎盛阶段，这段和平时期从公元前27年持续到公元180年，大约历经两个世纪。在此期间，没有哪个国家或哪支军队具有足够的实力对罗马帝国提出挑战，因此，平民将注意力放在商业、教育、艺术和文学上，而这些方面都呈现出繁荣景象。

古罗马的遗产有哪些？

由于罗马人在公元前约300年时开始与希腊人接触联系，并于公元前146年征服了希腊，罗马人借鉴并接纳了一些希腊人的思想，因此，古罗马文化有时被称为“希腊-罗马式文化”。在几个世纪的进程里，罗马人在其巨大的王国内传播这些思想。

罗马人还发展出一套法律制度，规定了一些基本原则，却保留一定的灵活性，规定律师和法官可以对法律进行解释，将当地习俗和实践作法考虑在内。后来，这套法律制度成为欧洲以及拉丁美洲法律体系的范例。另外，罗马军队建造道路、沟渠、隧道体系，安装的基础设施使用寿命甚至超过帝国本身的历史。罗马的语言拉丁语在一千多年的时间里一直是欧洲文人使用的语言，而以拉丁语为基础（或罗马语）的意大利语、法语及西班牙语也在人们日常交流中占重要地位。在罗马帝国的鼎盛时期，经济制度建立起来，中央控制的货币供应制度具有长久的影响力。

尽管罗马帝国在476年灭亡，但其文化、社会和经济制度一直到中世纪

（500—1350年）依然在发挥着其影响力。

罗马帝国和神圣罗马帝国的区别是什么？

罗马帝国和神圣罗马帝国之间隔着大约4个半世纪的时间，而这两大帝国都由广袤的西欧和中欧地区组成。罗马帝国建于公元前27年，奥古斯都（Augustus；亦称渥大维〔Octavian〕，公元前63—14年）是尤利乌斯·凯撒大帝（Julius Caesar，公元前100—44年）的侄孙和养子，当选为王位继承者，成为罗马帝国的帝王。奥古斯都的统治一直持续到476年罗马灭亡于日耳曼部落手中。

神圣罗马帝国（H.R.E.）始于900年中期，日耳曼奥托一世（Otto，912—973年）控制了意大利北部和中部的大部分地区。教皇约翰十二世（John Ⅻ，937—964年）于962年将奥托加冕为国王，在13世纪，其权力所及地区正式被称为“神圣罗马帝国”。1806年7月12日，作为拿破仑战争的结果，莱茵联盟瓦解了神圣罗马帝国，使大部分日耳曼城邦都处于法国人的统治下。但即使在拿破仑·波拿巴（Napoleon Bonaparte，1796—1821年）于1815年作为法国统治者被永久驱逐出境后，也没有人再试图重建神圣罗马帝国。

罗马帝国时期凯尔特人的情况如何？

凯尔特人是一个印欧民族，到了公元前500年，已经遍布在现在的法国、意大利、葡萄牙、西班牙和不列颠群岛上；而到了公元前200年，他们已经扩张到现在的保加利亚和希腊。当罗马人征服欧洲大部分地区（约公元前300年），许多凯尔特人已经成为罗马帝国的居民。然而，居住在爱尔兰、苏格兰、威尔士、英格兰西南部和布列塔尼（法国西北部）的凯尔特人却可以一直保持自己的文化，具有凯尔特人血缘的民族至今仍生活在这些地区。

我们对罗马帝国前的凯尔特人有哪些了解？

在罗马征服欧洲前，凯尔特人自己分成几个小型部落，在许多方面都已经非常发达。凯尔特人社会分成3个阶级：平民、文人和贵族，并形成松散的部落联盟，种植庄稼、饲养家畜，使用希腊字母书写自己的语言，并且在北欧首先开始制造铁器。凯尔特人还研制出一种金属制品，现在大多数人将其称为“拉泰恩风格（凯尔特风格）”。然而，凯尔特人从未形成统一的国家，因此，当罗马军队席卷欧洲时，凯尔特部落遭到蹂躏瓦解。

中世纪：500—1350 年

中世纪的特点有哪些？

尽管中世纪笼罩着贫穷、无知、经济混乱、政府无能和瘟疫的阴影，但同时也是取得文化和艺术成就的一段时期。例如：大学起源于中世纪的欧洲（第一所大学建于1185年的意大利波洛尼亚）。该时期的特点就是建立在基督教基础上的信仰，认为宇宙是一个有序的世界，由能力无限、无所不知的上帝统治。甚至在充满战乱、社会不安定的时期里人们也一直固守这一信仰，高耸入云的哥特

什么是“黑暗时代”？何以得名？

“黑暗时代”通常指的是欧洲从公元500—1350年的这段历史时期，也称作中世纪。中世纪在罗马帝国灭亡（时间为公元476年，标志着古典时代的结束）之后、文艺复兴时期之前。

“黑暗时代”这一名词是17世纪历史学家的遗产，他们认为该段时期野蛮地中断了始于古希腊时期、贯穿于欧洲文艺复兴时期的传统习俗。现代学者则力图纠正这一观点，但人们对中世纪的普遍理解还是保留着“黑暗”的印象（“黑暗时代”还用来表示从公元前1100—公元前700年这段希腊不断衰退的历史时期）。

式建筑（例如法国的夏特教堂）、阿利盖利·但丁（DanteAlighieri，1265—1321年）的诗歌、托马斯·阿奎诺斯（St.Thomas Aquinas，1225—1274年）的哲学思想、格里高利圣咏以及作曲家纪尧姆·德·马肖（Guillaume de Machaut，1300—1377年）的音乐作品中都可以体现出基督教的信仰。

匈奴人是何许人？

匈奴人是中亚游牧民族，在4世纪中期向西迁徙，他们首先打败了阿兰人（居住在黑海和里海之间、高加索山地区的种族），然后征服并驱逐了哥特人。统治者阿提拉（Attila）于434年统一了匈奴部落，到了约450年的时候，匈奴人已经控制了中欧和东欧的大片地区。在此期间，意大利的村落遭到袭击，许多人前往威尼斯潟湖的众多岛屿上避难，这一定居的过程后来就产生了威尼斯城。

阿提拉于453年去世，长期受匈奴人欺压侵略的人们开始反抗并将其打败，后来，匈奴人并入欧洲各个民族中。

蛮族是哪些人？

该术语可用来指代公元第一世纪中期（开始于400年左右）任何一个日耳曼部落。这些部落反复攻打罗马、最终将其征服并将西罗马帝国领土分裂成众多王国（而东罗马帝国却作为拜占庭王国存留下来）。日耳曼部落包括哥特人、旺达尔人、法兰克人和伦巴底人。

阿提拉是匈奴人的强大统治者，领导其人民控制了中欧和东欧的大片地区。

哥特人是哪些人？

哥特人是起源于现在斯堪的纳维亚地区的一个日耳曼部落。早在37年，哥特人就入侵罗马帝国的东部省份，在接下来的一个世纪里，哥特人分成两部分：名为维斯哥特人的西部群落和名为奥托哥特人的东部群落，前者控制着多瑙河下游的北部地区，后者则居住于欧洲和亚洲之间的黑海北部地区。哥特人和其他日耳曼部落民族一起合作将罗马帝国推翻。

奥托哥特人的情况如何？

奥托哥特人为哥特人在东部的分支，370年时被匈奴人征服并归入匈奴。当强大的匈奴首领阿提拉于453年去世时，受匈奴人欺压的人们开始反抗，由此，奥托哥特人重新获得自由。西奥德里克（Thodoric，454—526年）于493年成为奥托哥特人的统治者，在其领导下，该部落入侵意大利北部，一直居住在那里。在6世纪中期，奥托哥特政权被拜占庭帝国军队推翻，与其他日耳曼部落一样，奥托哥特人融入欧洲各种族中。

维斯哥特人的情况如何？

公元370年，当维斯哥特人和奥托哥特人都遭遇匈奴人袭击时，维斯哥特人的境遇略好一些，许多人逃到罗马的一个省。378年，维斯哥特人反抗罗马政权，在马背上，他们发起了阿德里亚堡（今土耳其）战役，摧毁了罗马军队，杀死东罗马皇帝瓦伦斯（Valens，328—378年）。维斯哥特人将骑兵作为战斗的一部分，这也确定了接下来几千年时间里欧洲的军事、社会和政治发展。

在阿德里亚堡战役后，维斯哥特人移入意大利，在其统治者阿拉里克（Alaric，370—410年）的领导下，于410年夺取罗马，这一事件标志着罗马帝国衰落的开端。在维斯哥特人获得胜利后，一个又一个日耳曼部落开始入侵罗马帝国。

维斯哥特人继续向西挺进高卢，并在那里建立王朝，由法国和西班牙大部分地区组成，以图卢兹为中心。但在507年，维斯哥特人被法兰克人驱逐出境，退入伊比利亚半岛（今西班牙和葡萄牙）。534年维斯哥特人建都于托莱多（Toledo），罗德里克（Roderick）是西班牙最后一任维斯哥特国王，在与自北非入侵的摩尔人战斗中遭遇失败并于711年被杀害。摩尔人继续统治伊比利亚半岛的大部分地区一直到15世纪中期。

旺达尔人是何许人?

与哥特人类似,旺达尔人(Vandals)是起源于波罗的海南部地区、现在的斯堪的纳维亚的日耳曼民族,到了公元100年,旺达尔人迁入(现在的)荷兰南部地区,但最终却受到匈奴人的威胁,因此,在4世纪后期开始向西迁移。5世纪早期,旺达尔人夺取了高卢(位于西欧)、西班牙和北非,并最终在北非定居。在428—477年之间,旺达尔人由力量强大的盖塞里克国王(King Genseric)统治,在其统治下,旺达尔人攻打下罗马(455年)。其掠夺非常彻底,Vandal这个单词就是用来指称那些任意摧毁不属于自己财产的人。在533—534年,像奥托哥特人一样,旺达尔人被拜占庭帝国的军队击败。

法兰克人是哪些人?

法兰克人(the Franks)是另一支日耳曼民族,分为两个分支:萨利人和里普亚利人,前者居住在莱茵河下游附近,后者迁移进莱茵河中游地区,即现在的德国。

359年,法兰克人作为同盟者进入罗马帝国,但在481年,克洛维(Clovis,466—511年)获得萨利–法兰克人的王权,到了486年,他开始发动侵略战争,征服了罗马人、高卢人、维斯哥特人和其他民族。在这个残忍狡诈的国王统治下,法兰克人很快就控制了整个欧洲——从地中海到英吉利海峡,从比利牛斯山到莱茵河。即使在克洛维死后,法兰克人依然保持着在该地区的稳固地位,这也是法国(France)最终得名的原因。

尽管克洛维是位强大的统治者,但其王位继承者查理曼(Charlemagne,742—814年),亦称查理大帝的力量更为强大,于771—814年统治法兰克人,建立了一个庞大帝国。800年,教皇利奥三世(Pope Leo Ⅲ,750—816年)将其加冕为西罗马皇帝,神圣罗马帝国由此开始。在查理曼之后,法兰克帝国开始瓦解为法国、德国和意大利3个王国。

高卢人和凯尔特人之间有什么联系?

古高卢人为凯尔特民族,使用凯尔特语,占据着莱茵河西部和比利牛斯山北部（现在的法国、比利时、卢森堡、德国一部分和荷兰的一部分）的古高卢地区。高卢人由被称为德鲁伊人的神父领导，到了公元前390年，高卢人向南迁移，穿过阿尔卑斯山、进入意大利，公元前第3世纪，与力量强大的罗马人交战，取得暂时性胜利。然而，最终他们却被打败，屈服于罗马的统治。后来，在凯撒大帝的领导下，罗马人征服了所有高卢人。到公元前50年，高卢地区成为罗马帝国的一部分，5个世纪后，高卢被法兰克人夺取，而该地区就以法兰克人命名。这样，现在的法国人实际是高卢人的后裔，同样，加拉太人（信仰基督教的民族，使徒保罗（Apostle Paul）在狱中时曾给这些人写过信件）。是居住在马其顿和小亚细亚（黑海和地中海的半段，今土耳其领土）的高卢人后裔。

▶ 伦巴底人是何许人？

伦巴底人也是一个日耳曼部落，可能起源于波罗的海的一个岛屿上。在公元前最后一个世纪，伦巴底人迁入德国，逐渐继续向南迁移，到了公元500年，他们在今奥地利境内永久居住下来。从568—700年中期，他们控制了意大利大部分地区，给罗马教皇至高无上的统治权造成严重威胁，因此，在754年，教皇史蒂芬二世（Pope Stephen Ⅱ）向强大的法兰克人求助，当时，法兰克人由贝宾三世（Pepin Ⅲ，简称为贝宾；714—768年）统治，有能力打败伦巴底人。意大利北部地区伦巴底也因此得名。

▶ 撒克逊人是何许人？

撒克逊人也是一个日耳曼民族，在第二世纪居住在日德兰南部、今天的丹麦和德国西北部地区，在接下来的两个世纪里，撒克逊人不断袭击北海沿海地区，到400年左右时，已经到达高卢北部地区。这个古老的国家占据着莱茵河西部和北部、阿尔卑斯山西部以及比利牛斯山北部地区（大概是现在的法国、比利时、卢森堡、德国部分地区以及荷兰部分地区）。到了450年左右，随着罗马统治不断衰退，撒克逊人到达英格兰，与盎格鲁人融合，开始建立盎格鲁-撒克逊王国。盎格鲁-撒克逊人一直统治着英格兰，直到丹麦维京人（在克努特〔Canute〕领导下）于1016年征服英格兰。

盎格鲁人是何许人?

盎格鲁人是另一个日耳曼部落，起源于德国西北部的石勒苏益格，与其他日耳曼民族一样，盎格鲁人一直到5世纪前都在不断迁移。当他们到达英格兰境内时，与撒克逊人融合（也是一个讲日耳曼语的民族），融合后的民族被称为盎格鲁-撒克逊人，表示任何一个非凯尔特英国居民。

维京人是何许人?

维京人也称为诺尔斯人，是野蛮的航海武士，起源于斯堪的纳维亚地区。从约750年开始攻打了英格兰、法国、德国、爱尔兰、苏格兰、意大利、俄罗斯和西班牙。维京人是伟大的造船者，还到达了格陵兰、冰岛，甚至有可能远远先于欧洲人到达北美洲（加拿大新大陆东北沿海曾发现过诺尔斯人居住过的遗迹）。在10—11世纪，维京人皈依基督教，几乎在同时，挪威、丹麦和瑞典王国建立。在丹麦领导者克努特的领导下，维京人于1016年征服英格兰，并将其作为丹麦的一部分领土一直统治到1042年。

丹麦人是何许人?

丹麦人是居住在丹麦境内的斯堪的纳维亚人，其祖先可一直追溯到10万年前。丹麦人在公元元年时开始形成居住群落，由当地酋长统领。在6—7世纪，丹麦人加入维京人攻打英格兰、法国、荷兰、比利时和卢森堡（最后3个国家有时称为低地国家）的战斗中。在950年左右，国王哈罗德二世（King Harold Ⅱ，亦称哈罗德 · 布鲁托斯；910—985年）统一丹麦，10年后，丹麦皈依基督教，此后不断传播基督教。丹麦人于1016年获得对英格兰的控制，丹麦武士克努特成为英格兰（及丹麦）国王，丹麦人统治英格兰一直到1042年。

诺曼人是何许人?

与丹麦人一样，诺曼人起源于斯堪的纳维亚，属于维京人，在公元800多年，入侵法国北部，将400年前征服该地区的法兰克人驱逐出境。诺曼人在名为诺曼底的地区居住下来，1066年，诺曼公爵征服者威廉（William，1027—1087年）驾船穿越海峡，夺取英格兰王位，将诺曼底与英格兰王国统一。这种体制一直持续到1204年法国国王菲力普·奥古斯都（Philip Augustus，1165—1223年）重新夺回这片土地。15世纪英格兰将其再次夺回，但在1450年，诺曼底永远归还给法国，成为法国的一个省份。今天，诺曼底后裔依然生活在那里，其影响力在英吉利海峡的另一端——诺曼底贵族与盎格鲁-撒克逊人融合的地区依然有所体现。

什么是庄园主？

庄园主是中世纪（500—1350年）期间生活富裕的土地拥有者，到了大概9世纪，西欧大部分地区被分成大片实产，成为庄园。这些自给自足的实业由庄园主（神职人员也可以是庄园主）拥有，庄园主将土地租给农民耕种，作为回报，农民会以缴税、提供服务或以实物形式（用粮食或货物）支付给庄园主。除了农

战斗中的征服者威廉。1066年，这位诺曼公爵驾船穿越英吉利海峡，夺取英格兰王位。

田，庄园里通常还包括草地、树林和小农庄，庄园主负责掌管整个庄园和庄园中所有居住者。作为土地管理者，庄园主进行收税、主持法律事务，但庄园主却没有军事实权，换言之，庄园主不能对居住在其土地上的农民提供保护。因此，庄园只具有纯粹的社会经济性质（与采邑承受人不同，后者是社会、经济和政治单位）。

什么是封地？

封地是地主所有、由地主负责管理和保护的实产，其中包括几座庄园及村落，再加上土地上所有的建筑以及耕作土地、侍弄庭院或代表地主手拿武器保护财产的农民（农奴）。封地所有者被称为封地地主，要保证庄园主对其忠心耿耿，反过来，这些庄园主需要保证农民对他们也要忠心耿耿。简言之，土地交易的前提是忠诚，这就是中世纪（500—1350年）的政治经济制度——封建主义（feudalism）。Feud这个单词起源于德语，意思是“费用”；农奴为了支付其生活使用的土地费用以及从地主那里得到的保护，他们就要支付给地主一定费用——支付形式是金钱（税金）、服务或物品。

封建制度兴起于7世纪，但在卡罗琳帝国时代曾经一度暂停。卡罗琳帝国始于751年，当时，几个力量强大的君主（包括查理大帝）统一了西欧大部分地区，但在查理大帝于814年去世后，其第二代子孙彼此争斗，将巨大的王国加以瓜分。后来，每一部分领土都遭到攻击，瓦解了卡罗琳帝国的统治。到了9世纪，封建主义开始作为统治中世纪生活的政治经济制度而取代了卡罗琳帝国，并一直持续到15世纪。

什么是农奴？

农奴是生活在庄园或封地内的农民，庄园和封地是中世纪时期（500—1350年）的两大实体组织。农奴从事体力劳动，并附属于其生活和劳作的土地财产所有者。农奴地位介于自由人和奴隶之间，尽管农奴这个词源于拉丁语servus，意思是“奴隶”，但农奴却拥有某些权利，这些权利受传统约束而不受法律约束。其中的一个传统就是从地主那里逃离时间达一年零一天的农奴被视为自由人，而自由农民被称为“villain”，意为村民。

什么是仆从？

中世纪时期（500—1350年），仆从指的是受他人保护、从而对其保护者要忠心耿耿并支付一定费用的人。农民（农奴和村民）永远是地主的仆从——不管是庄园主还是封地地主，但庄园主自己也是一名仆从——是封地地主的仆从。随着王国的建立，许多封地都受到王国的管辖，因此，封地地主就成为国王的仆从。

什么是骑士？

在中世纪时期（500—1350年），骑士为装备武器、地位较高的武士，通常拥有土地；换句话说，其实就是手拿武器的贵族。骑士可能是为封建地主（庄园所在封地的主人）而战斗的庄园主，在卡罗琳帝国时代（8—9世纪）西欧建立王朝时，封建地主也可能是一个为国王服务的骑士。在战争期间，任何人只要忠于其主人并代表主人拿起武器投入战斗都会成为一名骑士，作为一种回报，后来会从地主或国王那里获得土地。在十字军东征时期（1096—1291年），骑士由不拥有土地的人组成，由国王长子任命。传统上，骑士身份的授予形式是用剑刃在肩膀上点击一下。现在，只有在英国保留着这一传统做法，骑士身份是由于一名贵族或平民作出卓越成就而由国王或王后授予给他的一种荣誉任命。

什么是教皇国？

教皇国庄园或领地的主人是神职人员，754年，卡罗琳国王贝宾（Pepin，714—768年）将大片土地赠予教皇，这些领土包括现在法国地中海沿岸的大部分地区以及意大利中部的大部分地区，由罗马天主教堂分成几个国家，这些国家在中世纪的生活中发挥重要作用，与封地一样，教皇国收取税金、设有法庭。同时，与其世俗国类似，教皇国也可能会发生战争、入侵他国。因此，在中世纪时期（500—1350年），罗马天主教堂的成员既拥有世俗权力，同时也是宗教领袖。教堂所有的最后一片领土位于意大利中部，包括罗马在内，1871年后，这些土地由意大利夺取，从而导致的土地纷争（有时将其称为罗马争议）在拉特兰条约中得以解决（1929年），拉特兰条约还创建了名为梵蒂冈城的主权国家。

中世纪时起教堂的职责有哪些？

尽管在中世纪时期（500—1350年）罗马天主教堂越来越多地关注其世俗权力，但在中世纪欧洲人的生活中却发挥着更为巨大的作用。传教士使许多日耳曼部落转变信仰，因此，教堂在使这些所谓的蛮人达到文明状态中发挥了很大的影响力。另外，整个欧洲的教堂都为旅行者提供住所，同时也充当治疗患者的医院，修道院和天主教堂还成为学习知识的中心。

什么是授职之争？

授职之争指的是中世纪时期（500—1350年）国王和教皇之间的权力之争。由于在中世纪社会中，教皇国发挥着与其他国家（国王拥有的封地和庄园）相同的作用，因此，教皇国的主人——神职人员最终也被同样存在于封建地主和国王身上的人性弱点征服，这一弱点就是腐败和贪婪。教皇力量强大，成为世俗意义上的领导者。授职之争在1075年达到顶点，当时，教皇格里高利七世（Gregory Ⅶ，1020—1085年）试图保护教堂免于受到欧洲强大领导者的影响，颁布了一道法令反对授职的做法，这就意味着除教皇外没有人可以任命主教或修道院院长。日耳曼国王亨利四世（King Henry Ⅳ，1056—1106年）当时正与撒克逊贵族进行权力斗争，不服从格里高利颁布的法令，对其进行公然挑战，并声称国王应有权任命主教（这是导致分歧的重要之处，其原因是国王想要得到教皇的欢心，而教皇要从主教中推选；因此，这不仅是一个单纯的宗教问题；政治力量也起到关键作用）。教皇将亨利开除教籍，尽管后来在其努力下得到格里高利的原谅，但这场争斗却没有终止，不久后，亨利再次获得政治上的支持，将格里高利驱逐（1084年），并没有按照教规行事，而是自行选定一位教皇（克列芒三世，Clement Ⅲ），这位教皇又将神圣罗马帝王的王位授予亨利。究竟谁有权利赋予神职人员职位这一争论在整个中世纪时期一直持续着。

什么是神圣罗马帝国？

神圣罗马帝国是日耳曼和意大利城邦的松散联盟，最初形成于公元800年，当时，查理大帝（742—814年）由教皇利奥三世（Leo Ⅲ，750—816年）加冕为国王。但在查理大帝去世后，帝国解体，直到奥托一世成为国王才重新统一为一个国家。尽管神圣罗马帝国与罗马天主教堂有着密不可分的联系，但国王与教皇之间却在12世纪中期开始出现争议。1250年，教皇英诺森四世（Pope Innocent Ⅳ）成功地使意大利城邦独立于帝国。

在神圣罗马帝国后期历史中，哈布里斯堡王朝开始执掌政权。但在1648年签署威斯特伐利亚和平条约后，神圣罗马帝国国王基本只是一个名誉称号，该条约承认帝国所有城邦的领土主权。除了从1740—1745年这5年时间之外，哈布里斯堡家族继续执掌政权，直到1806年，国王弗朗西斯二世（Emperor Francis Ⅱ，1768—1835年）宣布神圣罗马帝国终结。

文艺复兴时期：1350—1600年

▶ 为何将文艺时期看做是一段获得重生的时期？

文艺复兴这一词来自法语，意思是“重生”。在欧洲，1350—1600年这段时期的特点就是古典希腊和罗马思想的重新回归；艺术、文学和哲学的繁荣发展以及现代科学的开端。

意大利人尤其认为自己是罗马成就的真正继承者，因此，文艺复兴自然始于意大利。在意大利，古代文明遗址可以不断提醒人们其存在已久的古典文化，并可以提醒人们后来的艺术运动没有哪次（例如哥特风格）能像古典文化那样具有根深蒂固的影响。

▶ 文艺复兴是如何开始的？

中世纪后期的社会和政治发展使文艺复兴的精神开始兴起，十字军东征（1096—1291年）是基督教力量为从穆斯林教徒手中获得圣地而进行的军事东征，正是这次东征使欧洲人开始接触其他文化特别是拜占庭文明。作为东罗马帝国的遗留部分，拜占庭保留着古代的知识。另外，许多被认为在西罗马帝国部落混战（5世纪）时已经遭到毁坏的文字资料在整个中东地区已翻译成各种语言并保存下来。因此，在十字军东征期间，其中的一些资料被带回欧洲，古典学者可以开始解读过去的西方文化。

在意大利北部，许多城邦开始独立于其北部和南部的帝国，其中，这些小城邦——佛罗伦萨、罗马、威尼斯和米兰通过贸易和银行业发展而繁荣起来，因此，出现了商人这一富有阶级。这些小地区领导者崇敬并鼓励创造发明，资助艺术家，用伟大的建筑、绘画和雕塑来体现其商业成就的辉煌。最有影响力的艺术家资助者是麦迪奇家族，它是佛罗伦萨一个富有的家族，经营银行业。麦迪奇家族的成员资助过许多位重要的艺术家，包括波提切利（Botticelli）和米开朗琪罗（Michelangelo）。在麦迪奇家族慷慨资助下，佛罗伦萨开始成为该时期最为辉煌的城市。

资助者鼓励艺术发展的一个方式是举办各种竞赛，以刺激艺术发展及做出更为重大的成就，在许多情况下，这些竞赛的失败者竟然获得比获胜者更大的名气。建筑师菲利波·布鲁内列斯基（Filippo Brunelleschi，1377—1446年）在创作佛罗伦萨大教堂洗礼堂铜门的竞争中惨遭失败后，进行了几次旅行来记录古罗马那些遭到毁坏的建筑，再次回到佛罗伦萨后，创作出雄伟的圣母白花大教堂比萨主教教堂建筑，该建筑受到古典建筑结构影响，是文艺复兴时期第一座伟大的纪念建筑物。

文艺复兴时期的特点有哪些？

与古希腊人和古罗马类似，文艺复兴时期的艺术家和思想家重视世俗的生活，赞扬人类的本性，并看重个人成就。这些态度一起形成了一种新的乐观主义精神，即认为人类可以作出伟大成就。

这一观点是由于北部意大利富有的商人阶级积极的活动而造成的结果，这些商人除了支持艺术家和文学家，还开始收集在中世纪时期（500—1350年）被人遗忘的古典文字资料，古代的手稿交给图书馆，来自全欧洲的学者可以对其进行研究。古典文字资料的重新发现促进人们产生一种新的看待世界的方式。在中世纪时期，学者认为生活最重要的意义就在于其与来世的关联，因此，他们认为艺术本身毫无价值，甚至不愿意承认个人才能（由于这一原因，中世纪的许多伟大作品都是匿名创作或者尽量避免让公众看到）。

与此形成鲜明对照，文艺复兴时期的艺术家和思想家研究古典作品的目的就是为了模仿它们,作为文艺复兴时期学者新乐观主义的体现,他们还开始研究那些强调人性而非强调科学的古典对象。这些“人文科学”包括语言、文学、艺术、历史、修辞学和哲学。拥护此类型教育价值的人文主义者相信人类有潜力精通很多领域的知识,因此,“文艺复兴者”指的是具有跨越众多学科才能的人,在文艺复兴时期,所有学科的研究者开始将批判技能作为一种手段去理解从自然到政治学的全部知识。

▶ 哪些艺术家和思想家被看做是文艺复兴时期的伟大人物?

文艺复兴时期的伟大作家包括如下几人:意大利诗人彼特拉克(Petrarch,1304—1374年),他成为文艺复兴时期的第一个伟大作家,首先提出“重生”正在进行这一观念;佛罗伦萨历史学家尼科洛·马基雅弗利(Niccolo Machiavellli,1469—1527年),创作了具有极大影响力的作品《王子》(*The Prince*,1513年);英国戏剧家和诗人威廉·莎士比亚(William Shakespeare,1564—1616年),许多人将其作品看做是文艺复兴时期文学写作的顶点;西班牙的米格尔·德·塞万提斯(Miguel de Cervantes,1547—1616年),执笔创作了《堂·吉诃德》(*Don Quixote*,1605年),是使现代小说诞生的史诗巨著;还有法国人弗朗索瓦·拉伯雷(Francois Rabelais,1483—1553年),由于其创作的5卷小说《巨人传》(*Gargantua and Pantagruel*)而举世闻名。

文艺复兴时期的伟大艺术家包括如下几人:意大利画家兼雕塑家桑德罗·波提切利(Sandro Botticelli,1445—1510年),其作品有《维纳斯的诞生》(*The Birth of Venus*);莱昂纳多·达·芬奇(Leonardo da Vinci,1452—1519年),创作的《蒙娜丽莎》(*Mona Lisa*)和《最后的晚餐》(*The Last Supper*)是人们研究得最为广泛的艺术作品;米开朗琪罗·波纳罗蒂(Michelangelo Buonarroti,1475—1564年),其雕塑作品《大卫》(*David*)成为新佛罗伦萨城的标志;以及拉斐尔·桑齐奥(Raphael Sanzio,1483—1520年),其作品《雅典学园》(*School of Athens*)被许多艺术历史学家看作是最完整地阐释了文艺复兴发展的鼎盛时期。

▶ 欧洲殖民主义始于何时?

人们寻求经济利益的活动可追溯到古代罗马人在欧洲、中东和非洲统治殖

文艺复兴运动如何从意大利传播到欧洲其他地区？

至少部分的原因是由于德国的约翰内斯·谷登堡（Johannes Gutenber，1440—1450年）发明了平版印刷机，不久之后，14世纪时期诞生在意大利的思想开始向北传播，在法国、德国、英格兰和荷兰这些地区，文艺复兴运动一直进行到17世纪。

北方文艺复兴运动的重要人物之一是荷兰人文主义者德斯特里乌斯·伊拉斯谟（DesideriusErasmus，1466—1536年），其著作《愚人颂》（*In Praise of Folly*，1509年）对当时的神父、学者和思想家进行了辛辣的讽刺批评。

北方文艺复兴运动另一个值得关注的人物是英格兰人托马斯·莫尔爵士（Sir Thomas More，1478—1535年），他担任国王的政治发言人和顾问，所作《乌托邦》（*Utopia*）发表于1516年，通过展望一个理想社会而对时代进行批判，在这个理想社会中，人们共同拥有土地，男人和女人接受同样的教育，根本不需要警察维持社会安定，政客为人诚实，社会还允许宗教的存在。

法兰德斯艺术家扬·凡·艾克（Jan van Eyck，1395—1441年）的作品包括具有突破性的画像作品《包着红头巾的男子》（*Man in a Red Turban*，1433年）等都可以表明文艺复兴运动的原则在欧洲北部和在意大利的影响同样深入人心。

民地的时候。但在1400—1600年文艺复兴期间，殖民主义开始扎根，当时，强大的欧洲国家派探险家寻找新大陆、探索新的贸易航线。

葡萄牙和西班牙找到了通往印度和远东的海路。在此过程中，葡萄牙控制了现在的巴西地区，同时在西非、印度和东南亚地区也建立了贸易站，西班牙控制了拉丁美洲的大部分地区以及现在美国的广阔区域。然而，荷兰人、英格兰人和法国人在北美洲也发挥着影响力。英格兰人在印度和非洲成为强大的影响力，而荷兰人则取得对印度尼西亚海岛的控制（后来成为荷兰东印度公司）。

殖民主义导致了众多结果。在扩展贸易、大量交易原始产品货物时，殖民地同时冲突不断：土著人遭到杀害或被迫离开自己的土地，并且外国力量为获得同一地区的控制权而互相争斗（仅英国和法国就在1689—1763年之间在北美洲进行了为期4年的战争）。另外，欧洲人将自己的语言、宗教和政府体制带到这些新大陆上，并将自己的文化、信仰和意识体系强加给本地人。

启蒙运动及科学革命时期：17—18世纪

什么是启蒙运动？

启蒙运动也被称为理性时期（或另一名称：理性主义时期），在这一时期，欧洲哲学家们强调使用理性思维作为学习真理的最佳方法。从17世纪开始一直到18世纪，让·雅各·卢梭（Jean Jacques Rousseau，1712—1778年）、伏尔泰（Voltaire，1649—1778年）和约翰·洛克（John Locke，1632—1704年）等哲学家开始探索教育、法律和政治问题。他们将自己的思想形成文字加以出版，发表了对社会不公正、宗教迷信和无知的攻击，他们的思想在18世纪末期点燃美国革命和法国革命的火焰。

理性时期的特点包括普遍真理的思想（例如：2+2永远等于4）；认为大自然广袤无垠、极其复杂却秩序井然；相信人类有能力了解宇宙；信奉自然神论哲学，即认为上帝创造了世界然后让其自生自灭；并且坚持理性意愿的概念，断定人类可以作出自己的选择和计划，因此，命运并非是强加在个人身上。

在理性时期阶段，智力活动逐渐频繁，几本百科全书先后问世，但在18世纪末期却出现了一种转移的趋势。在此期间，欧洲人开始重视激情而非理性思维，于是，浪漫主义运动开始兴起，理性时期逐渐走向结束（这一观念上的变化在英国小说家简·奥斯丁〔Jane Austen〕的作品《理智与情感》〔*Sense and Sensibility*〕中得以突出地体现）。

然而，理性时期提出的哲学思想对西方思想的发展至关重要。在这期间最受人推崇的个人理性思想在勒内·笛卡儿（Rene Descartes，1596—1659年）身上得到最佳的体现，除非经过证明，否则他拒绝相信任何事情。他的一句名言——“我思故我在”总结出在这一时期以怀疑和质询为特点的思维方式。

启蒙运动与科学革命是一回事吗?

这两个名词描述的是从16世纪—18世纪所发生的两个先后出现并相互联系的思想运动,这两次运动形成了奠定现代西方文明基础的时代,这种基础要求人们使用理性思维来了解宇宙、自然和人际关系。在此期间,欧洲许多最了不起的人物发展新的科学、数学、哲学和社会理论。

科学家逐渐相信观察和实验可使他们发现自然规律。因此,要求使用工具的科学方法开始出现。很快,显微镜、温度计、六分仪、计算尺和其他仪器都先后发明。在这段时期作出贡献的科学家包括艾萨克·牛顿爵士(Sir Isaac Newton, 1643—1727年)、约瑟夫·普里斯特利(Joseph Priestley, 1733—1804年)和勒内·笛卡儿(René Descartes, 1596—1650年)。这个时代产生了许多重要的发明创造,并且在天文学、解剖学、数学和物理领域取得突飞猛进。这些进步对教育产生一定影响,大学将科学课程引入课程设置中,中小学也纷纷仿效这一做法。当人们接受科学训练时,又出现了新的技术:人们开始研发复杂的农业机械以及纺织品制造业和运输业的新设备,为工业革命铺平了道路。

工业革命:18—19世纪

工业革命从什么时候开始?

在18世纪,工业革命从英国开始,到了19世纪早期,又传播到西欧和美国,工业革命开端是蒸汽动力机器引入制造业。到了19世纪末期,曾经采用手工制作或用简单机械生产的大多数制成品已由技术先进的机械进行大批量生产。

工业革命的影响有哪些?

工业革命的到来使以家庭或手工作坊为单位的生产终告结束,19世纪中

工业革命期间，工厂主普遍以低廉的工资雇用童工为其长时间工作。

期，人们修建工厂、安置新机器，由于来到城市可以寻找就业机会，因此导致人口开始从农村转移到正在发展的市区。工厂主开始雇用童工，在美国，工厂主则开始雇用不断涌入的移民在工厂里操作机械。产业的增长要求设有金融机构为经济扩张提供资金，因而诞生了一批富有的新兴商业领袖，其中包括拥有大笔财富的“敛财大亨”，这些人是19世纪后期工业和金融业巨头。

但是，当工业发展时，政府和政策变化没有跟上发展的步伐。严重的社会、政治和经济问题开始出现，其中包括工作环境恶劣危险、剥削工人（包括童工）、住房过度拥挤、污染、腐败、产业垄断以及贫富差距不断扩大。虽然变革到来得非常缓慢，但于19世纪末期和20世纪早期进步时代开始，以工会为中心的社会活动和政府改革缓和了以上社会问题。产业的迅速发展引发了席卷一切的社会变革，长期以农业为基础的西方世界已经成为以商品和服务为主的工业社会。

20 世 纪

两次世界大战之间整个世界情况如何?

在第二次世界大战于1939年开始之前,第一次世界大战(1914—1918年)通常被称为大战,考虑到其巨大的影响力完全可以理解这个名称的来历。矛盾冲突的代价就是人类的伤亡:1 000多万名士兵战死,另外2 000万士兵受伤。由于普遍遭受饥饿和流感爆发(出现在治疗流感的青霉素发明之前)而造成的平民死亡具有同样的灾难性后果。

在20世纪20年代,大战导致的死亡人数依然让人记忆犹新,文明世界处于

扶贫政策在美国经济大萧条时期帮助缓解穷人的饥饿状况,图中,在美国纽约时代广场上,排成长队的人们在等待分给他们的三明治和咖啡。

相对和平的时期。在美国，该段时期被称为咆哮的20年代，尽管美国批准了宪法第十八条修正案（1919年）禁止销售和饮用"酒精饮料"，但这10年里却到处都是人们肆意纵酒的景象。

大战结束时，国际联盟建立，以处理国家之间的争议和避免其他重大冲突。之后，1928年，《凯洛格-白里安和平条约》（也称《巴黎条约》）也随之签署，15个国家同意通过外交而非军事手段解决冲突，最终有62个国家批准了该协议。

同时，在德国，极端的国家主义思想开始扎根，《凡尔赛条约》结束了大战，严重削弱了德国的力量，从而使得由阿道夫·希特勒（Adolf Hitler，1889—1945年）领导的纳粹党力量开始上升。

1929年，世界经济开始出现整体的下滑趋势，这一趋势由10月下旬美国证券市场暴跌引发。当美国处于所谓经济大萧条时期这一严重和持续的经济危机时，其他工业化国家包括德国在内也受到波及。许多国家的失业率达到有史以来的最高点，缺乏社会保障导致许多家庭生活赤贫。政治学家和经济学家寻找解决危机的办法，许多人赞成实行反自由贸易或孤立主义政策以"保护自己"。

同时，战后试图维持和平的努力经证实毫无效果：1931年，日本侵略中国东三省，1936年，意大利侵占埃塞俄比亚，西班牙爆发内战（1936—1939年）；在印度，英国统治者和印度民族主义者之间产生争斗，1937年，中日战争在亚洲爆发（这一战争归入第二次世界大战内）。1936年，德国、意大利和日本组成轴心国力量，一个危险的同盟缔结。到了1933年，德国成为名为第三帝国的极权国家。1938年，纳粹军队采取了迈向获取霸权的第一步，军队进入奥地利并将其占据，为第二次世界大战（1929—1945年）作好了准备。

▶ 冷战始于何时？

在第二次世界大战（1939—1945年）结束后的几年里，西欧国家和美国因为苏联进入东欧而心怀警惕，许多欧洲人和美国人表达了自己的担忧，认为由苏联带领的共产主义者密谋霸占整个世界。英国、美国和其他国家的政治领导者都认为这一新威胁是冷酷而残忍的。1946年3月，英国首相温斯顿·丘吉尔（Winston Churchill，1874—1965年）提出警告："苏联极权主义"的"铁幕政策"打算划分欧洲大陆；1947年，美国总统哈里·S.杜鲁门（Harry S.Trumen，

1884—1972年）宣布实施遏制共产主义侵略的政策，该政策被称作杜鲁门主义，在接下来的40年时间里一直是美国外交政策的一个组成部分，并最终导致美国介入朝鲜战争（1950—1953年）和越南战争（1954—1975年）。

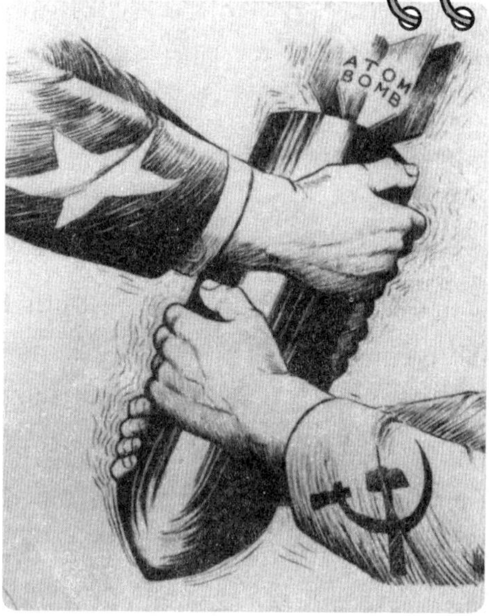

这是一幅名为《小心！抓住！》描述冷战时期的漫画，反映了当时美、苏两个超级大国进行核武器竞赛的情景。

西方国家和苏联带领下的东欧国家之间关系恶化主要由德国领土产生的分歧所导致。第二次世界大战结束时，就如何处理德国的看法上存在明显的差异，因此，由同盟国——苏联、美国、英国和法国组成联合政府这一计划应运而生。但人们发现这一安排很难实施。到了1948年，德国出现严峻的经济危机，美国、英国和法国开始讨论将各自管辖的区域统一起来。苏联对这一行动作出反应，对从陆路和水路进入柏林的运输进行封锁，在战后对柏林的控制权在同盟国之间进行划分（苏联控制东柏林，而其他同盟国控制西柏林）。为了抵抗封锁，英国和美国下令实施空运为西柏林人提供食物和其他供给，以缓和苏联封锁11个月带来的影响。1949年，东西方分歧导致德国正式分裂为两个国家：联邦德国和民主德国。联邦德国由美国、英国和法国占领的区域构成，其正式名称为德意志联邦共和国。同年，民主德国（亦称东德）也成立了，由苏联控制的区域构成，并归入“东方集团”国家。

到了1949年，苏联第一颗原子弹爆炸，从而世界大体上分成两个阵营：西方集团：美国及其民主同盟，包括西欧和其他反共产主义国家；东方集团：苏联及其联盟国家。很快，这两大阵营分别形成正式政治联盟。1949年，12个国家（美国、英国、法国、意大利、挪威、葡萄牙、冰岛、丹麦、加拿大、比利时、卢森堡和荷兰）成立名为北大西洋公约组织（NATO）的军事联盟。1955年，另外3个国家——希腊、土耳其和联邦德国加入该联盟。苏联对此作出反应，于1949年创建经济互助委员会（COMECON）并于1955年建立华沙条约组织。经济互助委员会负责协调共产主义国家之间的经济和工业活动，而华沙条约组织则是苏联和东欧共产主义国家之间的军事协议。由此，冷战拉开序幕。

冷战时代的特点是什么？

20世纪50年代，伴随着麦卡锡主义冷战时代在美国到达其高潮阶段。史学家多丽丝·基恩斯·古德温（Doris Kearns Goodwin）将其描述为“在美国政治史上最具破坏力的一个阶段”。1950年年初，威斯康星州共和党参议员约瑟夫·麦卡锡（Joseph McCarthy，1908—1957年）声称手里拥有一份潜伏在美国国务院内部200个共产主义者的名单。这一令人震惊的指控使议员小组委员会和非美活动调查委员会展开国会调查。人们疑心重重，担心共产主义进行颠覆，甚至在好莱坞娱乐圈的一些人中都引起恐慌，共产党“黑名单”中提到了他们的名字。麦卡锡并没有在国务院提出详细的清单，当时，他在电视实况转播上进行了过火的攻击，在1954年电视转播的听证会上，麦卡锡将矛头转向美国军队，决定对以军官为掩护身份的共产主义分子阴谋进行彻底追查。面对麦卡锡一连串中伤性的质问，军队律师约瑟夫·威尔士（Joseph Welch，1890—1960年）作出回复，并最终击败了麦卡锡，他说道：“先生，难道您就没有丝毫的廉耻感？如果天堂里有上帝存在，您所作的攻击不会对您和您的事业起到任何好处。”律师的反击在法庭上引起阵阵掌声，从而宣布了“共产主义就在身边”这一恐慌的结束。

20世纪50年代，威斯康星州参议员约瑟夫·麦卡锡（位于图片前方）对共产党的政府渗透活动进行言辞激烈的指责，冷战引起的恐慌达到顶点。

但在20世纪50年代，冷战扩大，在核武器破坏力的阴影笼罩下，双方的不信任与日俱增。美国和苏联集中浩大的资源投入武器系统研发中，双方均相信实力将决定冷战中的胜者：只有制造强有力武器来阻止其他国家的攻击才会获胜。军事力量建设成为全力以赴的军备竞赛。

东方集团和西方国家之间的竞争还波及竞技、艺术和科学领域。1957年，苏联发射了第一颗人造卫星，给西方世界造成打击，紧随其后，1961年成功完成了首次载人宇宙飞船的发射。美国对此作出回应，不断加速其空间项目的进行速度并发誓要将人类送到月球上。

20世纪60年代初，双方局势愈加紧张，许多人担心会爆发战争。1960年，美国U-2间谍飞机被苏联击落并将其飞行员捕获，美国被迫承认正在进行无线勘测计划，1961年，在美国支持下，古巴入侵"猪湾"地区，但侵略失败，暴露了美国已介入这场阴谋中，同年，柏林墙修建以阻止出境者逃离民主德国，成为东西方之间分裂的显著标志，1962年，美国总统约翰·F·肯尼迪（John F Kennedy，1917—1963年）与苏联总理赫鲁晓夫（Nikita Khurshchev，1894—1971年）解决了古巴导弹危机——一场蓄势待发的危机就这样通过外交手段得以避免。

20世纪60年代后期和70年代初期，紧张局势有所缓和，1968年双方开始同意限制军备竞赛，签署《核武器非扩散条约》，1972年签署《战略军备限制条约》（盐湖城一号条约）并同意签署1975年赫尔辛基协议。但一直到20世纪80年代，东西方依然彼此狐疑重重，密切关注着对方。大多数评论家一致认为直到东欧共产主义政权失败（约为1990年）冷战才算结束。

柏林墙何时被拆除？

包围在西柏林四周的障碍于1989年11月被拆除，当时，整个欧洲风云变幻。

装有电子设备的坚固墙壁最初建造于1961年，建筑结构为铁丝网和煤渣砌块。柏林墙竣工时，平均高度为12英尺（3.6米）、长度超过100英里（160.9千米），由民主德国卫兵站岗放哨。柏林墙将西柏林完全包围，将德国首都一分为二。

柏林墙是冷战的一个标志物。民主德国政府于1989年10月解体。11月9日，柏林墙敞开大门，东西柏林之间的往来限制也随之消除，柏林墙逐渐拆除。到了2005年，仅有一部分墙壁和几座瞭望塔依旧存在。

当示威者拆除一部分柏林墙时，民主德国边境卫兵在一旁观看。柏林墙于1989年11月拆除，民主德国与联邦德国统一。

苏联是如何解体的?

苏联领导人米哈伊尔·戈尔巴乔夫的自由主义改革遭到保守派共产主义官员的反对，这些官员因为过渡到自由市场经济而产生的困难以及苏联丧失对邻国的影响力而深感愤怒，这些邻国实行的共产主义体制又在1990年之前纷纷解体。1991年8月19日，共产主义者试图推翻总统戈尔巴乔夫，尽管遭到公众的普遍反对，但却减弱了戈尔巴乔夫的领导权。很快，15个苏联加盟共和国宣称独立，但仍表示愿意成为苏联共和国联邦的一部分。虽然戈尔巴乔夫设法阻止苏联完全解体，但1991年12月8日，俄罗斯共和国、乌克兰和白俄罗斯完全脱离苏联并形成独立国家共同体。除格鲁吉亚外其他共和国全部纷纷仿效这一做法，12月25日，戈尔巴乔夫辞去总统职务，苏联正式解体。

21 世 纪 初

当今时代的特点是什么?

当被问及这一问题时,大多数评论家答复的内容都包括“全球化市场”“地球村”或“全球化”这些热门词语。现代通信和运输将人们异常紧密地联系在一起——商业领域享受着空前宽广的市场来销售其货物和服务,而加工设备和工作地点却远离销售办公室;每天,许多不同国籍、种族和宗教的人们互相联络,交流业务、分享乐趣。有些评论家担心这种联系会使丰富的文化差异变得模糊,文化多样性变得黯淡,其他一些人则认为全球化会使人们更能容忍差异性,增加互相的理解。不管怎样,我们都生活在一个世界舞台上:我们购买使用的商品上带有“中国制造”“墨西哥制造”或其他国家地区制造的标签,不仅通过电话,还可以通过手机、即时消息、电子邮件和互联网聊天室使天各一方的人们互相交谈,我们还拥有一个国际论坛——因特网,可以利用它进行买卖和作品出版,并且我们可以极为快速地到达世界上的任何一个地方。今天,一切事物都在快速运转,思想也是如此。

全球化的优点不胜枚举。例如,现代通信和运输使世界可以调集所有的援助支援2004年12月东南亚海啸的受害者。但同时也存在着许多弊端。评论家声称全球化促进了对发展中国家工作者的剥削,导致现代贩卖奴隶的现象出现,并快速耗尽资源、消除环境的多样性。这就是世界贸易组织会议外有人抗议的一部分原因,为什么有人反对北美洲自由贸易协议(NAFTA)并且反对即将签署的中美洲自由贸易协议(CAFTA)?为什么又有许多人厌恶在全球进行推销的美国流行文化?问题可以归结到这一点:多样性与同一性。出现的文化碰撞不仅局限于学术思想领域,同时也成为新闻的头版头条,敌人不再是冷战时期武装力量强大、拥有核武器装备的政府部门,正如美国国务院提醒我们的那样,真正的敌人是持有极端看法的私人组织。

到底谁是今天的敌人?答案是恐怖分子。众多新闻报道都在强调这个包罗甚广的词语。不仅包括“9·11”劫机者及其基地组织成员、马德里和伦敦火车爆炸事件作案者、加沙自杀性炸弹作案者，还包括炸毁俄克拉荷马市联邦政府建筑的反政府极端分子、至今下落不明的致命炭疽热散布者以及那些定期损坏物产进行抗议的动物保护主义者。恐怖主义是已有数十年历史（一些人也许认为是几个世纪）的老问题，请让我们牢记以下这些事件：1963年，亚拉巴马州伯明翰十六街洗礼教堂在礼拜日祷告期间被白人至上主义者轰炸；1972年慕尼黑夏季奥运会上，阿拉伯恐怖分子“黑色九月”杀害了11位在奥林匹克村俘虏的以色列运动员；1985年10月，巴勒斯坦解放阵线成员抢劫了“阿奇里·劳罗号”（Achille Lauro）游轮，并杀害了乘坐轮椅的美国犹太人；1988年12月，泛美航空航班103号发生爆炸事件，坠毁在苏格兰洛克比，夺去270个生命。像这样的名单实在太长了，而这样的名单却还在不断增加。

2001年9月11日的恐怖事件使全世界开始关注那些资金充足、反民主、反人民的恐怖分子网络，并且担心他们占有强大的大规模杀伤性武器（WMD）或有机会接触到这些武器。该事件使美国政府开始发动被其称为全球性反恐怖战争的举措，即使总统本人也承认这是场旷日持久的斗争，在传统意义上是不可能获胜的，这是一场新的战争，并不是反对某个国家，而是反对在世界范围内或正在我们中间的无政府主义者。全球化和恐怖主义是现代相伴而生的两个世人瞩目的焦点。

二 探险与开拓

人类最初在什么时候移居到西半球？

从15世纪末欧洲人发现美洲的印第安人直到现在，美洲土著人的身份和他们来到西半球（南美洲和北美洲及周围水域）的方式，这些问题吸引了众多学者、神职人员和其他人的目光。人类学的发展形成了一些答案：迄今为止，还未在美洲发现早于智人种的人类骨骼遗骸，因此研究者认为人类是通过迁移定居在这片大陆上。许多学者认为亚洲人分别在两个阶段来到了美洲：第一阶段是在公元前5万年—公元前4万年之间，第二阶段是在公元前2.6万年—公元前8000年之间。人们应该是途经亚洲（俄罗斯）和北美洲（阿拉斯加）之间白令海峡上一片广阔土地或冰架来到了美洲（从公元前4万年—公元前2.6 万年左右，溶化期导致这条堤道被水面覆盖，可能因此而阻止了人们的通行）。

多数学者一致认为各种族的土著人是分为几批单独从亚洲来到美洲的。促使人们迁移的原因可能是中亚部落人口的增长，迫使一些人向东迁移，搜寻食物来源——动物。当猎物跨越白令海峡时，猎人们紧随其后。

随着时间的推移，人口增长造成早期迁移的人类通过美洲继续向南迁移，公元前8000年，甚至在火地岛，即南美洲最南端的这部分地区都有原始猎人的踪迹。大约公元前5000年，北美洲和南美洲大型猎获动物的消失引起了一系列区域发展，发展的高潮是几大文明的诞生，包括印加人、玛雅人和阿兹台克人。

人们最初如何到达北美洲?

15世纪早期和16世纪初期西半球欧洲人到达北美洲，但早在很久以前，亚洲人就通过白令海峡上的大陆桥移居过来。白令海峡是将美洲（阿拉斯加）和亚洲（俄罗斯）分割开的水路。学者们认为在冰河世纪晚期（亦称更新纪冰期，结束于公元前1万年左右），由于冰融化或海平面下降而露出陆地，从而形成一座自然桥梁横跨海峡。当时亚洲人靠捕猎为生，早在公元前5万年左右追赶大型猎物时通过白令海移居到北美洲。这些人被称为原始美洲人，是西半球最早的居民。他们到达后开始向北美洲和南美洲扩展。欧洲人到来时遇到的许多美洲印第安人群就是迁移过来的原始亚洲人后裔。

东方与西方交汇

马可·波罗何时来到远东?

大约1270年时，马可·波罗（1254—1324年）跟随父亲尼科罗（Niccolo）、伯父马费欧（Maffeo）离开威尼斯，沿陆路前往东方，他当时年仅十几岁。尼科罗兄弟2人以前就做过这样一次旅行，1260年他们来到中国北京，但当他们回家时获悉尼科罗的妻子（马可·波罗的母亲）去世了。因此，当这对冒险者再次出发时就带上了小马可·波罗。

尼科罗一家人从以色列阿克来到土耳其瑟瓦斯，然后通过摩苏尔和巴格达（伊拉克）来到霍尔木兹，霍尔木兹是波斯湾一个繁忙的商业中心，在那里，他们打算乘船去东方。但看到船后他们认为这不是可靠的运输工具，因此选择继续在陆路行进，向北来到霍拉桑（伊朗），途经阿富汗，到达中亚高原地区——帕米尔。尼科罗一家人用了40天的时间穿越高海拔山脉，最后到达花园城市喀什（中国）。从那里他们走了一条避开塔克拉玛干沙漠的道路，然后在穿越戈壁滩之前进行休息，他们用了30天走了大约300英里（483千米）才走出戈壁滩。这几个欧洲旅行者停留在中国的佛教中心——敦煌，之后，沿着与长城平行的一条通往东南方向的道路（修建于公元前3世纪）前行。沿黄河行走时，尼科罗一家遇到忽必烈（Kublai Khan，1215—1294年）的使者，在使者的指引下，他们继续前行40天，来到北京以北300英里（483千米）的上都（中国），受到忽必烈本人的接见，忽必烈是蒙古王朝的创建者和统治者、成吉思汗（1162—1227年）的孙子。当时是1275年5月。

忽必烈热衷于佛教并支持艺术事业，喜欢年轻的马可·波罗，马可·波罗开始在外交部门为统治者效力。期间，马可·波罗曾到印度旅行并访问占婆王国（现在的越南）、泰国、马来亚半岛、苏门答腊、斯里兰卡和印度王国。尼科罗这一欧洲廷臣家族深受可汗忽必烈的喜爱，在中国一直待到1292年，最后途经苏门答腊、印度和波斯（当代伊朗）返回家乡。1295年，他们到达威尼斯时，自己的国家正与长期敌对的热那亚进行战争。尼科罗一家运回许多财宝，包括象牙、碧玉、珠宝、瓷器和丝绸。其时马可·波罗已年近40岁，他在远东度过了大半生。

▶ 马可·波罗的探险是否真实？

现代学者认为传说大部分都是千真万确。有些地方无法确定他是否去过，例如非洲，而只有对这些地方的描述才被视为传奇故事而不是事实。1295年他回到威尼斯时，马可·波罗（1254—1324年）继承家业，成了商人。3年后，他乘船时船只被敌国热那亚人夺取。后来他被监禁在热那亚港口城市，遇到一位来自意大利比萨、名为茹斯提切洛（Rustichello或Rusticiano）的作家。尼科罗把他的故事对茹斯提切洛进行详细描述，该作家记录下这些故事并将其出版，名为《世界概述》（*Divisament dou monde; Description of the World*）。这本书立即获得成功，受到人们的普遍欢迎，成为西方了解东方的最重要来源之一，这就是现代读者了解的《马可·波罗游记》。

发现新大陆

▶ 维京海盗是到达北美洲的第一批欧洲人吗？

人们认为航海的古挪威人（亦称为维京海盗）实际是最先看到西半球的

欧洲人（北美洲和南美洲及周围水域）。出生于挪威的雷夫·埃里克森（Leif Ericsson，970—1020年）通常被认为是首先踏上北美洲土地的欧洲人。埃里克森是航海员红发埃里克（Erik the Red）的儿子，红发埃里克在格陵兰建立了古挪威人定居点，985年或986年举家搬到那里。几乎与此同时，另一个古挪威人比雅尼·何尔约夫森（Bjarni Herjolfsson），从冰岛到格陵兰的途中偏离路线，成为看见北美洲的第一个欧洲人，但他并没有登陆。埃里克森做出决定要继续何尔约夫森的发现之旅，大约在1001年，埃里克森带领35名船员从格陵兰出发，在巴芬岛的南端即加拿大魁北克省的正北端登陆美洲。这次远征中他可能到达纽芬兰拉布拉多（位于北美洲大陆的东北部），后来在今天的新斯科舍或加拿大纽芬兰登陆，登陆地点也可能是安斯梅多（纽芬兰海岛上）。1001—1002年埃里克森和其他船员在他称为文兰的地方度过冬天，他把这个地方描述为树木繁茂、盛产水果，尤其是葡萄。1002年春，他回到了格陵兰。

经过证实的欧洲人首次登陆北美洲是在1500年，葡萄牙航海家戈斯帕尔·科汝特雷尔（Gaspar de Corte-Real，1450—1501年）探索拉布拉多海岸和纽芬兰。一年后，他第二次来到北美洲，但此去便未能回到家乡。1502年，其兄弟米格尔（Miguel）出去寻找他，也没能返回。

▶ 西班牙为何批准哥伦布远征寻找一条通往印度群岛的西行路线？

克里斯托弗·哥伦布（Christopher Columbus，1451—1506年）为意大利人，笃信地球是圆的（他一直在研究托勒密的作品），因此，他认为，可以通过向西横跨海洋到达东方。大约在1483年他首先向葡萄牙国王提出这一想法，以寻求经济援助。这样做有着充分的理由：他25岁时在葡萄牙定居，娶了一位葡萄牙妇女（去世前为其生有一子），并且当时葡萄牙是欧洲主要的航海国家，一直进行向南的远航，目的就在于绕过非洲大陆，向东到达印度群岛。但哥伦布的提议却遭到葡萄牙国王的拒绝。1484年，他向西班牙国王费迪南德（Ferdinadd，1452—1516年）和王后伊莎贝拉（Isabella，1451—1504年）再次提出该计划，然而他们同样拒绝支持他。但哥伦布坚持自己的努力，1492年，西班牙国王和王后同意资助这个探险家的计划。促使其作出决定的原因有二：其一，前往印度群岛（远东印度及其邻近土地和海岛）的陆地贸易路线长期被土耳其人截断，而西欧人认为有必要发现一条到达远东的新贸易路线。另外，与哥伦布一样，费迪南德和伊莎贝拉是虔诚的基督徒，他们都有意愿推广基督教。简言之，国王看中了因支持哥伦布远征而获得的物质上和宗教上的双重利益。

▶ 克里斯托弗·哥伦布首先在新大陆的什么地方登陆？

1492年8月3日，哥伦布从西班牙西南部的帕罗斯起航，同年10月12日他看到了大陆。上岸后他将其命名圣萨尔瓦多，或称为华特林岛（今天的巴哈马群岛之一）。哥伦布带领3艘船的船队——尼娜号、宾塔号和圣塔玛丽亚号继续向西、向南沿古巴北海岸和海地（他命名为伊斯帕尼奥拉）航行。圣塔玛丽亚号搁浅时，哥伦布将大约40人留在海地海岸，修造堡垒，当时正值圣诞节期间，因此，将该地区命名为拉纳维达（La Navidad），西班牙语意思是“圣诞节”。

1493年1月，他开始返航，3月15日到达帕罗斯，船上装载着一些“印第安人”（美洲土著人）以及皮带、围裙、镯子和金子等物资。他远航成功的消息迅速传播

1492年克里斯托弗·哥伦布将其在新大陆的着陆点命名为圣萨尔瓦多。

开来，哥伦布航行到西班牙巴塞罗那，受到费迪南德和伊莎贝拉的热烈欢迎。

1493年9月25日，哥伦布开始第二次远航，带领17艘船和大约1 500人组成的船队，11月到达多米尼加、瓜德罗普岛、波多黎各和维尔京群岛。返回海地后，哥伦布发现当地人毁坏了拉纳维达的殖民地。1493年12月，他在伊莎贝拉（现在的多米尼加共和国，伊斯帕尼奥拉的东端）建立新的定居点，这成为美洲新大陆第一个欧洲人居住的城镇。在1496年返回到西班牙之前，哥伦布还曾在牙买加登陆。

哥伦布第三次远航开始于1498年5月，他到达南美洲海岸附近的特立尼达。在他第四次即最后一次远航中，他在到达北美洲大陆洪都拉斯（在中美洲）之前发现了马提尼克海岛。1502年5月，仍在这次远航中，他航行到巴拿马海峡——最后认为已接近中国。但哥伦布遭遇了重重困难，1504年11月回到西班牙。2年后在贫穷和孤寂之中离开人世。当然，他未曾发现向西通往远东印度群岛的海路，却发现了后来统称为西印度群岛的加勒比海岛，北美洲和南美洲当地人被称为“印第安人”。

▶ 为何克里斯托弗·哥伦布引起争议？

历史将哥伦布错误地认为是新大陆的“发现者”这一说法在一定程度上是恰当的。在克里斯托弗·哥伦布到来之前的美洲本地土著人才是这片土地真正的发现者。这些人几千年前就移居到这里：早在公元前5万年他们就从亚洲越过白令海峡，并向南迁移，跨越整个北美洲和南美洲，于公元前8000年到达火地岛，因此，正确的说法是哥伦布是发现新大陆的第一位欧洲人，在那里，他遇到了美洲本地土著人。

但哥伦布对待美洲土著人的方式使得他成为一个有争议的人物。哥伦布曾两次（在他第二次和第三次远航）被从新大陆召回，以调查他对待美洲本地土著人的方式，其中包括残忍虐待土著人。第一次庭审（1496—1497年）判这位探险家胜诉。他的案件由西班牙国王审理，并且指控被驳回。然而，谣言却始终跟随哥伦布，1500年，他和他的两个兄弟巴托罗密欧（Bartholomeo）和迪亚哥（Diego）被拘捕押回西班牙。虽然之后，哥伦布被释放并允许他继续探险活动（他会做一次最后前往新大陆的航行），但他却无法获得先前的成就并失去所有的荣誉，1506年，死于西班牙巴里阿多里德市，去世时贫困潦倒。

谁是征服者（conquistadors）？

“conquistador”在西班牙语中的意思是“征服者”。15世纪早期和16世纪末期到达北美洲和南美洲的西班牙人正是美洲印第安人及其土地的征服者。西班牙人被认为是到达这片土地的第一批欧洲人，他们在此遇到了当地土著居民，其中包括墨西哥阿兹台克人、南墨西哥和中美洲的玛雅人以及西南美洲的印加人。16世纪中期前，这些本地人被西班牙人征服，人口几乎被灭绝。征服的方式有两种：首先，西班牙人乘坐马匹，手持枪支，而当地土著人却是徒步作战，手拿简陋的武器，像长矛、刀子；其次，欧洲探险家将一些疾病（例如天花和麻疹）带给没有免疫力的美洲土著人，致使其患病和死亡。

1535年，像弗朗西斯科·皮萨罗（Francisco Pizarro，1475—1541年）、埃尔南·科尔特斯（Hernan Cortes，1485—1547年）和瓦斯考·努涅斯·巴尔博亚（Vasco Nunez de Balboa，1475—1519年）这样的征服者已为西班牙占领了美国西南部、墨西哥、中美洲和众多西印度群岛（加勒比群岛）。

除疾病外欧洲人还给美洲带来什么？

除早期欧洲人偶然带入新大陆的某些疾病外，探险家们还带来与美洲人以前不了解的众多事物。当克里斯托弗·哥伦布（1451—1506年）在1492年伊斯帕尼奥拉（现在加勒比地区的海地和多米尼加共和国）登陆时，他运来马和牛。在西半球首次看到这些动物，在欧洲人到来之前美洲印第安人根本没有驮兽。在之后的旅行中，欧洲人将马匹和家畜（包括牛、绵羊、猪、山羊和鸡）引入整个南美洲和北美洲。他们还从欧洲和东方将植物运载到美洲，并在那里生根发芽，包括稻米、蔗糖、靛蓝、麦子和柑橘水果，所有这些植物之前都未在西半球生长过，在殖民地时期，成为重要的农作物。除靛蓝（用作织品染料）之外，这些非本土生长的农作物在北美洲和南美洲的国家一直保持着重要性。

除本地土著人外，欧洲人在新大陆还发现了什么？

西半球新大陆生长许多欧洲并不了解的植物。1492年，克里斯托弗·哥伦布第一次远航时，他成为发现玉米、白薯、胡椒、香蕉和菠萝的第一位欧洲人。在随后的远征中又发现了土豆、水稻、南瓜、番茄、巧克力豆、花生、腰果和烟草。这些植物由美洲印第安人耕种，其中有许多都运回欧洲，并传播到世界各地，在气候适宜的地方耕种。

美洲这一名字的由来是什么？

美洲这个名字来自意大利航海员亚美瑞格·韦斯普奇（Amerigo Vespucci，1454—1512年），他曾数次参与早期前往新大陆的远航。韦斯普奇是一位商人，为佛罗伦萨梅迪奇家族效力，后来移居西班牙，他工作的公司负责装配克里斯托弗·哥伦布（1451—1506年）第二次和第三次远航所用船只。他与西班牙人一起进行了远航（分别在1497年、1499年、1501年和1503年）。虽然现代学者对他作为探险家的角色表示怀疑，但在德国地理学者马丁·瓦尔德泽米勒（Martin Waldseemuller，1470—1520年）于1507年出版的著作中，作者认为韦斯普奇意识到自己实际上到达了新大陆，而不像其他探险家（包括哥伦布）那样认为是远东。因此，瓦尔德泽米勒建议以亚美瑞格·韦斯普奇将新大陆命名为亚美利加。对于瓦尔德泽米勒来说，他是通过韦斯普奇在1502年或1503年写给洛伦佐·梅迪奇的信件作出此结论，在信中，韦斯普奇生动地描述了发现的新大陆。一年后，信件以“新的世界”为标题出版，后来，翻译成其他文字并出版。

1538年，美洲这一名称被佛兰芒测绘员戈拉德斯·墨卡托（Gerhardus Mercator，1512—1594年）再次使用。现在，这一单数形式的名词既指代西半球大陆，有时还专门指代美国，而用复数形式指代西半球所有土地，包括北美洲、南美洲和西印度群岛。

科尔特斯如何能为西班牙人占领墨西哥？

埃尔南·科尔特斯（Hernan Cortes，1485—1547年）在征服墨西哥本地土著人后代表欧洲国家占领了这片土地。1519年，科尔特斯在墨西哥东部海岸登陆，建立韦拉克鲁斯市。从那里他继续向内陆前进，与特拉斯卡拉原住民形成联盟（在墨西哥中部与力量强大的阿兹台克人进行战争）。同年11月8日，科尔特斯进入墨西哥城（当时名为特诺兹提朗城）。之后科尔特斯继续前往墨西哥的西海岸，1520年，当他回到墨西哥中部的墨西哥城时，阿兹台克人正在反抗西班

西班牙探险家埃尔南·科尔特斯和其手下在阿兹台克领导人蒙特祖玛（Montezuma）前下跪。

牙人。接着爆发了激烈的战争，6月底，蒙特祖玛去世。如今，墨西哥人将这段战争期间作为“悲痛之夜”而加以纪念。直到1521年8月，科尔特斯在为期4个月的战争后重新夺取了墨西哥城，至此这片土地由西班牙人掌控。

▶ 蒙特祖玛是何人?

蒙特祖玛是墨西哥阿兹台克印第安人两个统治者的名字。蒙特祖玛一世统治了从大西洋到太平洋的一片地区，人们认为是他扩张了特诺兹提朗城（阿兹台克首都，现在的墨西哥城）。1469年蒙特祖玛去世，但3年前，他的侄子，蒙特祖玛二世（1466—1520年）即位，是多数人熟悉的蒙特祖玛。在他统治期间，阿兹台克人开始与探险家埃尔南·科尔特斯（1485—1547年）领导下的西班牙人接触，并最终被其征服。1519年，蒙特祖玛设法劝说科尔特斯不要去墨西哥城，但科尔特斯及其军队还是向内陆挺进。阿兹台克人奋起抵抗西班牙人，但蒙特祖玛却在向士兵讲话时负伤。几天后，即1520年6月30日，他去世了。一年后，墨西哥城落入西班牙人手中。

▶ 努涅斯·卡韦萨·德巴卡是何人?

努涅斯·卡韦萨·德巴卡（Alvar Nunex Cabeza de Vaca，1490—1560年）是在1527年参加远征新大陆的西班牙探险家，由于他报告说他认为墨西哥北部区域可能盛产贵重金属，因此，后来其他西班牙探险家才开始在该地区的探险。

1527年，卡韦萨·德巴卡与其他人在佛罗里达着陆，其中包括黑人探险家埃斯特瓦尼科（Estevanico），但后来他们与船分离。他们制造了一艘驳船，从北佛罗里达横跨墨西哥湾，航行到得克萨斯海岸附近的海岛，在那里，船被撞毁。1528年，卡韦萨·德巴卡被印第安人监禁，1530年，他得以逃脱，步行走过墨西哥北部，花了5年时间探索这片地区。他继续向南行进，1536年，卡韦萨·德巴卡到达墨西哥城，当时是西班牙在北美洲据点的首都。第二年他回到了西班牙。

1541年，这名探险家远征拉普拉塔河地区（位于南美洲），并且在1542年到达亚松森（现在的巴拉圭）。卡韦萨·德巴卡被任命为西班牙驻巴拉圭殖民地长官，任期2年。后来，经实践证明他不适合担任领导职务，被殖民者废除官职，回到西班牙，在那里，他又被驱逐到了非洲。

什么是希波拉七城市?

该名词指的是现在新墨西哥北部的一个区域，早期西班牙探险家认为那里拥有无数的珍宝。弗朗西斯科·瓦斯科·德·科洛纳多(Francisco Vesquez de Coronado，1510—1554年)进行一次远征寻找传说中的黄金城，要为西班牙夺取财宝。1540年，他带领约300个西班牙士兵和一些印第安人从北加利西亚(墨西哥城西北部的一个省)出发，朝向现在的亚利桑那和新墨西哥地区前进。在那里他们遇到了祖尼印第安居民，认为他们是希波拉人。西班牙人捕获祖尼人，他们是阿纳萨兹崖居者的后裔，早在公元前1万年就在西南地区居住。西班牙人没在祖尼人居住地区发现黄金，于是进行了另外一次远征，仍希望找到藏有宝藏的地区。他们没有发现任何贵重金属，但却有其他发现：他们是看见大峡谷、来到里约格兰德峡谷和遇到当地居民的第一批欧洲人。1546年，科洛纳多被指控残暴对待该地区居民。

赫尔南多·德·索托在北美洲的什么地区探险?

西班牙探险家赫尔南多·德·索托(Hernando de Soto，1500—1542年)在北美洲整个东南部进行探险，后来准备沿密西西比河的河岸探险前患热病去世。

赫尔南多·德·索托曾参与消灭印加帝国(现在的秘鲁)的残酷远征，1536年，作为英雄返回西班牙。但他仍希望重返新大陆，国王查尔斯一世(Charles Ⅰ，1500—1558年)任命他为古巴的行政长官，授权他征服、拓殖现在的北美洲东南部区，愿望终于实现。

1539年冬，赫尔南多·德·索托到达佛罗里达，带领大约600人组成的军队在第2年春天和夏天向北开进。为了寻找黄金和白银，他们进入现在的佐治亚州、卡罗来纳州的北部和南部，翻越大烟山、进入田纳西州、佐治亚州和亚拉巴马州。1540年10月，在亚拉巴马州中南部打败乔克托人领袖土斯卡鲁沙(Tuscaloosa)后，西班牙人向北、向西进入密西西比地区。1540年5月21日穿过密西西比河，当天晚上赫尔南多·德·索托去世。因为他在征服当地人时心狠手辣，因此，军队士兵将其尸体沉入河中，以免印第安人发现他、将其碎尸万段。之后，在没有赫尔南多·德·索托的领导下，军队继续前进，在路易斯·德·莫斯科索(Luis De Moscoso)的指引下，于1541年到达墨西哥。

▶ 西班牙人是继维京海盗后到达北美洲的第一批欧洲人吗?

不是。这一荣誉应归功于意大利探险家约翰·卡博特(John Cabot,1451—1498年),1497年他从英国布里斯托尔向西航行,寻找一条通往东方的商船航线。卡博特的远航始于1493年,当时,克里斯托弗·哥伦布(1451—1506年)结束其新大陆的远航回到西班牙,声称他到达了亚洲。卡博特本人是航海员,通过旅行记录,他认为哥伦布不太可能走了那么远。然而,他认为(与后来的探险家想法一样)在哥伦布所发现大陆的北部可以找到一条路线可能(西北方向的通道)抵达亚洲。1495,意大利人卡博特,将家人带到英国,第二年3月,卡博特向国王亨利七世请求(Henry Ⅶ,1457—1509年)同意他去实施寻找通往亚洲的海路这一计划。对于国王亨利七世来说,他非常急于发现新大陆,并归入自己的统治。这样,亨利七世批准了卡博特的远征请求。

1496年年末,卡博特扬帆起航,但是船上的问题和恶劣的天气迫使他返航。第二年春天,即1497年5月20日,他驾驶"马修号"小船再次航行。乘员组由20人组成,其中包括他的儿子——塞巴斯蒂安(Sebastian)。6月24日,他们看到了土地,卡博特上岸,看到有人居住的迹象,但他却没遇到任何人。从旅行报告中,学者认为卡博特到达了现在的缅因州、新斯科舍和纽芬兰海岸。之后他返航回家,8月6日回到英国。在向国王汇报后的第六天得到奖励,并且被批准进行一次规模更大的远征。1498年5月他又开始远征,这次他带领5艘船起航,但却再也没有下文。

▶ 约翰·卡博特的儿子塞巴斯蒂安后来怎样了?

塞巴斯蒂安(Sebastian,1476—1557年)出生于英国布里斯托尔,1497年夏天,和父亲一起成功地航行到达北美洲,但他并未参与他父亲惨遭厄运的那次探险。如果他这样做的话,世界就会失去另外一个伟大的探险家,因为那次探险在出发后就杳无音讯。塞巴斯蒂安留了下来,继续追求他父亲和其他航海员的事业,下定决心要找到到达东方的海外商船航线。

在塞巴斯蒂安的有生之年,他为英国和西班牙皇族绘制地图,从1525—1528年,带领西班牙船队进行远征,到达南美洲的拉普拉塔河,并进入巴拉那和巴拉圭河。1544年,塞巴斯蒂安出版了一张雕版世界地图。7年后,在国王爱德华六世（Edward Ⅵ，1537—1553年）的资助下，他建立了伦敦商人探险者协会。该组织主要资助寻找东方（在欧洲附近）通航的远征，确立到东方的商船航线。通过这样的作法，协会对与俄国的贸易方面产生了一定影响。

环游世界

何时有人向西航行到达东方？

直到1520年才找到路线。葡萄牙航海员费迪南德·麦哲伦（Ferdinand Magellan，1480—1521年）在为西班牙远征时发现了一条西南航道，沿这条航道，他到达南美洲南端附近，穿过一段弯弯曲曲的水路，这条水路至今仍以其名字命名——麦哲伦海峡。1519年9月，麦哲伦开始从西班牙出发，过了整整一年到达南美大陆的南端、火地岛群岛的南部和北部（今天这些海岛是阿根廷和智利的一部分）。在这之前，他还击退了一次叛乱。麦哲伦经历了千辛万苦，终于找到大西洋和太平洋之间的连结点。

麦哲伦从那里继续航行，1521年3月6日到达我们熟知的海岛关岛。10天后，他发现菲律宾群岛。在菲律宾群岛中的宿雾岛上，他与当地的君主达成联盟，替他进行一次到马克坦附近海岛的远征。1521年4月，麦哲伦遭遇了杀害。在没有他的情况下，远征继续进行，在塞巴斯蒂安指引下，与参加麦哲伦远征的其他18个幸存者一起于1522年回到西班牙塞维利亚。维多利亚号航船上载回的货物（其中包括香料）价值远远大于远征的成本。

谁是环游地球的第一位英国人？

英国海军上将弗朗西斯·德雷克爵士（Francis Drake，1540或1543—1596年）于1577年决定探索麦哲伦海峡。他在南美洲进行勘查（在此过程中他和船员掠夺了智利沿海和秘鲁海岸），之后继续进入南太平洋，再向北行进。他最终到达了现在的加利福尼亚海岸，他将其命名为新奥尔邦（但这一名字没有使用多久），并以女王伊丽莎白一世（Elizabeth Ⅰ，1558—1603年）的名义占有这里。

谁是环游世界的第一人？

通过海路环游地球的第一人是塞巴斯蒂安，虽然与他一起航行的18位水手也要求分享这一荣誉。1522年航行完成，用时近3年。1519年，在西班牙资助下，埃尔卡诺与费迪南德·麦哲伦一起进行一次远征，首先成功发现了到达东方的西向航道。1520年，环绕南美洲大陆最南端进入南太平洋，1521年，到达了菲律宾。当麦哲伦在那里被杀害时，埃尔卡诺引导船员继续向西远征，作为第一位环游世界的船长返回西班牙。

他继续向北航行，仍旧寻找西北航道，应该是到达了温哥华这个地方。没有发现航道（后来的探险家发现他的方向过于偏南），就开始向西航行。1579年他到达印度尼西亚东部的香料群岛（今天叫做摩鹿加群岛），之后发现了印度尼西亚爪哇岛。德雷克继续向西通过印度洋，环绕南非南端好望角，避开西非海岸向北来到塞拉利昂。从那里，德雷克返回家乡英国普利茅斯，1580年登陆，成为第一个环游地球的英国人，一年后女王授予他骑士头衔。

德雷克又与他的同乡瓦尔特·罗利爵士（Sir Walter Raleigh，1554—1618）一起将烟草引入自己的祖国。1586年，德雷克从另一次到达北美洲和南美洲的远征返回，在美洲，他因为争夺土地控制权而与西班牙舰队作战。他将弗吉尼亚殖民者接到船上，随身携带着土豆及吸烟的材料和工具。德雷克为女王效力一生，1588年与西班牙舰队战斗并将其击败。1596年，在执行前往西印度群岛任务时，德雷克死在了自己的船上。

谁是环游地球的第一位女性？

是一名年轻法国女子，名为吉恩·巴雷特（Jeanne Baret）。1766年，法国海军军官路易斯安托万·德·布干维尔（Louis-Antoine de Bougainville，1729—1811年）进行一次环游世界的远征，1769年，成功返回法国。但船员们在途中发现了一个有趣的事情：法国人到达塔希提岛时，塔希提人立刻留意到船员们忽略的一个事实——远征队伍中一个仆人是一位女性。吉恩·巴雷特在法国受雇于船上一名官员考莫康（Commercon），他是这次远征中的植物学家。考莫康不知道巴雷特是女性。塔希提人发现了她的秘密，她坦白自己是个孤儿，女扮男装得到这份服务员的工作。当她得知布干维尔要远征时决定继续乔装为男性，以进行这次探险，而在当时，这是一名女性不可能参与的事情。她就是我们已知的环游地球的第一位女性。

托马斯·卡文迪什追逐的名望是什么？

英国航海员托马斯·卡文迪什（Thomas Cavendish，1560—1592年）跟随着弗朗西斯·德雷克先生的脚步（1540或1543—1596年）。看到德雷克在海上盘剥、抵抗西班牙人归来，卡文迪什也备受鼓舞，原因很充分：德雷克赢得了名望、财富和被授以爵位的荣誉。因此，1586年，卡文迪什带领3艘船（其中包括作为奖品得到的"圣塔安那号"）前往巴西，通过麦哲伦海峡，然后继续前行夺取西班牙的财宝，西班牙国王因为遭受的损失和船只被"带领四五十个同伙的英国青年"夺取而深感懊恼。

之后，卡文迪什在太平洋继续其远航，环绕好望角（非洲），来到菲律宾群岛、摩鹿加群岛和爪哇岛，再返回家乡。这次旅程用时2年50天，损坏2条船，而他则成为环游地球的第三个人。

但他在英国却没有受到期待中的欢迎：卡文迪什受到称赞，但女王却没有授予爵位。他的名望和运气很快就烟消云散，他大多数刚赚来的钱已挥霍一空。1590年，卡文迪什认为自己应该再次尝试进行一次远征。1591年8月，5艘船组成的舰队扬帆起航，但前方等待他们的却是厄运。当他们到达南美洲试图通过麦哲伦海峡时，肆虐的暴风雨将船队分散。卡文迪什指挥的那条船掉头往巴西航行，试图登陆。但卡文迪什却未能登陆。他死在途中，最终很有可能是遭到了其他人遗弃。

夏威夷罗亚（Hawaii-Loa）是何人？

他是玻利尼西亚首领，在塔希提岛附近马克萨斯群岛的开阔水域上航行了大约2 400英里（3 862千米），在4世纪发现了夏威夷海岛。1778年欧洲人首先发现该海岛，当时，英国航海员詹姆斯·库克（James Cook，1728—1778年）在考爱岛登陆，并且以约翰·孟塔古（John Montagu，1718—1792年）命名这座海岛，约翰是第四代森威奇伯爵、第一代海军部长阁下。库克船长因为一条被窃取的小船而与当地人发生冲突时死在了那里。

库克船长的发现是什么？

英国航海员詹姆斯·库克船长是世界上最伟大的探险家之一，曾率领3次太平洋远航、2次环游全球。从1768—1771年，库克带领"努力号"航船远征到南太平洋，在塔希提岛登陆，成为发现新西兰、澳洲和新几内亚海岸的第一个欧洲人，并且还绘制了地图。1772年，库克出发去探险南部大陆，这次远航耗时3年，一直沿南极洲冰原附近航行。在1776年最后一次远航中，他执行从太平洋出发寻找北美洲航道的任务，库克绘制出北美洲太平洋海岸地图，北部最远延伸至白令海峡。1778年，他在夏威夷海岛遇难死亡。库克的远航使得几个欧洲国家建立了太平洋殖民地。

谁是横跨白令海峡的第一位欧洲人？

白令海峡连接着北冰洋和白令海，最狭窄处宽度为53英里（85千米）。跨越白令海峡的第一位欧洲人是丹麦航海员维塔·白令（Vitus Bering，1681—1741年），时间为1728年。白令是一位探险家，该海峡和海域就以他命名。白令受雇于俄罗斯沙皇彼得一世大帝（Tsar Peter the Great，1672—1725年）前往确认亚洲和北美洲是否连接在一起。

殖民时期的美洲

西班牙在新大陆占有哪些地方？

新西班牙由殖民统治期间在新大陆占有的众多土地组成。在鼎盛时期，新西班牙包括现在美国的西南部、整个墨西哥，一直到巴拿马地域的中美洲、佛罗里达，众多西印度群岛（加勒比海岛）以及太平洋的菲律宾群岛。设立总督管辖区（由君主代表统管的省份），都城为墨西哥城，自1535年起该地就一直作为都城。1821年，墨西哥人发起叛乱，结束了西班牙在那里的殖民统治，新西班牙的殖民帝国解体。到了1898年，西班牙痛苦地放弃了它在北美洲的土地，最后占有的土地包括古巴岛、波多黎各、关岛和菲律宾海岛，在美西战争战败后也割让给美国（1898）。

在殖民地期间，西班牙还占有新大陆的其他领土——北美洲和西南美洲，其中大多数土地最后都归属秘鲁总督，由新西班牙的总督另行统治。到了19世纪末，西班牙丧失了这些土地。

法国在新大陆占有哪些地方？

法国在北美洲的土地被称为新法兰西，包括加拿大、阿卡迪亚和路易斯安那殖民地。1534年法国探险家雅克·卡蒂亚（Jacques Cartier，1491—1557年）在加拿大东部圣劳伦斯河航行时首先占领这片土地。1604年，西厄尔·德·芒茨（Sieur de Monts，1568—1630年）在阿卡迪亚建立居住地（现在的加拿大新斯科舍），后来法国人占领的区域扩大，包括现在的新不伦瑞克省和缅因州东部。探险家萨缪尔·德·尚普兰（Samuel de Champlain，1567—1635年）在1608年建立魁北克以后，深入内陆（现在的安大略），一直到达休伦湖畔的佐治亚湾，将法国占领的土地向西延伸。1672年，法裔加拿大探险家路易斯·乔列特（Louis Jolliet，1645—1700年）和法国传教士雅克·马凯特（Jacques Marquette，1637—1675年）成为最初发现密西西比河上游的欧洲人。10年后，法国探险家拉萨尔爵士（Sieur de La Salle，1643—1687年）沿密西西比河到达墨西哥湾，为法国占领河谷，将其命名为路易斯安那。当法国人扩展他们在北美洲占领的土地时，多数法国移居者都住在加拿大。在七年之战中（1756—1763年）法国丧失了加拿大领土，归属英国。路易斯安那几经转手，1803年，作为路易斯安那购地的一部分卖给了美国，它是法国在北美洲大陆占据的最后一片土地，法国的文化和影响在这片区域至今依然很盛行。

1635年，法国人占领西印度群岛中的马提尼克岛和瓜德罗普岛（及周边小岛，包括圣巴泰勒米在内）。1946年法国政府将这些海岛从殖民地转变为“海外部门”。

▶ 什么是消失的殖民地之谜？

消失的殖民地是英国在美洲建立的第二块殖民地：1587年，该殖民地设于北卡罗来纳海岸附近的罗阿诺克海岛，但到了1590年它却消失得无影无踪。围绕这一失踪现象产生众多理论，却无法确切知道到底发生了什么事。

罗阿诺克海岛也是英国第一片殖民地所在地，1585年，由瓦尔特·罗利先生（Sir Walter Raleigh，1554—1618年）派往那里的100个人设立。罗利认为这个海岛是一个好地点，可以修理和装载英国军舰（当时正与西班牙人打仗）。但该计划没有成功：土地不够肥沃，无法养活殖民和附近的印第安居民，并且船只无法接近海岛，周围的海水过浅。第二年殖民者回到英国，同时，罗利从英国派

一位美洲土著人在欢迎朝圣者的到来，朝圣者于1620年航行到美洲寻求宗教自由和自治。（原始图画由亨利·萨根特〔Henry Sargent〕创作）

遣另一批殖民，在原始居民离开后几天，他们到达了罗阿诺克。看到该地点遭到遗弃，除了15个殖民者外其他人都选择返回英国。

1587年春，罗利派遣另外一批殖民者来到美洲，但这些船却偏向北方、朝切塞皮克湾附近区域（现在的弗吉尼亚）驶去。7月到达外岸，船上的指挥员拒绝把殖民者带到目的地，将他们留在罗阿诺克海岛。殖民者领袖约翰·怀特（John White）也是罗阿诺克第一批移民之一，于1587年8月回到英国补充物资。但英国和西班牙之间持续的战争阻止他返回殖民地，直到3年后，1590年8月他再次回到罗阿诺克，本来希望见到前来迎接他的家人和一百多个移民者（包括妇女和孩子），但他却发现殖民地已无人居住。

怀特找到的唯一线索是树上刻有"Croatoan"（克柔投安）一词。克柔投安亦称海特瑞斯（Hatteras），是居住在罗阿诺克海岛南部小岛上友好的印第安人。怀特决定出发去确定殖民者是否都加入了海特瑞斯印第安人部落，但天气却阻止了他的调查，他只好远征回到英国。

解释失落的种族究竟怎么回事的理论有两种：第一种理论认为由于切塞皮克湾岸是殖民者最初的目的地，他们也许到了那里但遇到印第安人的抵抗并惨遭灭绝。另外一种理论认为殖民者与住在北卡罗来纳的几个印第安部落融为一体。不管怎样，欧洲人再也没有见到过他们。

▶ 朝圣者是真正的探险家吗？

朝圣者是在新大陆寻求宗教自由和自治的早期移民者。由于他们进行的是一次宗教性质的旅行，因此，自称为朝圣者。实际上，他们都是基督教教会的分离主义者，从英国国教教会中脱离以建立自己的教会。1609年，他们逃离家乡英国斯克罗比，在荷兰定居。他们担心自己的孩子会丧失传承自己文化的机会（被荷兰文化同化），因此决定远航到美洲建立自己的居住地。1620年，到达了马萨诸塞鳕鱼湾布满岩石的西海岸。他们乘坐"五月花号"（Mayflower）用时66天横跨大西洋。期间有2个婴孩出生，使移居者数量达到102人，其中只有35人是朝圣者，其余是商人。11月21日朝圣者们起草"五月花协定"（*the Mayflower Compact*），41位协议签署者（五月花号上的成员）组成政治团体，授权颁布和执行居住区的法律。宗教领袖约翰·卡弗（John Carver，1576—1621年）经投票选举为州长。尽管伦敦公司殖民地宪章规定他们在弗吉尼亚定居，但他们决定在鳕鱼湾建立自己的殖民地，脱离公司的权限范围。到了12月25日，朝圣者选择了定居地点，开始在新普利茅斯大兴土木。

第一年里，朝圣者面临着重重困难：另外的35名殖民者搭乘“幸运号”到达，使本来有限的资源更加紧张；肺炎、结核病和坏血病这类疾病夺去许多生命，其中包括州长卡弗；商人们又开始质疑居住地性质是否合法。1621年6月，从新英格兰委员会进行新的授权后，新普利茅斯殖民地土地由朝圣者和商人共同掌管。但共同管理农业的制度系统没有成功，1624年，威廉·布雷德佛（William Bradford，1590—1657年）继卡弗之后成为州长，给每个家庭授予属于自己的一片土地。印第安万帕诺亚格族群以前占有朝圣者居住的土地，他们非常友好，为农业事务提供有用的建议。1626年，朝圣者收购商人的土地份额，自己完全占有殖民地。虽然到达美国之前他们在行政事务方面毫无经验、从未接受过正式教育，但他们还是根据《圣经》进行良好的自治，普利茅斯殖民地一直保持独立，直到1691年，成为清教徒建立的马萨诸塞海湾殖民地的一部分。

清教徒与朝圣者有何不同？

与朝圣者一样，建立马萨诸塞海湾聚居地的清教徒是基督教会的信教者（这两大派别都“抗议”过英国国教教会）。但当朝圣者从教会分离出来时，清教徒则希望对教会实行净化。16世纪期间，他们在英国发动宗教运动，受到改革运动者约翰·卡尔文（John Calvin，1509—1564年）教义的影响。他们也对政府怀有强烈的不满，主张人们只可以受统治于限制统治者权力的契约（例如宪法）。1603年，国王詹姆斯一世（James Ⅰ，1566—1625年）登上英国王位，他是斯图尔特王室第一任统治者。斯图尔特王朝，尤其是詹姆斯的后继者国王查尔斯一世（Charles Ⅰ，1600—1649年）设法强制执行对英国国教高教会派的绝对信仰，将清教徒鼓动者视为对王权的一种威胁。

一群清教徒受国王迫害，从英国逃到新大陆。马萨诸塞海湾公司授予其中一组清教徒“合作宪章”（1629年）。远航横跨大西洋的股东们在自己的土地上成为具有投票权的公民；董事会形成立法机构；并且公司总裁、清教徒领袖约翰·温斯罗普（John Winthrop，1588—1649年）担任州长。1630年，他们定居在今天马萨诸塞州波士顿和萨利姆，建立了清教徒联邦。1643年，2万多名清教徒到达马萨诸塞州，现在将这一事件称为“大迁徙”。殖民地期间，清教徒还在罗德岛、康涅狄格和弗吉尼亚定居。

荷兰占有哪些殖民地?

新尼德兰是荷兰在北美洲大陆唯一的一块殖民地,包括哈得孙河(今纽约)附近地区还有后来占领的特拉华河谷地带(位于新泽西和特拉华)。1610年左右,荷兰探险家首先在该地区定居。1624年,新尼德兰聚居地由荷兰西印度公司正式建立。1626年,荷兰殖民地官员彼得·米努伊特(Peter Minuit,1580—1638年)代表公司以价值约24美元的装饰品从美洲印第安人手里正式购买曼哈顿岛。殖民地首府建在新阿姆斯特丹(今纽约)。荷兰人一直占有这片殖民地,直到1664年,在英国国王(詹姆士二世,1633—1701年)的兄弟——约克公爵领导下,英国将荷兰征服。自此,新尼德兰将在美洲占领的土地分割后,英国获得这片疆土。在英国控制下,该区被划分为两片殖民地:新泽西和纽约。

殖民地期间,荷兰还得到西印度群岛中的阿鲁巴岛、博内尔岛和库拉索岛(称为荷属安德列斯群岛),由北美洲大陆的新尼德兰单独管辖。

瑞典占有哪些殖民地?

瑞典占地包括名为新瑞典的小殖民地,于1638年建立在特拉华克里斯蒂娜堡(今威明顿)。瑞典人将居住地逐渐从特拉华湾(威明顿南部)向北沿特拉华河扩大到现在的新泽西特伦顿。移居者主要是皮毛贸易商,殖民地也有农业。1655年,在新荷兰总督彼得·史蒂文森(Peter Stuyvesant,1610—1672年)带领下,荷兰人进行一次军事远征,夺取了这片疆土。在9年的时间里,该土地一直是新尼德兰殖民占地的一部分。1664年,英国人将其占领,同时还占领了新尼德兰其余的殖民地。特拉华被定为英国私有殖民地,该状态一直持续到美国革命爆发(1775—1783年)。新瑞典是瑞典在美洲唯一的一片殖民地。

美洲奴隶制起源于何时?

北美洲奴隶制可追溯到1400年左右欧洲人到达非洲之时。起初,非洲与欧洲人接触的结果是积极的,打开商船航线、扩展市场。欧洲人从非洲富有的矿产和农业资源中赢利丰厚，曾一度遵守治理贸易的地方法律；非洲人则受益于欧洲人带来的新技术和新产品。但两种文化之间的关系很快就转变为灾难，欧洲人将注意力投向截然不同的非洲资源——非洲人。葡萄牙人在西非和东非开始进行人口买卖，荷兰人则在南非与本地人发生冲突，本地人战败后成为仆人和奴隶，其他欧洲人也开始计算起贩卖奴隶可获得的利润。

15世纪末时起欧洲人就在新大陆登陆。很快欧洲不断涌现的新兴力量为控制南、北美洲和西印度群岛的新大陆疆土而开始竞争。西班牙人、葡萄牙人、荷兰人、英国人和瑞典人都在西半球占领土地，建立殖民地。

17世纪中叶，三角贸易开始出现：运载奴隶的共同路线开始在非洲西海岸运营，第二站是加勒比岛——主要是英属和法属西印度群岛，奴隶从那被贩卖给农庄主，贸易商还通过购买糖、糖浆、烟草和咖啡从中赢利，这些原材料再向北运输到第三站——朗姆酒产业发达的新英格兰，船上装满酒，然后贸易商航行横跨大西洋到达非洲西海岸，再重新开始这一过程。其他营运的商船航线有以下几种：1）工业品从欧洲运到非洲海岸，从那将奴隶运到西印度群岛，从西印度群岛将糖、烟草和咖啡运回欧洲，这一路线再重新开始。2）从殖民地将木材、棉花和肉运向南欧；从那将酒和果子运向英国；将英国的工业品运往殖民地，路线再重新开始。总之口岸和物品的需求有多少，可以通航的路线就有多少条。

三角贸易的悲惨结果就是总共运输了1 000万左右的非洲黑人。作为奴隶被买卖的这些人在横跨大西洋期间（亦称中途航道）通常被捆绑在甲板下，仅在短暂的时间里可以活动身体。奴隶的生存条件很艰苦，只有当贸易商意识到在横渡海洋的漫长旅途中奴隶死掉会在到达西印度群岛时对其赢利造成不利影响之时，才会略微改善其条件。17世纪末加勒比海岛经济萧条之后，许多奴隶被卖给北美洲大陆的农庄主，开始出现另一条悲惨的商船航线。19世纪贩卖奴隶被废除，从而结束了非洲人被迫移入西半球。

何时非洲人最初到达英国在北美洲的殖民地？

1619年，承载20个非洲人的荷兰船“弗吉尼亚号”靠岸，这些人被用作仆人而不是奴隶。虽然他们比白人权利少，但能获得人身自由和物产，在弗吉尼亚殖民地推动了“自由黑人”这一阶级的发展。例如，有记录显示1621年安东尼·约翰逊（Anthony Johnson）到达弗吉尼亚，做仆人工作。1年后获得自由，30年后他自己进口5位仆人，由于这一作法使其获得弗吉尼亚250英亩的土地。

早期的美利坚合众国

刘易斯和克拉克远征的目标是什么？

这次远征始于1804年，用时2年多，其目的有三：绘制大西洋和太平洋之间一部分通道的路线图；调查路易斯安那购地所得疆土的界限；占领俄勒冈领土。

托马斯·杰斐逊（Thomas Jefferson，1743—1826年）当时为美国总统，他认为圣路易斯和西海岸之间可以找到一条路线。早在1801年，杰斐逊就设想向西沿密苏里河和哥伦比亚河可能会通到太平洋。此次远征也是一项飞行侦察任务，将收集这片广阔区域的有关信息，并建立与当地居民的联系。1803年4月30日，美国从法国购买路易斯安那疆土。所购土地东起密西西比河，西至落基山脉，南起墨西哥湾，北至英属美洲（加拿大）。杰斐逊很快选派私人秘书——出生于弗吉尼亚的梅里韦瑟·刘易斯（Meriwether Lewis，1774—1809年）带领此次向西的远征。刘易斯任命威廉·克拉克（William Clark，1770—1838年）作为其助手，威廉·克拉克为美国陆军中尉，在边境上效力于安东尼·韦恩将军（General Anthony Wayne，1792—1796年）。1803年夏天，刘易斯和克拉克开始为陆地旅程做必要的准备，包括学习植物和动物的分类，学会如何通过观察星星确定地理位置并为远征招募猎人和士兵。

1804年5月14日，刘易斯和克拉克开始远征，离开圣路易斯，沿密苏里河向源头行进。之后横渡大分水岭，沿哥伦比亚河前行，1805年11月，即出发后的一年半，他们到达哥伦比亚河入太平洋河口处（今俄勒冈）。1806年9月2日重新回到圣路易斯，收集了关于所到之处自然特点的宝贵信息，包括植物群、动物区系以及居住在那里的印第安部落。

此次远征还得到另一个人的帮助，名为萨卡加维亚（Sacagawea，1786—

刘易斯和克拉克于19世纪早期进行远征，探索美国西部，图中二人正对印第安部落成员讲话。（本插图由帕特里克·格拉斯〔Patrick Glass〕绘制）

1812年）的肖松尼印第安妇女。在1804—1805年冬季，刘易斯和克拉克雇用她丈夫、法裔加拿大贸易商图森特·夏伯尼（Toussaint Charbonneau）为口译员。刘易斯和克拉克认为萨卡加维亚能帮助他们与落基山脉的肖松尼居民沟通，她果然胜任：她的兄长就是肖松尼人首领。

此次远征后，刘易斯担任路易斯安那疆土的长官，任期从1807—1809年。1807年克拉克辞去军队职务，担任路易斯安那疆土民兵准将及印第安人事务总管。1813年，他成为密苏里疆土（除路易斯安那州以外的路易斯安那疆土，1812年作为一个州加入美国）州长，该职位一直保留到1821年。

什么是血泪之路？

血泪之路是美洲印第安人被政府强制执行的向西部迁移之路，开始于1838年3月25日。由于越来越多的白人移民从内地来到沿海地区，占领了印第安人的家园；冲突接踵而至。政府的解决方式是将印第安人迁移到别处给开拓者让路。多达1.7万名彻罗基印第安人从佐治亚、阿拉巴马和田纳西的部族土地上被迫迁移，在温菲尔德·斯科特将军（Winfield Scott，1786—1866年）指挥下，由联邦队伍护送，沿一条800英里（1 287千米）的道路向西行进，途经田纳西、俄亥

天定命运论与美国扩张有何关系？

天定命运论于19世纪初在美国出现，到了19世纪40年代已深入人心。其信奉者认为美国人拥有上帝指定的义务将领土和影响扩展到整个北美洲。19世纪，天定命运论是美国扩张主义和快速承购疆土的战斗口号。土地承购从1803年开始，美国从法国购买路易斯安那，1819年，通过亚当斯-奥尼斯条约（*Adams-Onis Treaty*）从西班牙获得佛罗里达以及阿拉巴马和密西西比南部的狭长土地（共称为老西南地区）；1845年，经过白人移居者的战斗，得克萨斯宣布从墨西哥统治中解放，形成得克萨斯共和国，并向联邦申请国家地位；1846年，确定加拿大和美国之间的西部边界位于北纬49°，即现在华盛顿州的北部边界，1848年，美国在墨西哥战争（1846—1848年）中获胜，通过瓜达卢佩伊达戈条约（*the Treaty of Guadalupe Hidalgo*）获得新墨西哥和加利福尼亚，1853年，通过加兹登土地承购又从墨西哥获取南亚利桑那。通过1853年协议，美国完成了全部疆土的承购，形成了现在的领土规模。

美西战争（1898年）中命运天定论再次充当扩张主义的辩护者，这次战争就是围绕将古巴从西班牙统治中解放出来这一问题进行的。西班牙战败，帝国瓦解。古巴得到独立（虽然它被美国军队占领3年）。到了19世纪末，天定命运论导致阿拉斯加、夏威夷群岛、中途岛、菲律宾、波多黎各、关岛、威克岛、美属萨摩亚、巴拿马运河流域和美洲维尔京群岛的边远疆土全部被美国承购。

俄、密西西比和阿肯色河，到达红河北部俄克拉荷马印第安土地。

旅程花费93～139天的时间，这次向西的迁移之所以称作血泪之路，不仅因为本地人并不希望作此旅行，目的地也不是他们希望去的地方，而且还因为约有4 000人死在途中——大多是婴儿、孩子和老人。死亡由疾病造成，包括麻疹、百日咳、肺炎和结核病。

迁移出去的彻罗基印第安人在移民潮中颠簸一整年（1839年春），东南部约有1 000人拒绝离开部族土地。因强制性迁移而导致部落瓦解、力量减弱。

▶ 扩张主义者是何人？

殖民地在美国革命（1775—1783年）中获胜、成立美利坚合众国后不久，一种新的民族主义精神深得人心。许多人急于传播美国理想，将目光投向西方、北方和南方，将原来的13个州加以扩展，这些人被称为扩张主义者。他们不仅倾向于在边境地区定居，一些还主张夺取西南部土地（从西班牙、后来从墨西哥）、佛罗里达（从西班牙）、路易斯安那疆土（从法国），甚至西北地区和加拿大（从英国）。到了19世纪40年代，天定命运论深入人心，认为美国拥有上帝指定将其疆土和影响扩展遍及整个北美洲的权利义务。

19世纪，人口增长煽动了扩张主义的火焰。平原和老西北地区开拓者的居住（今俄亥俄、密执安、印第安纳、伊利诺伊、威斯康星和明尼苏达一部分地区）导致农田和整体种植业增长；美国人的聪明才智又产生众多发明，例如轧棉机（1793年）和麦考密克收割机（1831年），改进处理和收割诸如棉花和五谷等原材料的工艺；移民从欧洲不断汇集到这里，为中部大西洋沿岸各州和新英格兰突然涌现的工厂提供劳动力。所有这些因素共同作用，导致人口迅速增长。仅在1840—1860年之间的20年里，美国的人口成倍增长，从1 700万人增至三千八百多万人。随着东部沿海城市不断发展，新的运河、汽船、公路和铁路系统使内陆开放，增加居住人口。到了1850年，只有将近一半的人口还在原来13个州居住。

当然，尽管加拿大由英国控制，但扩张主义精神却导致美国加快承购本属于西班牙、墨西哥、法国和英国的北美洲疆土：到了1853年，美国已拥有目前接壤州的全部疆土，到19世纪末，已拥有了当代各州全部领土，包括阿拉斯加（1867年从俄国购买）和夏威夷（1898年被吞并）。

美国移民

什么促使19世纪中期爱尔兰大规模移民？

1845年，爱尔兰土豆产量很低。虽然作物歉收在当时欧洲很普遍，但凋枯病却给爱尔兰以沉重打击，原因是爱尔兰只将土豆这一种庄稼作为维持生计的主要粮食来源。由此导致的大饥荒一直持续到1848年，其影响是由于死亡和移民而使爱尔兰人口骤减。在大饥荒期间，爱尔兰有70万～100万人丧生，仅在1846—1854年之间，175万人离开本国去其他地方寻找更好的生活，其中有3/4人前往美国。

在大饥荒之后的岁月里，专家确定19世纪40年代晚期出现的凋枯病可能是由北美洲一条船上的真菌带到爱尔兰的，19世纪40年代早期北美洲农作物歉收就是由该种真菌造成。具有辛酸讽刺意味的是从北美洲向爱尔兰输送凋枯病的船只还同时把移居的爱尔兰人运载回到北美洲海岸。

什么是大饥荒？

该名词一般指的是爱尔兰大饥荒，于1845年开始。那年全欧洲庄稼歉收，造成普遍的饥饿和疾病，夺去250万条生命。在爱尔兰，饥荒尤为严重，许多农民靠土豆维持生计。1845年，土豆歉收是爱尔兰自1727年以来出现的第20次，标志着大饥荒的开始，以后每年作物歉收的情况不断加重，一直持续到1848年。凋枯病（爱尔兰以前从未听说过这种农害）导致庄稼歉收，英国慈善机构和政府救济也无法减轻这一灾害。

其他严重饥荒或大饥荒还包括1769年在孟加拉发生的那次，该次灾害夺去1 000万印度人的生命，占总人口1/3。

大规模移民浪潮何时涌入美国？

最初的移民浪潮始于殖民地时期，大多数刚到达北美洲的移民都来自英格兰。但其他欧洲国家也有一些代表，包括法国、德国、爱尔兰、意大利、荷兰、瑞典和威尔士。到了1700年，约25万人在美国殖民地居住，到美国革命开始（1775—1783年），数字已上升到70万人。其中一些新移民受弗吉尼亚州“人头制度”鼓励前来移居：可自行横渡大西洋的英国人被授予500英亩（0.2平方千米）土地；仆人和儿子也每人授予500英亩（0.2平方千米）土地。其他殖民地也采取人头制度，只是土地具体数额不同。这一浪潮中的其他移民生活贫穷，不可能负担得起横渡大西洋费用，通过签署定期仆人服务协议（一般为3—7年），他们的费用可由未来的主人支付。服务期满时，仆人会成为公民，先前的主人通常授予其土地、工具或金钱。在美国革命期间及之后的几十年里，移民涌入新国家的速度有所减慢。

第二次移民浪潮始于1820年。之后的50年里，约750万移民到达美国。许多爱尔兰人从大饥荒对家园造成的影响中逃脱，定居在美国东部的海滨城市。同等数量（基本属于第三次移民浪潮）的德国人定居于美国内陆尤其是中西部的农村。19世纪70年代出现的经济萧条阻止了移民浪潮，但持续时间很短。

1881—1920年之间的第三次浪潮给美国海岸带来了2 300多万移民。这些新移民主要来自东欧和南欧。1882年，德国移民达到高峰时期，1883年，来自丹麦、挪威、瑞典、瑞士、荷兰和中国的移民也达到高峰时期。在20世纪初之后即1902年，来自意大利、奥匈帝国和俄罗斯的移民横渡大西洋，从而使美国移民创下新纪录。

在1920—1965年之间，移民速度减慢。在20世纪最后的35年和21世纪之初时，第四次移民浪潮出现。1998年春，美国人口调查局发布报告，9.6%美国居民出生于外国，即每10人中约有1人，这是自20世纪30年代所做报告以来的最高百分比，20世纪30年代时，作为第三次移民浪潮（1881—1920年）的结果，美国居民中11.6%是国外的移民。然而，移民来源国却发生变化：现在，在所有新移民中，大约一半的人来自拉丁美洲，1/4在亚洲出生，还有1/5在欧洲出生。

▶ 有多少移民到达了埃利斯岛？

1 200多万人最初通过埃利斯岛进入美国，他们的后裔占美国目前人口的40%左右。大多数新移民来自欧洲，但也有来自西印度群岛、亚洲和中东地区的移民，来到移民站的男性多于女性。

埃利斯岛大厅中数百名移民等待进入美国(本照片未标注日期)。

埃利斯岛原来只是占地3英亩(12 140平方米)的一片土地,位于曼哈顿南端附近的纽约港口。其得名原因是18世纪末拥有该岛的商人和农场主塞缪尔·埃利斯(Samuel Ellis)。后来纽约获取该土地,1808年,将其出售给联邦政府。该地点充当堡垒的作用,后来则作为军火库。到19世纪末,创纪录的移民数字促使联邦政府建立移民局负责新移民事务,这些移民中绝大多数都通过美国最大的口岸——纽约进入该国。

1892年1月1日,联邦移民驻地在该岛成立,坐落在自由女神雕像下(1886年竣工于附近的贝德罗岛)。到1901年,埃利斯岛的驻地设施包括35座大厦,是美国主要的移民驻地,在1892—1924年之间,它被用于处理大量涌入的移民者。该驻地于1954年11月29日关闭,当时入境限额急剧减少,不再需要大批量的处理中心。1965年5月11日,埃利斯岛被定为全国古迹,20世纪80年代期间得以广泛修复,这样,来到公园和博物馆的游客就可以感受到其祖先到达这片新大陆时的情况。

▶ 移民在埃利斯岛有什么样的经历？

埃利斯岛移民站是三等舱乘客到达纽约港口的处理中心（头等舱和二等舱的乘客由移民官在船上进行处理）。大多数移民在横渡大西洋的船只上被运送到埃利斯岛，在那里下船，被引导进入大厅注册区域，房间长200英尺（60.96米）、宽100英尺（30.48米）。在这里，他们接受政府官员的盘问，以确定他们是否可以登陆。完成注册过程后，新移民被迎入医疗厅，医生对其进行身体检查，处理过程有些公事化，甚至有点剥夺人性。一般，处理过程为3~5小时，到达埃利斯岛的移民中约有98%准许进入美国，其余的2%则由于健康原因（美国卫生官员竭力阻止传染病进入境内）、神志不清或犯罪记录等被遣送回国。埃利斯岛移民驻地的其他设施包括每天可招待8 000人的淋浴间、餐馆、火车票办公室、洗衣店和医院。在高峰期间，埃利斯岛驻地每天可处理大约5 000名移民和非移民外籍者（访客）。

20世纪的探险

▶ 什么是西北通道？

西北通道是位于大西洋和太平洋之间的迂回海上通道，探险家长期寻找此通道。虽然通过一系列的发现最后终于被找到，但直到1903—1906年，挪威探险家罗尔德·阿蒙森（Roald Amundsen，1872—1928年）才在这里完整地航行。

在欧洲向西海上探险的早期，许多航海员认为存在这样的通道并试图发现它。这一决心导致在1534—1535年之间法国水手和探险家雅克·卡蒂亚（Jacques Cartier，1491—1557年）在加拿大和美国之间发现圣劳伦斯河，1576年，英国司令官马丁·弗罗比歇爵士（Sir Martin Frobisher，1535—1594年）在魁北克北部巴芬岛附近海岸发现弗罗比歇海湾；1587年，英国航海员约翰·戴维斯（John Davis，约1550—1605年）在巴芬岛和格陵兰之间发现戴维斯海峡。1609—1611年，英国航海员亨利·哈得逊（Henry Hudson，　—1611年）在纽约州东部发现哈得孙河、哈得孙湾以及位于加拿大东部中心的内陆海。

经过几个世纪的努力，在为期3年多的旅行后，罗尔德·阿蒙森终于在1906年9月成功完成西北航道的首次航行。这位挪威探险家在1903年6月16日午夜乘坐格乔亚号船离开奥斯陆港口，这只船很小，只能容纳6名乘员，阿蒙森用借来的钱买下这条船。在这次探险的旅程中，格乔亚号和船员们经历了甲板着火、碰撞礁石，猛烈的冬季风暴和包围他们的坚冰之后，侥幸生存下来。阿蒙森到达了阿拉斯加诺姆，整个城镇全部出来迎接他和船员。挪威探险家奥托·斯瓦德鲁普（Otto Sverdrup，1855—1930年）的侄子当时就在人群中，当船拉入船坞时正播放挪威国歌，据说当时阿蒙森已经热泪盈眶。

谁是到达北极的第一人？

这一问题存在一些争议：一般认为是美国探险家、前海军军官罗伯特·E.皮尔里（Rober E Peary，1856—1920年），在几经尝试后，与马修·A.汉森（Matthew A Henson）和3个因纽特人一起于1909年4月6日乘坐狗爬犁到达北极。但他并不知道在他到达的前5天，另一位美国探险家弗雷德里克·库克博士（Dr Frederick Cook，1865—1940年）声称前一年他已到达北极。皮尔里和库克彼此认识：库克在1891—1892年皮尔里到达格陵兰的北极远征队伍中担任外科医生，库克的声明受到科学家调查，但他提供的证据无法加以证实。因此，皮尔里被认作是到达地球北端轴心的第一人。

谁是到达南极的第一人？

挪威探险家罗尔德·阿蒙森（1872—1928年）于1911年12月到达南极，他是第一人。在赢得此荣誉之前，他还首先在西北航道进行航行（1903—1906年）。

成为一位北极探险家的愿望几乎占据着阿蒙森全部的生活。据说阿蒙森还是青少年时，在睡觉时卧室窗户全年敞开，目的是为了适应寒冷。当他到了21岁，他将注意力从医学研究转移到去北极远航上。他认为许多先前（和失败的）前往北极的尝试都具有一个共同特征：“这些远征的指挥者都不是船长。”他下定决心成为一个经验丰富的航海员，很快就开始在各种船上工作。

1897年，阿蒙森被选为贝尔吉卡号船的大副，该船在安德尔拉什·德·戈姆里（Adrien Gerlache de Gomery，1866—1934年）的指挥下将首次运载比利时人远征南极。船上还有美国的弗雷德里克·库克博士(1865—1940年),他是先前罗伯特·E.皮尔里(1856—1920年)的北极远征的成员之一,并且在1909年对皮尔里声称自己是到达北极的第一人这一说法提出质疑。这与阿蒙森在准备前往北极时听见的新闻相同。1909年阿蒙森得知皮尔里远征获得成功后,就将其目光转移到南极上,并平静地开始准备计划。实际上,直到1910年9月他离开奥斯陆,在远征途中他发电到挪威宣布他实际向南极而不是向北极行驶,结果是挪威人和英国人之间开始了一场竞赛:在阿蒙森驾帆远航后不久,英国海军军官罗伯特·费尔康·斯科特(Robert Falcon Scott, 1868—1912年)作为首领,离开英国到南极远征。

1911年在2月10日,挪威人在南极洲罗斯冰架登陆。直到这之后的10个月即1911年12月14日,一个晴朗的下午,他们在通过演算得知是南极的地方升起国旗,在再次前往北极之前,他们庆祝了取得的双重成就。1912年1月18日早晨,当英国海军军官罗伯特·费尔康·斯科特远征到达南极时发现挪威国旗正在那里飘扬。由于天气恶劣和食品供应不足,在返航中英国船员全部死去,而阿蒙森的挪威远征队则在1912年1月25日安全抵达大本营。

▶ 谁第一个登上珠穆朗玛峰顶?

新西兰埃德蒙·希拉里(Edmund Hillary, 1919— 年)爵士是到达世界最高峰——珠穆朗玛峰的第一人。珠穆朗玛峰位于喜马拉雅山区域内,在尼泊尔和中国西藏之间,海拔接近5.5英里(8 851米)。

在1921—1952年间,许多登山员尝试攀登珠穆朗玛峰,1953年5月29日,作为英国带领的远征队的一分子,希拉里到达顶峰,由尼泊尔夏尔巴登山人丹增诺盖(Tenzing Norgay, 1914—1986年)跟随,希拉里在山顶为丹增拍摄照片,但丹增不会使用照相机,因此,没有希拉里在那里的照片。英国女王伊丽莎白二世(Elizabeth Ⅱ, 1926— 年)授予希拉里"爵士"头衔,女王因为英国远征能够胜利到达珠穆朗玛峰而倍感欣喜。女王于1953年6月2日加冕,这是她作为女王的首次正式举动。而这座山峰却以另一个不列颠人——乔治·埃佛勒斯爵士(Sir George Everest, 1790—1866年)名字命名,他从1830—1843年在英国担当印度总测量员(中国人将此山峰称为珠穆朗玛峰,尼泊尔人则称为萨加玛塔峰)。

首次单人直飞跨越大西洋是在何时？

时间是1927年5月21日晚上10点24分。美国人查尔斯·奥古斯都·林德伯格（Charles A. Lindberg，1902—1974年）在完成首次单人直飞跨越大西洋后，将单引擎单翼飞机“圣路易斯精神号”降落在巴黎布尔盖特飞机场。林德伯格为减少重量仅装有90加仑汽油，因此拒绝使用无线电，5月20日上午7点55分在雨中离开了纽约长岛罗斯福机场，飞机自身很重（总重量为451加仑），“圣路易斯精神号”在起飞后几乎没有汽油供接发电话使用。林德伯格在33个小时29分钟的时间里飞行了3 600英里（5 794千米）（1/3左右的航程遇到冰雪和雨夹雪天气），1919年他获得2.5万美元（155 207.5元）奖金，并且成为世界英雄——被誉为“孤独的鹰”。他的自传《圣路易斯的精神》（*The Spirit of St.Louis*，出版于1953年）获得普利策飞行员奖。

最后听到阿米莉雅·艾哈特的声音是在何时？

美国飞行员阿米莉雅·艾哈特（Amelia Earhart，1897—1937年）是独自飞行跨越大西洋的第一位女性，1937年7月1日最后见到她，7月2日最后听到她的声音，当时她正和导航员弗雷德·努南（Noonan，1893—1937）试图沿赤道作环游世界的飞行。

艾哈特出生于堪萨斯州，从小对当时依然是新名词的航空很感兴趣，20世纪20年代初期，她开始进行飞行训练。1928年，作为唯一女性的她受邀请进行跨越大西洋的飞行，从纽芬兰出发，到威尔士着陆，此次旅行使她作为飞渡大西洋的第一名女性而名声大作。取得这次成就后，1932年，她进行独自跨越大西洋的飞行：在1932年5月20日晚上，艾哈特从加拿大纽芬兰格雷斯港口起飞，目的地是巴黎。几小时后，她遇到了一场猛烈的雷雨，高度计失灵，机翼结冰，排气管起火。艾哈特决定在爱尔兰而不是在巴黎着陆，在15个小时的飞行后，她在北爱尔兰伦敦德里外一个牧场着陆。作为单独横渡飞越大西洋的第一位女性，她再次获得名望和赞叹，在航空史上创下速度和距离纪录，很快，她开始设想沿赤道环绕地球飞行。

1937年5月20日，艾哈特和努南从加利福尼亚奥克兰起飞，到达佛罗里达州迈阿密时，他们停下进行修理。1937年6月1日，他们离开迈阿密向巴西飞行。在那里，他们飞行横跨大西洋到达非洲，然后再横跨红海到阿拉伯半岛。之后，再前往巴基斯坦卡拉奇、印度加尔各答和缅甸。6月30日，艾哈特到达新几内亚，和努南一起为最困难的航程做准备：前往浩瀚太平洋中仅有2.5英里（4 023.36米）长的一小片土地——豪兰岛。次日即7月1日，他们离开新几内亚，开始了到豪兰岛长度为2 600英里（4 184.294 4千米）的飞行。7月2日，美国海军船收到艾哈特的无线电消息，报告飞机油箱已空，试图与她进行无线电联系，但未果。虽然后来努力进行广泛的搜寻，但仍未找到飞机和2名飞行员的踪影，没人确切知道到底发生什么情况，就失踪产生多种猜想：一种理论认为艾哈特环绕世界飞行的真正使命是暗中侦察被日本占领的太平洋海岛。然而，这种猜想从未被证实，而且考虑到他们飞行的情况，有可能是飞机失事坠入海洋，夺去了艾哈特和努南的生命。

太空：最后的开拓地

▶ 星际探索始于何时？

“太空时代”始于1957年10月4日，苏联发射第一颗人造卫星，世界对人造卫星拍摄月球照片这一新闻做出反应，到处充满震惊和敬仰。苏联总理尼基塔·赫鲁晓夫（Nikita Khrushchev，1894—1971年）立刻批准对后续项目的资助。西方领导人不希望在探索最后的开拓地这一领域被苏联超过，也发誓要支持空间项目。4个月后的1958年1月31日，美国发射了它的第一颗卫星——“探险者1号”（Explorer Ⅰ）。苏联卫星的发射不仅开创了太空时代，同时还引发了“太空竞赛”：在接下来的30年里，苏联和美国纷纷制订计划继续互相对抗，一个接一个的成就此起彼伏。

▶ 什么动物首先被送入空间轨道？

苏联在成功发射第一颗人造卫星（1957年10月4日）后不久的1957年11月3日，第二颗人造卫星又成功发射，并将第一只动物送入空间：一条名字叫“拉伊卡”（Laika）的小狗，随苏联一位名为萨莫耶特（Samoyed）的女性在密封舱内航行，她带着第一只活生物进入轨道。然而，对于“拉伊卡”，此次太空之旅结局很悲惨，旅途刚开始几天“拉伊卡”就死去了。在将人类送入轨道之前，苏联人和美国人需要证明动物在外部空间可以生存。当苏联用狗在空间旅行做试验时，1958年年底，美国将一只猴子送入太空（但不是送入轨道）。第二年春天（1959年5月28日），2只雌性猴子——“亚贝尔”（Able）和“贝克尔”（Becker）被美国航天器发射进入轨道并且活着返回，它们乘坐“朱庇特号”（Jupiter）航行300英里（482.8千米）。

太空第一人是谁？

太空第一人是苏联宇航员尤里·A.加加林（Yuri A. Gagarin，1934—1968年），乘坐太空飞船“东方1号”（Vostok Ⅰ）围绕地球旋转，该太空飞船发射于

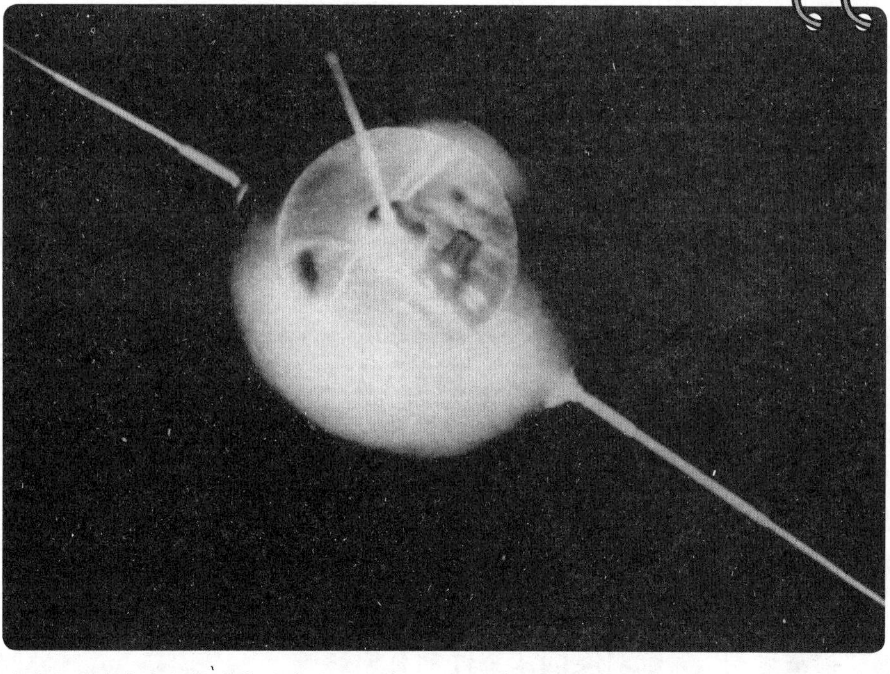

捷克斯洛伐克布拉格展出的苏联卫星模型。1957年人造卫星由苏联发射，开始与美国展开“太空竞赛”。

1961年4月12日，飞行持续了1小时48分钟，此次成就使加加林成为国际英雄。后来，美国总统约翰·肯尼迪（1917—1963年）在该年11月25日宣布美国将在20世纪60年代末期前使人类登月。实现该目标的第一步是将第一个美国人放入太空：1961年5月5日，小艾伦·巴特雷特·谢泼德（Alan Shepard Jr.，1923—1998年）首次驾驶美国宇宙飞船——“自由7号”（Freedom 7），此次不满轨道一圈的飞行到达116.5英里（187.5千米）的高度。9个多月后，美国将人送入轨道：1962年2月20日，宇航员约翰·格伦（John Glenn Jr.，1921—　年）乘坐太空飞船“友谊7号”（Friendship 7）绕行地球3周。

▶ 什么人首次在月球上行走？

1969年7月20日，美国宇航员尼尔·阿姆斯特朗（Neil Armstrong，1930—　年）跨出“阿波罗11号”（Apollo 11）的登月舱在月球上行走。阿姆斯特朗与宇航员小埃德温·巴兹·奥尔德林（Edwin Buzz Aldrin Jr.，1930—　年）一起说出了这句名言：“这对于一个人来说只是一小步，但对于人类来说却是一个巨大的飞跃。”（That's one small step for a man，one giant leap for mankind. 在实况转播的声音中，“人”〔man〕之前没有不定冠词“a”，但后来加上了。）

▶ 太空第一位女性是何人？

将第一位女性送入太空的荣誉应归属苏联：1963年6月16日，宇航员瓦莲京娜·弗拉基米罗夫娜·捷列什科娃（Valentina Tereshkova-Nikolaeva，1937—　年）由“东方6号”（Vostok 6）送入太空。她花费3天环绕地球，此次航行比美国取得相应成就领先20年；1983年6月18日，萨莉·K. 莱德（Sally K. Ride，1951—　年）和其他4个成员乘坐“挑战者号”（Challenger）航天飞机进入太空，完成任务后4年，航天飞机依然保留在美国国家航空航天局（NASA），萨莉开始负责总统布置的任务——调查1986年“挑战者号”事故。

▶ “挑战者号”灾难对美国太空计划有何影响？

直接影响是所有预定发射均被停止，等待政府对灾难进行调查的结果。总

1969年7月20日“阿波罗11号”执行任务期间，宇航员小埃德温·巴兹·奥尔德林在月球上行走。

统罗纳德·里根（Ronald Reagan，1911—2004年）迅速采取行动，建立一个总统委员会负责调查1986年1月28日的事故，任命前国务卿威廉·P. 罗杰斯（William P Rogers，1913—2001年）为主席，罗杰斯进行彻底的调查，涉及公开和私人听证会、6 000多名证人、1.5万页证词，17万页文件，数百张照片以及独立技术研究报告。另外，委员会审查了飞行记录、影片证据和恢复的残骸。

1986年6月6日，委员会公布了报告，声明灾难起因是在发射火箭燃烧期间，防止热气体从连接处泄漏的O型密封环失灵。委员会知道虽然美国国家航空航天局（NASA）和O型环制造商莫顿赛奥科公司都非常关注（其他飞行器上同样使用的）密封环，但他们都认为这是一种可接受的风险。委员会声称：发射“挑战者号”的决定存在缺陷。美国科学技术众议院委员会花费2个月举行自己的听证会，也认为该次灾难可以防止，声明“与飞行安全性相比，完成航空计划和削减成本被赋予更大的优先权”。

由于美国国家航空航天局因这次灾难而受到责备，公众对其信心大减，美国国家航空航天局自己的宇航员也开始关心他们的生命安全是否置于危险之中。然而，委员会对美国国家航空航天局发布9点建议，包括重新设计牢固的火箭助推器连接点、使宇航员和工程师在批准发射中发挥更大的作用、检查宇航员逃生系统、调控航天飞机飞行速度从而保证最大的安全度、改革航天飞机程序管理结构。

美国国家航天局开始出现包括有些宇航员在内的人事变动，差不多花费3年的时间重建人事结构。直到1988年9月29日，美国的航天飞机才再次在太空翱翔。

▶ 火星探测项目为何具有重要性？

这一具有历史意义的太空项目产生大量关于火星的数据，比科学家计划或希望的数量还要多，完全改变了人们许多长期以来对火星——太阳系的第四颗行星持有的观念。探测号于1997年7月4日在火星登陆，并且部署了名为“旅居者”（Sojourner）、2英尺长的火星探测器，根据参与该项目的科学家的描述，小小的探测器收集了数量惊人的数据：23亿位关于行星的信息，8 500万次温度和压力测量，16个对岩石、土壤和其他表面材料的化学分析，以及1.65万张图片。新数据还使得科学家重新考虑火星的颜色：科学家长期认为火星为红色，但现在却被描述为深琥珀色或奶油糖色。“旅居者”收集的证据支持了火星也许存在生命这一观念，以研究火星上的物质为目标的未来项目将进一步探索火星是否曾存在生命。伴随着火星探测项目的成功，该项目科学家将注意力转移到改进探测器收集数据的能力上，包括给机器人增加刷子，这样，就可以收集距地球1.55亿英里（249 448 320千米）以外火星表面岩石上的尘土。

什么是火星漫游者？

火星漫游者是美国国家航空航天局（NASA）于2003年6月开始的项目，2004年1月在火星上登陆。分别名为“勇气”和“机遇”的2个探测器由机器人地质学家设计，在火星表面漫游时收集数据。根据美国国家航空航天局的描述，在探险时每个机器人具有与所有生物类似的特点：保护机器人重要器官的身体或者结构；处理信息的大脑或电脑；温度控制系统，包括内部加热器和绝缘材料以保护内部结构免受化学元素侵害；脖子、头部或照相机支柱使机器人具有人类视野；眼睛、其他感官或照相机和仪器“为漫游者提供有关环境的信息”，可以移动的轮子和下肢；取拿东西用的胳膊；以及通过天线“说”和“听”的能力。机器人由电池和太阳电池板提供动力。

2004年3月上旬，第一批数据开始返回地球，机器人为科学家的研究提供数据和清晰的图像。来自2个机器人的一个重大发现是干旱的行星曾经很湿润，可能适合居住：根据“机遇”收集到的数据，研究人员认为：“液体水曾经一度存在于火星表面。”读者可以在美国国家航空航天局网站（http://marsrovers.jpl.nasa.gov/home/index.html）上追踪到分别探索火星不同区域的“勇气”和“机遇”目前进展如何。

什么是国际空间站？

国际空间站是在地球上空约250英里（402.336千米）处绕地球旋转的科学实验室。国际空间站（ISS）是16个国家的一个项目，由美国领导；这是有史以来最复杂的科学项目还包括其他合作伙伴，有俄罗斯、加拿大、日本、欧洲航天局的11个国家和巴西。国际空间站完成时其重量大约为104万磅（471 736千克）、尺寸为宽356英尺、长290英尺（108米、长88米），装有占地一英亩（0.4公顷）的太阳电池板，为6个处于目前科技先进水平的实验室提供电能。

国际空间站的建设包括完成一系列任务，首先是由美国设计、俄罗斯建造的太空模块曙光仓（Zarya），发射于1998年11月20日。2004年完成国际空间站的原始计划，但建造进程拖延至2006年。2005年4月30日，国际空间站进入轨道，工作时间为2 353天，工作人员在太空中停留时间累计达1 640天（美国已向国际空间站发射11次远征）。当时测量宽240英尺（73米）、长146英尺（44.5米）、重量超过40.4万磅（183 251千克）。

科学家认为在国际空间站进行的试验将导致医学领域的发现以及材料和新科学领域的发展，这将有益于全世界人类。空间站也是为未来人类探险太空做好准备而迈出的具有里程碑意义的第一步。

读者可通过使用美国国家航空航天局的网站（http：//spaceflight.nasa.gov/realdata/tracking/index.html）上的工具追踪国际空间站在轨道中的情况，其建设更新和时间安排可以在探索频道网站（http：//www.discovery.com/stories/science/iss/iss.html）上找到。

2002年4月正在建设中的国际空间站，是在距地球上空250英里（402千米）处绕地旋转的科学实验室。

三
战争与冲突

古典时期

什么是特洛伊战争?

根据希腊传说，特洛伊战争是公元前1200年左右对古城特洛伊（也称伊利昂）围困长达10年时间的一场战争。希腊诗人荷马（约公元前850— 年）在其史诗《伊利亚特》（*Illiad*）中记载了特洛伊战争，根据荷马的记载，（希腊）麦锡尼人在国王阿伽门农带领下，开始征服位于赫勒斯滂西南部土耳其海岸的特洛伊城。赫勒斯滂（今称达达尼尔）和博斯普鲁斯海峡都是连接黑海与爱琴海的狭窄海峡，同样，它们都是欧洲和亚洲之间的门户，在麦锡尼时代，它们对控制利润巨大的黑海贸易起关键作用。阿伽门农希望控制黑海贸易，于是率军队攻打力量强大的特洛伊城，展开长达10年的战役，神话中的战争反映出约公元前1200年在赫勒斯滂进行的一场真实的战争。

什么是特洛伊木马?

特洛伊木马被用来表示：看似友好，但实际上却具有颠覆性的事物。根据希腊诗人荷马描写特洛伊战争的史诗《伊利亚特》所描述，为取得特洛伊城的控制权，在与特洛伊人的战斗几乎进行了10年后，希腊麦锡尼军队修造了一匹巨大的木马，安装在轮子上，将其作为礼物送给敌人——特罗伊人，麦锡尼军队在特洛伊城墙外留下“和平献礼”后便离去。尽管有人提出警告（包括特洛伊公主卡桑德拉〔Casandra〕），特洛伊人还是收下这份礼物，打开城门将巨大的木马移入城中。这一举动非常幼稚，木马被运进城门里，躲藏在木马中的麦锡尼士兵就以风卷残云之势夺去特洛伊城，从而结束了长达10年的战争，并使希腊控制利润丰厚的黑海贸易。

伯罗奔尼撒半岛战争

什么是伯罗奔尼撒半岛战争？

该战争于公元前431年—公元前404年之间在希腊雅典城邦和斯巴达之间进行，战争使雅典惨遭破坏，战争爆发标志着希腊黄金时代的结束。

随着城邦（由城市及周围领土组成的自治区域）的发展，斯巴达之间的竞争愈演愈烈。斯巴达人吸收盟友加入伯罗奔尼撒同盟（伯罗奔尼撒半岛构成希腊大陆的南部），并一起攻打雅典帝国，势力不断扩大。

此次战争包括3个阶段：第一阶段是阿奇达穆斯战争（公元前431年—公元前421年），因斯巴达国王阿奇达穆斯得名，他带领军队攻打雅典城，但未获成功。公元前421年，所谓的尼西亚斯和谈（公元前421年—公元前413年）开始，雅典政客尼西亚斯负责谈判，但公元前418年和公元前415年，一位雅典指挥官对雅典侵略者予以反击，停战状态被打破。反击伯罗奔尼撒同盟没有成功，爱奥尼亚战争由此爆发（公元前413年—公元前404年），在几年的战争后，伯罗奔尼撒同盟不仅获得波斯支持攻打雅典，而且还顺利地鼓励雅典内部进行叛乱，此后，爱奥尼亚战争以斯巴达获得胜利而结束。雅典向斯巴达投降，结束了伯罗奔尼撒半岛战争。

伯罗奔尼撒半岛战争后雅典人的情况如何？

雅典受到斯巴达攻打的同时，从公元前430年开始，雅典城邦中还爆发了可怕的瘟疫，在瘟疫中1/3的雅典公民死去，这在伯罗奔尼撒半岛战争期间导致雅典最终被敌手斯巴达打败，瘟疫夺去了许多人的生命后，雅典不可能召集军事领导和力量去击败实力越来越强的伯罗奔尼撒同盟。在公元前404年战争即将结束时，雅典成为一片废墟。斯巴达成为希腊世界统治者，但城邦之间的冲突仍在继续，底比斯人最终于公元前371年击败斯巴达。由于持续的战争，希腊的经济情况恶化，穷富之间的差距扩大，作为希腊黄金时代标记的公众精神消失得无影无踪。简言之，城邦不再像以往那样辉煌灿烂。

希腊城邦衰落时，希腊的北部邻邦马其顿的实力不断增长。公元前353年，马其顿国王菲利普二世（Philip Ⅱ，公元前382年—公元前336年）对希腊发动一次攻击，战争直到公元前338年结束，希腊最后被征服。马其顿的胜利仅是菲利普计划的第一部分，他坚信联合起来的马其顿-希腊军队可以击败力量强大的波斯人。但他却没有亲眼看见这一结果，公元前336年，菲利普被马其顿人杀死，由他20岁的儿子亚历山大（Alexander，公元前356年—公元前323年）继位，史称“亚历山大大帝”。亚历山大继续执行他父亲的计划侵略波斯，在菲利普死后第二年，亚历山大开始了最终征服波斯帝国的10年战争，30岁时，亚历山大征服了已知世界中的许多地方，将其帝国从埃及扩展到印度。

泛希腊主义

马其顿国王亚历山大为何被称为“大帝”？

马其顿国王亚历山大大帝在历史中是一个传奇人物，其声望归功于他实际上征服了当时全部的已知世界。事实上他堪称是世界之王，尽管他保留这一称号的时间相对短暂。

亚历山大出生在希腊城邦马其顿，是国王菲利普二世的儿子，公元前336年前开始掌握政权。他受到的抚养和教育非常适合年轻的希腊王子，亚历山大由希腊哲学家亚里士多德（Aristotle，公元前384年—公元前322年）进行个别辅导并接受竞技和战争训练，他对希腊文学和艺术的研究与他后来的武士技能结合在一起使其成为强大的征服者，受希腊文化的启发，他机智勇敢，足以将希腊文化传播到整个已知世界中。

16岁时，亚历山大开始管理马其顿政府，他的父亲菲利普国王发动军事行动保护和扩展自己的王国。17岁时，亚历山大加入他父亲的战场，命令一部分军队击败底比斯人。当菲利普国王在公元前336年遭到刺杀时，亚历山大迅速行动获得王位，公元前336年获得王位后，亚历山大大帝继续进行他父亲发动的战争，到这一年的秋天，已经巩固了希腊和巴尔干半岛。他继续与希腊的夙敌——波斯帝国展开全力以赴的攻势，亚历山大英勇无比，非常确信自己的能力和军队的能力（数量已达到几万人），公元前331年秋天，击败波斯军队并顺势占领埃及。长达几世纪的波斯帝国被瓦解，这位年轻的马其顿国王自称是“亚洲之主”，他继续占领了阿富汗（通过与一位年轻公主结婚而巩固其占领），然后夺取印度。公元前323年，亚历山大夺取阿拉伯半岛时死于热病，当时只有33岁。他以宽大却又威严的方式统治着浩大的王国，这一王国被他以前的将军瓜分。

罗马征服

罗马如何能征服希腊？

亚历山大大帝于公元前323年去世，众将军将其帝国划分成继承者领国，但希腊仍在马其顿控制之下。虽然在公元前3世纪，希腊人与马其顿国王的军队开始战斗，但却没能实现独立，希腊各城邦联合体反而开始彼此争斗。

同时，在西部，罗马成为地中海的强大力量，并很快就开始着眼于向东扩展其势力范围。罗马于公元前197年征服了马其顿，希腊获得解放。50年后，即公元前146年，希腊被罗马征服，被划分成几个省份，城邦中不再有军事或政治力量时，它们在罗马统治下反而开始兴旺发达，公元前约300年时罗马人首先开始借鉴希腊的思想和文化，很快将希腊的思想、艺术和宗教在帝国中传播，促进了现代西方文明的前身——希腊-罗马文化的发展。

什么是迦太基战争？

迦太基战争是罗马为扩张帝国而发起的3次主要战役。墨西拿（今意大利西西里省）是开始于公元前264年第一次迦太基战争的地点，在这个贸易和交通中心出现的战争冲突，需要得到迦太基和罗马的协助。迦太基人首先到达该城并使其得以巩固，但罗马人携带海军参加战斗，也到达墨西拿，将迦太基人驱逐

战斗中的亚历山大大帝，这位马其顿国王实际上征服了当时全部的已知世界。

（公元前241年），征服西西里省。墨西拿成为自由城市，但却与罗马结盟。

罗马和迦太基之间的争斗并未就此结束，第二次迦太基战争（公元前218年—公元前201年）主要为争夺对西班牙的控制。当伟大的迦太基将军汉尼拔（公元前247年—公元前183年）于公元前218年夺取了与罗马联盟的西班牙城市——萨关托之后，他率军继续翻越阿尔卑斯山，入侵意大利，在那里遭遇罗马军队并将其击败。第二次迦太基战争中具有决定性的战斗于公元前202年在北非扎玛镇（位于迦太基西南部）进行，在西庇阿（Scipio Africanus，公元前236年—公元前183年）将军的指挥下，罗马人击垮了汉尼拔统领下的迦太基人，罗马要求迦太基支付赔款，迦太基还被迫让出其在西班牙的领地。公元前201年，两国签署有效期50年的和平条约。

公元前149年，迦太基人发动叛乱反对罗马的统治，第三次迦太基战争爆发。迦太基战争刚开始时，迦太基比罗马更加富有、实力也更强大，但在公元前146年，迦太基军队却在与罗马军队的第三次也是最后一次冲突中被彻底摧毁。

洗劫罗马

实力如此强大的罗马帝国为何会灭亡？

有人认为罗马帝国倒塌在自己的重压之下，它的规模过于庞大，一个统治者无法有效控制它。

公元前146年，第三次迦太基战争结束时，希腊、马其顿以及西班牙和非洲的地中海海岸都处于罗马控制下。在以后的一个世纪的时间里，罗马帝国开始再次向国外扩张，在罗马将军庞贝（Pompey，公元前106年—公元前48年）指挥下，小亚细亚东部、叙利亚和犹太国（巴勒斯坦）被征服，接下来高卢被庞贝的敌手尤利乌斯·恺撒（Julius Caesar，公元前100年—公元前44年）征服，将欧洲莱茵河西岸领土纳入罗马的版图。公元前31年，在亚克兴战役中，渥大维（Octavian，公元前63年—公元前14年；尤利乌斯·恺撒的养子和继承人）击败马可·安东尼（Marc Antony，公元前约83年—公元前30年）和埃及王后克莉奥帕特拉（Cleopatra，公元前69年—公元前30年）的部队，公元前30年，埃及成为罗马的一个省。

公元前27年，渥大维成为罗马第一任皇帝，被世人称为奥古斯都（Augustus），意为“高尚的”。虽然渥大维的统治标志着罗马和平这一长期稳定时期的开端，但罗马帝国规模已如此庞大——横跨欧洲、非洲和中东一部分，只有一个强大而集中的政权才能治理这个帝国。在罗马和平时期的200年里，罗马皇帝实力逐渐增长，皇帝死后要受到人们的膜拜。

但很快，除受到基督教传播的威胁外，这一中央集权还受到德国高斯人和波斯人入侵的威胁。狄奥多西一世（Theodosius Ⅰ，347—395年）是统治整个罗马帝国的最后一位皇帝，于公元后395年死去，帝国分裂成西罗马帝国和东罗马帝国，为罗马帝国的衰落作好准备。

西罗马帝国受到一系列来自日耳曼各部落的攻击，包括旺达尔人和维斯哥特人（高斯人的西部分支），他们曾侵略西班牙、高卢（位于西欧）和北非，这些攻击最终导致西罗马帝国于476年崩溃。

东罗马帝国多少保持完整的状态，但它改名为拜占庭帝国，从476年起直到

▸ “Veni，Vidi，Vici”这句话出自何人之口、意思是什么？

该句名言出自罗马政治家和将军尤利乌斯·恺撒，公元前47年8月上旬，宣布他在小亚细亚地区的军队获胜时写出这句话。恺撒将这条极其简明的消息送往罗马，意思是“我来了，我看见了，我征服了”。恺撒将军在争夺本都斯控制权的一次战斗中击败帕尔纳凯斯二世（Pharnaces Ⅱ，公元前63年—公元前47年），本都斯为小亚细亚东北部的一个古老王国，这次短暂却具有决定性的战斗在泽拉附近（今土耳其）进行。

1453年落入土耳其人手中，一直主要是以希腊为基础的文化。

罗马如何“惨遭洗劫”？

罗马帝国于395年分裂，之后，西罗马帝国实力继续减弱，罗马城受到一系列日耳曼部落的残酷攻击。410年，维斯哥特人攻入意大利并抢劫罗马城，455年，旺达尔人彻底地摧毁该城，最终，罗马城在476年被攻陷，日耳曼头目奥多亚克（Odoacer，433—493年）强迫西罗马帝国最后的统治者罗慕路斯·奥古斯图卢斯（Romulus Augustulus，约450— 年）让出王位。然而，日耳曼部落首领开始获得罗马土地并将其划分为几个小国，公元476年标志着西罗马帝国的正式灭亡。

匈奴阿提拉

匈奴阿提拉是真正的野人吗？

阿提拉（Attila，约406—453年）这位匈奴国王或许拥有军事领导者某些宝贵的素质，并且无疑是一个冷酷而暴虐的人物。他在匈奴军队中的等级一路高升，434年作为游牧部族的领导者而掌权，当时，匈奴（起源于中亚）已占领今俄罗斯西部伏尔加河谷地区。

起初，阿提拉像他的前辈一样完全致力于和其他野蛮部落为控制土地而进行的斗争中，但在他的领导下，匈奴开始将力量扩展到中欧。他与东罗马军队作战，在445年谋杀自己的兄长、共同统治者布来达（Bleda）后继续践踏巴尔干半岛和希腊北部——沿途进行一路的彻底破坏。阿提拉继续向西进行血腥的战争，每个匈奴人都使用自己的武器和自己的野蛮战术，将基督教的发源地几乎完全摧毁。

但451年6月，（位于法国东北部）罗马人与西哥特人的联合军队在沙隆击败阿提拉和匈奴人，这次战斗堪称是最激烈的决战之一。阿提拉及手下从沙隆移入意大利，在教皇利奥一世（Leo Ⅰ，约400—461年）劝说这个残酷的领导者共同统治罗马之前就将农村地区摧残（因为这件事和其他原因，利奥以后被封圣人，成为圣利奥）。453年，当阿提拉正准备翻越阿尔卑斯山再次侵略意大利时，突然由于自然原因死亡。

中　世　纪

什么是诺曼征服？

诺曼征服是英国历史中短暂而关键的一段时期，法国诺曼底公爵威廉（William of Normandy，1028—1087年）在1066年驾船穿越英吉利海峡侵略英国，此时正值英国最后一位盎格鲁-撒克逊国王忏悔者爱德华（Edward the Confessor，1003—1066年）去世，征服者威廉开始名声大作时（他确实残酷地征服了英格兰盎格-鲁撒克逊），他已经有理由相信在国王忏悔者爱德华去世后自己可以夺得英国王位，接受任命的后继者哈罗德（Harold，约1022—1066年）出生于实力强大的威塞克斯家族，2年前在法国海岸附近遭受海难，据报道他当时发誓说他会在国王爱德华去世时支持诺曼底威廉（是国王爱德华的远房表兄）为继承人。

听说爱德华去世，威廉率军队向英格兰航行。此时，哈罗德已经作为国王哈罗德二世继承王位，但哈罗德以前曾与他的兄弟托斯蒂格（Tostig）争吵，尊贵的威赛克思家族分裂，并参与权力争夺。挪威人加入与托斯蒂格的战斗，威廉在英国南部海岸登陆同时，挪威人从北部入侵英国，因此，（由于哈罗德将精力集中在其他地方），威廉和队伍没有受到抵抗直接进入了英国。虽然国王击败了挪威人和托斯蒂格（在战斗中被杀），但在随后与威廉的斗争中却无法成为胜者，10月14日，两人在多佛尔海峡入口处的哈斯丁战役中相遇，虽然哈罗德英勇战斗，但却惨遭杀害。

1066年圣诞节那天，威廉在威斯敏斯特修道院加冕。到了1070年，在几年的时间里，他杀害了许多盎格鲁-撒克逊贵族，其他的贵族则被剥夺土地，在他统治的21年里，威廉将诺曼底贵族强加于英国的土地上，要求宫廷里讲法语，使英国的风俗习惯越来越接近欧洲。威廉的统治一直持续到1087年他去世为止，后来，诺曼底贵族与其余的英国贵族融合，正是这一融合才产生了英语——将盎格鲁-撒克逊人的日耳曼语与诺曼底法语相结合。自1066年威廉开始接管英国时起，威廉及其后裔（尽管不是直系亲属）就一直统治着那里。

成吉思汗是何人？

成吉思汗是一位蒙古征服者，13世纪早期掌权统治世界上最伟大的一个大陆帝国。他原名铁木真（Temüjin，约1167—1227年），1206年被命名为成吉思汗，意为“永恒的统治者”。成吉思汗是一位无所畏惧的军事领导者、精明的战略家和冷酷的征服者，由于其手段残忍而闻名。

铁木真是一个小游牧氏族领袖的长子，当他还是个小男孩时，他父亲就被邻近部落（鞑靼人）杀害，因而得到部落首领的地位。但氏族成员不允许由一个小男孩带领他们，因此遗弃了铁木真和他的家庭，他在一个穷困游牧民族中度过艰难的青年时期，但所有的传说都表明他似乎注定会成为一位伟大的领袖。

铁木真20岁时设法与各部族领袖缔结同盟，并成为一个小氏族的领袖，1189年，他团结了两个蒙古部落，将其组织起来，于1202年征服敌人鞑靼人。在1206年蒙古领袖会议上，铁木真被宣布为统一蒙古国的“伟大的统治者”或“成吉思汗”。他开始对蒙古部落实行改革，划分军队，每支军队由一定数量的家庭支持。铁木真同时还加强治安，推进教育，并刺激经济繁荣。在5年时间里，蒙古从游牧部族转变为一个军事封建系统，在这种组织结构下，成吉思汗准备让军队扩张蒙古帝国。

成吉思汗的军队开始采取一系列军事行动，有时甚至使用野蛮手段夺取土地，征服不同的民族。到了1213年，他已经控制了中国北部地区，一直延伸到长城。到了1219年，他控制了中国大部分地区并开始发动战役入侵穆斯林教地区，1227年当成吉思汗死于战场上时，他统领着从中国到里海的广阔疆土，他的儿子继位后继续扩展蒙古领地，蒙古帝国在他的孙子忽必烈（Kublai Khan，1215—1294年）的领导下到达其鼎盛时期。

▶ 帖木尔为何人？

帖木尔（Tamerlane，1336—1405年）是14世纪晚期获取政权的中亚征服者，其伊斯兰教名为Timur，帖木尔是翻译成英语的名字。他是一个令人生畏的野蛮战士和精明的军事领导，其战略给他赢得了“可怕的帖木尔”这一称号。1370年，他是一个实力强大的军阀，其政府以撒马尔罕省（今乌兹别克斯坦）为中心；1383年，他连续征服了一系列地区，持续时间长达20年，使他获得一大片区域的控制权，其中包括伊拉克、亚美尼亚、美索不达米亚、格鲁吉亚、俄国和印度部分地区。他于1405年在征服中国的远征中去世，尸体埋葬在精心制作的陵墓中，被视为伊斯兰教的艺术珍宝。在他死后，他的儿子和孙子为控制王朝而争斗，王朝依然完整地继续存在了100年，帖木尔及其继承者将撒马尔罕修建成一个宏伟的城市，成为当时中亚的文化和学术中心。

▶ 阿基坦埃莉诺为何人？

阿基坦埃莉诺（Eleanor of Aquitaine，约1122—1204年）是中世纪时期（500—1350年）的强权人物。其父威廉十世（William Ⅹ，1099—1137年）是阿基坦地区的公爵。阿基坦当时是面积最大、最富裕的地区，后来成为现在法国的（从罗亚河延伸至比利牛斯山）一部分。1137年威廉十世死去，埃莉诺继承了父亲广大的领地，她当时还是个少女，同年，她与路易七世结婚（Louis Ⅶ，约1120—1180年），路易七世在1个月内继承他父亲法国国王的王位。作为王后，埃莉诺积极参与她丈夫的事务，同他一起进行第二次十字军东征（1147—1149年），据称她和许多女仆照料伤员，远征以失败告终，主要由于国王和王后之间就目的产生分歧，之后妇女被禁止加入十字军东征。埃莉诺和路易七世有两个孩子，都是女儿，却于1152年结束了这场不幸福的婚姻，原因是二人有远亲血缘关系。根据封建法律，埃莉诺重新获得阿基坦的土地，不到一年内，她再婚嫁给比她小10岁的英国金雀花王朝亨利（Henry Plantagenet，1133—1189年）王子，1154年，亨利成为国王亨利二世，埃莉诺再次成为王后，但这次却是英国的王后。

夫妇二人生有8个孩子（5个儿子和3个女儿），但他们的婚姻也历经风雨。亨利与其他女人来往，结果是产生几个非法王位继承人，埃莉诺还憎恨他企图控制理应属于自己的阿基坦。1173年，亨利和埃莉诺的3个儿子试图废除他们的父王，埃莉诺对儿子的行动予以支持。叛乱失败，埃莉诺逃至法国，1174年，她被抓获并押送回英国，被丈夫半软禁在那里，直到1189年亨利去世为止。（亨利去世时，正试图平定其子勇猛理查〔Richard the Lionhearted，1157—1199年〕和无地王约翰〔John Lackland，1167—1216年〕发动的另一叛乱）。

亨利国王死后，埃莉诺再次成为欧洲政治领域中的强大力量。她的儿子——勇猛理查继承了英国王位，她则积极参与他的执政，当理查离开英国参加十字军东征时，她甚至插手朝政。1199年理查去世，其兄约翰登上王位，埃莉诺当时已70多岁，继续发挥着自己的权力和影响，为确保金雀花王朝的未来、调解英国和法国贵族之间的矛盾，她安排自己的孙女嫁给法国国王的儿子，她还设法为约翰国王巩固在法国的领土。1202年，她从活跃的政治生涯中退出，2年后去世。

什么是百年战争？

该名词指的是在英国和法国之间连续进行的战争，于1337年开始，直到1453年结束。但这期间并不是一直处于战争状态，停战和条约使两国之间的军事行动出现间断，引起冲突的原因有多个：英国设法坚守它在欧洲大陆的省份，法国人支持与英国作战的苏格兰人，法国人希望控制商业中心佛兰德（今比利时），但英国在那里已经建立利润丰厚的羊毛贸易，最后一点是两个国家就由谁来控制两国间的水域——英吉利海峡而存在分歧。

使事态更加复杂化的是英国和法国贵族之间的通婚意味着任何一位国王王位的继承者会存在外国姻亲，这就使这些姻亲可能执掌另一国的大权。1337年，第一次战争爆发，当时，英国国王爱德华三世（Edward Ⅲ，1312—1377年）根据其母亲伊莎贝拉（Isabella）是法国国王菲利普四世，亦称公正者菲利普（Philip the Fair，1268—1314年）的女儿和3位法国国王的姐妹这一事实要获取法国王位。在一个世纪的战争中，英国赢取了大多数战斗，并且在短时间内（1420—1422年）控制了法国，但在1453年最终赢取战争的却是法国人，除加莱以外，英国丢失了欧洲大陆上所有的疆土，1558年加莱也被法国人夺取。

圣女贞德如何成为一名士兵？

圣女贞德（被人称为奥尔良姑娘，约1412—1431年）于1429年带领法国人在奥尔良战役中战胜英国人而闻名于世。在战役开始前一年，英国军队侵略法国北部并占领了包括兰斯市在内的地区，当时，所有法国的国王都要在兰斯市大教堂里进行加冕仪式，因此，法国人认可的查理七世（Charles Ⅶ，1403—1461年）却从未进行过正式的加冕仪式。据说当时还未成年的贞德是一位非常虔诚的天主教徒，向查理请求允许她参加战斗，与正围攻奥尔良的英国决一胜负，虽然起初查理对她表示怀疑（她声称听到圣徒的声音），但最终还是同意了。在战场上，贞德还消除了法国军队及其领导者的疑问，可以理解，他们起初一定会对听从这个女孩的率领而犹豫不决，她向他们证明自己不仅可以胜任统帅的职位，而且还能获得胜利。1429年4月，仅10天时间，贞德带领法国人战胜英国人，英国人逃离奥尔良。

贞德决定观看查理的正式加冕仪式，她带领军队护送国王进入兰斯市，1429年7月17日，国王加冕时，圣女贞德一直站立在旁边。之后，她决定由查理批准她设法将巴黎从英国控制中解放出来，国王再次默许，但这次的结果却很悲惨：她被法国勃艮第人（同情英国并对其忠诚）抓住，将她移交给英国。英国认为她是异端者（所有报告表明圣女贞德观察很敏锐），1431年5月30日在法国鲁昂将她烧死在柱子上，圣女贞德依然被视作法国的民族英雄，天主教会认可圣女贞德坚定不移的信念和对自己使命的勇敢追求，1920年将她封为圣人，5月30日为每年圣女贞德的宗教节日。

1429年，圣女贞德带领法国人在奥尔良战役中战胜英国人后，被人群包围。（原作由JJ舍尔绘制〔J J. Scherrer〕）

百年战争的影响如何?

在英法两国互相发动战争长达一个多世纪后,两国都出现了力量更加强大、更为集权的政府。由于政府势力增长,两个国家的贵族阶层发现其力量和影响小于从前,以前在战争时期缺乏庞大的保护实体时封建制度是必要的,但现在封建制度却在不断衰落。两个国家都开发新的军事战术以破坏彼此的战略,并且,虽然英国比法国资源少,但它仍设法在海上显示自己的实力,标志着英国英勇海军的开端。

什么是胡斯人战争?

1420—1433年,胡斯人战争在以前的波希米亚王国进行(今捷克部分地区)。罗马教皇军队与波希米亚农民(被称作胡斯人,因是宗教改革者胡斯〔Jan Huss,约1373—1415年〕的教徒而得名)之间日益增长的敌意使该国展开13年的战争。在《布拉格四条款》(*the Four Articles of Prague*,1420年)中,胡斯人要求自由布道、限制教会财产以及对死罪实行民事制裁。战争于1433年以巴塞尔议会的妥协结束,3年后,伊格劳协定(*the Compact of Iglau*,1436年)正式结束战争,一部分胡斯人同意接受神圣罗马帝国皇帝为国王,但农民们却成功地宣扬了波希米亚民族主义并切断了国家与德国之间的联系。

什么是农民战争?

该战争发生在1524—1525年,部分属于改革运动期间的宗教战争,是德国历史上规模最大的起义。1517年,德国僧侣马丁·路德(Martin Luther,1483—1546年)开始质疑天主教堂的权威性,很快就有贵族和农民作为其追随者,改革思想四处传播,从而诞生了新教(反抗天主教会者的基督教信仰)。尽管许多基督教会成员的信念很真挚,但有些人参加运动却有自己的动机,德国农民期待改革运动会结束他们身受贵族地主压迫的状态。1524年年底,农民的反抗受到镇压,约10万农民死去。起义前,他们打算得到马丁·路德的认可,但遭到拒绝。

文艺复兴运动与启蒙运动

什么是火药阴谋？

1605年，认为英国政府与罗马天主教徒敌对的12个人组成一支队伍，计划炸毁议会楼及其中的国王詹姆斯一世（James Ⅰ，1566—1625年）和政府官员。然而计划败露，所有共谋者被处死。现在人们对此事件的纪念方式有两种：11月4日夜即执行这一密谋的那天，英国人将其作为节日庆祝，在这天，人们焚烧火药阴谋策划者盖伊福克斯（Guy Fawks，1570—1606年）的肖像。另外，每次召开新会议前都要对议会楼下的穹顶进行搜查。

什么是30年战争？

与百年战争类似，30年战争（1618—1648年）实际上是一系列的相关战争，而不是一次长时间的战斗。由于罗马天主教徒和基督教教会成员之间的敌对导致这场宗教冲突的战争开始在欧洲爆发，后来转变为政治冲突，最终以西伐利亚和约告终。战争分为4个时期：波希米亚人时期（1618—1624年）、丹麦人时期（1625—1629年）、瑞典人时期（1630—1634年）和瑞典裔法国人时期（1635—1648年）。

在波希米亚（今捷克部分地区），一连串的问题始于首都布拉格，当时大主教批准破坏新教教堂，这一举动激怒了波希米亚和欧洲其他地区的基督教会成员，这些人认为他们有权作为路德教会成员膜拜上帝，这一权利在奥格斯堡和约（1555年）中加以规定。神圣罗马皇帝马赛厄斯（Matthias，1557—1619年）无法代表基督教会成员对此事予以干预，1618年5月布拉格到处都是打斗流血的场面。即使新皇帝登上神圣罗马帝国王位时，波希米亚的混乱仍然继续。哈布斯堡王朝的国王费迪南德二世（Ferdinand Ⅱ，1578—1637年）掌握大权，1620年他镇压波希米亚叛乱，剥夺他们的独立；另外，天主教再次恢复为国家宗教。这些事件引起神圣罗马帝国内的其他新教徒的关注，很快丹麦、瑞典和法国的国王开始发动与国王费迪南德二世的战争，争夺对德国土地的控制。但这一冲突不仅是关于宗教自由，减少实力强大的哈布斯堡家族权力也成为主要目的。

布拉格“扔出窗外”事件是怎么回事？

该事件开始于30年战争（1618—1648年）初期，波希米亚基督教会成员对教会受到破坏而愤怒不已，呼吁神圣罗马皇帝马赛厄斯（Matthias，1557—1619年）代表他们对此事进行干预。呼吁终未成功，1618年5月，波希米亚城市布拉格发生暴乱，两位皇帝的官员被扔出窗外。

什么是西伐利亚和约？

1644年，欧洲正处于水深火热的30年战争（1618—1648年）中，在德国西伐利亚召开一次和平会议，但谈判历经4年之久，战争一直持续到1648年签署西伐利亚和约为止。根据条约规定，法国和瑞典得到一部分德国土地，协议对欧洲宗教做出重要让步，不仅规定路德教派具有同天主教一样的地位，而且由法国人约翰·加尔文（John Calvin，1509—1564年）创始的宗教运动加尔文教派也被予以正式承认。简言之，和约不仅结束了欧洲的宗教战争，同时也规定了一定程度的宗教宽容性。

该契约认可神圣罗马帝国各个属地的主权，因此有效地使罗马帝国瓦解，史学家将西伐利亚和约看做是现代欧洲国家体系的开端。

什么是七年战争？

七年战争是1756年普鲁士和奥地利之间开始的世界战争，两国开战的目的是争夺对德国的控制权，从而争夺欧洲的霸主地位。英国支持普鲁士国王弗雷德里克二世（Frederick Ⅱ，1712—1786年），但到了第二年，奥地利不仅得到法国还得到瑞典及德国大多数地区的支持，尤其是俄国（西班牙也加入奥地利一方，但参战时间是在战争晚期1762年之后）。当欧洲形成这种联盟时，冲突很快就在北美洲和印度殖民地爆发，法国人和英国人为争夺控制权而开战。

为获得统治欧洲的权力，普鲁士国王弗雷德里克展开许多军事行动，1756

年当他的军队面对奥地利人时已处于弱势状态，1762年，俄国的一个事件使他避免失败，令国王弗雷德里克生畏的女沙皇伊丽莎白·彼得罗芙娜（Elizabeth Petrovna，1709—1762年）去世，彼得三世（Peter Ⅲ，1728—1762年）登上俄国王位。彼得三世与其他前任沙皇不同，非常崇敬弗雷德里克，不断从奥地利撤出俄国的支持力量，并与奥地利的敌人普鲁士达成和平协议，彼得三世也于同年去世。

第二年即1763年的2月15日，伴随着在德国萨克森签署的和平协议，七年战争终于结束。奥地利竭力要获得控制权的地区大部分仍然归属普鲁士人统治，从而使普鲁士成为欧洲的主导力量，作为这次战争的结果，欧洲没有其他领土上的变化，在北美洲和印度，英国从冲突中崛起成为胜利者和殖民大国。

殖民主义

殖民地时期英国如何控制北美洲？

英国和法国探险家都曾占领现在美国的许多地区，从17世纪末—18世纪中叶，这两个欧洲大国为控制北美洲领土连续进行了4次战争。3次战争在欧洲爆发，之后扩大到美国。英国和法国殖民者在欧洲分别进行了国王威廉之战（1689—1697年）、女王安妮之战（1702—1713年）、国王乔治之战（1744—1748年）。在国王威廉之战中没有任何一方获胜，然而，在女王安妮之战后，双方签署乌得勒支条约（*the Treaty of Utrecht*），法国将纽芬兰、阿卡迪亚和哈德逊湾领土割让给英国。

英法之间的大战直到第四次战争——法印战争（1754—1763年）才结束，英国在这次战争中获胜。

什么是法印之战？

法印之战（1754—1763年）是北美洲革命战争前（1775—1783年）最后一次主要冲突。在殖民地时期，英法两国不断扩张领土，进入俄亥俄河谷，由于该地区毛皮贸易兴盛，两个国家都希望得到控制权。当法国人侵犯英国领地时，英国殖民者向其提出最后通牒，这条重要消息正是由乔治·华盛顿（George Washington，1732—1799年）在英国长官派遣下发送给法国。但法国人明确表示他们不会撤出，1754年，华盛顿（当时为中校）和150支军队在现在的匹兹堡建立英国前哨基地，距离法国人设置堡垒的杜克斯尼不远。该年春季和夏季，战斗开始打响。

华盛顿与法国人遭遇，虽然他和队伍进行顽强抵抗，但在战争初期英国遭受一定损失，在英国国务卿威廉·皮特（William Pitt，1759—1806年）领导下，恢复战斗力的英国军队在宾夕法尼亚西部沿阿列格尼河一路夺取了法国堡垒，在魁北克遭遇法国军队。1755年，华盛顿升为上校，带领弗吉尼亚军队保卫受到法国人和印第安人攻击的边境地区，1758年，虽然英国最后成功占领杜克斯尼要塞（当时华盛顿临时退伍，待在弗吉尼亚农场），但战争却一直持续到1763年签署巴黎和约才终告结束。

英国人获得利益，获取法国在加拿大所有土地的控制权，还控制了密西西比河以东除新奥尔良以外的法国属地。新奥尔良城及密西西比河以西的领地被割让给西班牙，西班牙在战争末期1762年时成为法国盟军，为交换古巴哈瓦那，西班牙将佛罗里达移交给英国。曾经控制美洲广阔地区的法国只在加拿大纽芬兰保留两个小岛以及马提尼克岛和瓜德罗普岛这两个加勒比海岛。

革命与现代时期

美国革命

骑士保罗事件为何如此著名？

发生于1775年4月18日的此次事件很著名，美国作家亨利·沃兹沃斯·朗费罗（Henry Wadsworth Longfellow，1807—1882年）的诗作《骑士保罗》中也对它加以纪念，诗歌中关于美国革命（1775—1783年）前夜的描述出现一个错误（或许朗费罗采取文艺手法）：从波士顿老北方教会发出的灯光信号并未发送给保罗·里维尔（一次灯光闪动表明英国从陆路靠近；二次灯光闪动则表明由海路靠近），而是由保罗在查理斯顿（今波士顿部分地区）的爱国同胞接收。但当晚骑士保罗确实乘坐一匹借来的马，大约在晚上10点离开波士顿，午夜到达莱克星顿，警告正准备谋反的塞缪尔·亚当斯（Samuel Adams）和约翰·汉考克（John Hancock）英国人即将到来。次日即4月19日，莱克星顿战役和康科德战役打响，美国革命战争由此开始。

作为美国爱国者，里维尔（1735—1818年）因其执行特别信使的任务而闻名于世，1773年，他的大名已经出现在伦敦报纸上，1773年里维尔也参加了波士顿倾茶事件。

美国殖民地与英国战斗时有盟友吗？

有。法国作为英国的长期敌人，当然是美国人的关键盟友，为其提供约90%的火药。

1775年，骑士保罗骑马赶到莱克星顿警告英国人即将到来。

邦克山在美国革命中为何如此重要？

1775年6月在波士顿城外这座小山丘上进行了革命战争中最为血腥的战斗。在4月份的莱克星顿和康科德战役后，更多的英国军队在5月下旬到达波士顿，美国人在邦克山附近的布里德山上构筑堡垒，6月17日，英国人受命攻打那里的美国人，爱国志士们需要保存弹药，收到历史上的著名指令：直到看见敌人的白眼球时才能射击。在前两次冲锋中，爱国志士们将英国人击退，但在第三次冲锋时，他们逃离战场，邦克山战役导致1 000多英国士兵伤亡，400名美国士兵伤亡。

▶ 美国革命所有战斗都是在东北部进行的吗?

不是，南部殖民地也进行过战斗。但奴隶的出现致使南方的美国殖民者和英国人之间的冲突进一步复杂化，地主担心附近所有的战斗会鼓励奴隶反抗他们，英国人了解这一点后，认为与北方相比，他们可能会更容易重新获得对南方殖民地的控制权。1775年11月，英国驻弗吉尼亚长官提出奴隶只要为英国战斗就会得到解放，两千多名黑人奴隶接受这一提议并拿起武器，但南方也有爱国志士，弗吉尼亚人亨利·帕特里克(Henry Patrick，1736—1799年)曾说出如下的名言:“不自由，毋宁死。”

1776年2月下旬，爱国者在北卡罗来纳附近的威明顿遭遇亲英国的殖民者，并将其一举击败。

法国革命

▶ 什么是网球场宣誓?

网球场宣誓是1789年6月，一群法国第三阶级代表所立誓言，第三阶级受到国王路易斯十六世(Lousi XⅥ，1754—1793年)以及第一和第二阶级的抵制，发誓要成立法国国民大会，并制定自己的宪法，这一誓言引发了一连串事件，导致法国革命(1789—1799年)开始。

法国社会长期被划分为三个阶级:教士是第一阶级，贵族为第二阶级，其他所有人构成第三阶级。让·雅各·卢梭(Jean-Jacques Rousseau，1712—1778年)等哲学家质疑国王至高无上的权威性，不断鼓吹统治权不是来自上帝，而是来自人民这一思想，从而加剧了长期受苦的农民和富裕的中产阶级的不满情绪，他们向政府缴纳大多数的税款，但在政府中却没有任何发言权，简言之，这些人都是毫无权利的平民阶级。

大笔战争费用导致的政府金融危机迫使国王路易十六世勉强召集所有3个阶级代表召开会议，史称阶级大会。1789年5月5日，在凡尔赛召开会议时，平民阶级试图从贵族、教士和国王那里得到权力，坚持认为3个阶级应结合在一起形成国民大会，其中，每名成员都有一票表决权，由于平民阶级代表人数相当于

民兵是哪些人？

他们是革命战争期间的志愿兵，在下达通知1分钟内随时可以拿起武器，为美国殖民地反抗英国而战。这些民兵经过训练，编入民兵队伍，最为著名的战斗是1775年4月19日打响的莱克星顿和康科德战役，标志着革命战争的开端。爱国者保罗·里维尔提醒他们对英国军队或英国士兵的到来保持警惕，在莱克星顿和康科德战役后，250名英国士兵阵亡或受伤，大约90名美国士兵死去，关于战斗的消息迅速传遍各地，革命战争由此开始。

另两个阶级的总和，人民至少应该有发言权。平民阶级的努力失败，代表在凡尔赛网球场集会，发誓要改变政府。路易十六世召集军队破坏他们的集会，同时人民正开始组织一次武装抵抗运动，1789年7月14日，局势发展到紧急关头，攻占巴黎巴士底狱的行动开始了。

什么是恐怖统治？

恐怖统治指的是1793—1794年7月法国历史上短暂却充满血腥的一段时期。其间，革命领导人马克西米利昂·罗伯斯庇尔（Maximilien Robespierre，1758—1794年）担任审判员，将1.7万多人拘捕、审讯并处死，其中大多数都被送上断头台。

伴随1789年网球场誓言和攻占巴士底狱，法国转变成宪制状态，法国臣民成为法国公民，当选的立法机关（制定或修改宪法的国民代表大会）被赋予对政府的控制权。罗伯斯庇尔被选举为巴黎第一位代理人以及激进民众党的领导者，在这个新时代里，同老政权有联系或反对法国革命的那些人成为受迫害的对象。1793年1月，国王路易斯十六世和妻子玛丽·安托瓦内特（Marie Antoinette，1755—1793年）被处以绞刑，恐怖统治由此开始，期间多达数以万计的人（多数为第一和第二阶级成员）在革命者手中遭受同样的命运。为了逃生，许多人逃离法国，其中包括高级军官，使得拿破仑·波拿巴（Napoleon Bonaparte，1769—1821年）等年轻军官有机会迅速升职。

1794年7月28日罗伯斯庇尔被处死，恐怖统治结束了，这位革命领导者获得了权力和影响，也越来越偏执，1794年甚至将他的两个朋友处死。7月27日，他的统治被热月政变推翻，次日，罗伯斯庇尔死于断头台上。

法国革命持续了多久？

法国革命持续大约10年的时间，伴随着其进展，革命变得越来越激烈。革命开始于1789年中，政府发现自己几乎垮台，由于平民（包括富裕的中产阶级）之中的不满与日俱增，危机迅速扩大成为改革运动。革命于1799年结束，法国将军拿破仑·波拿巴掌握了政府的控制权，当时，民主尚未在法国确立，但革命结束了国王的极权，加强了中产阶级力量，并向全欧洲传递了自由和平等原则等不容忽视的信息。

什么是雾月政变？

雾月政变于1799年11月9日推翻法国革命政府，这次突然行动使拿破仑·波拿巴作为3位领导政府候选者之一掌握了政权。

拿破仑代表法国政府在埃及和叙利亚从事军事行动，其中大部分都获得胜利，但国内对自1795年以来治理法国的五人督政府愈加不满。拿破仑的军队正驻扎在中东时，他得到消息说法国也许很快就会受到第二次反法同盟的攻击（为推翻法国统治而在欧洲形成的一系列6次反法同盟中的第二次）。他将军队交由其他人掌管，匆忙赶回国内，拿破仑作为英雄受到欢迎。在其兄吕西安·波拿巴（Lucien Bonaparte，1775—1840年）和法国革命领导人伊曼纽尔·约瑟夫·西耶斯（Emmanuel-Joseph Sieyes，1748—1836年）的协助下，拿破仑执行政变，推翻督政府，形成执政府，年轻的拿破仑成为第一执政者，其他执政者几乎没有任何影响力，主要只是为雄心勃勃的拿破仑担任顾问。

此次突然行动标志着法国革命的结束：在经历了10年的混乱和暴力后，法国人民将拿破仑看做是一位可以整顿国家秩序的强大领导，但他们却不知道这

法国革命中的暴乱场面，拿破仑·波拿巴将军占领政府，结束了充满喧嚣的10年时期。

个年仅30岁的人对权力有着永远无法满足的欲望，他很快就将政府转变成专政政权。在短暂的和平后，拿破仑于1804年12月2日自称法国皇帝，当时，他已经在欧洲开始发起一系列战争从而使自己获得更多的权力。

拿破仑战争的起始时间是何时？

在拿破仑·波拿巴夺取政权后不久拿破仑战争就开始了，一直持续到1815年，最后在滑铁卢战役中失败。拿破仑将军利用其权力使法国在其整个统治过程中一直处于战争状态。

雾月政变后（1799年11月政变），拿破仑开始执掌权力，起初他采取和平政策：1800年5月横跨阿尔卑斯山打败奥地利人，结束了为时8年的战争；英国担心法国成为欧洲大陆上崛起的大国，1793年与法国宣战，到了1802年，英国已对战争深感厌倦，与拿破仑讲和并签订亚眠和约（*the Treaty of Amiens*）。但欧洲的平静并未持续多久，1803年，身材矮小但野心无限的拿破仑（绰号为小伍长）开始密谋入侵英国，1804年，他自称法国皇帝，在欧洲开始了一系列的战争，1806年，大多数欧洲大陆都处于其控制下。当然，他还是无法打败英国，英国卓越的海军掌握了海上霸权。

但欧洲国家形成各种同盟（亦称联盟）以反对拿破仑，最终将其力量粉碎。1812年拿破仑在俄国被击败后，长期屈从于拿破仑压迫之下的欧洲力量形成了第六次反法同盟，英国、俄国、瑞典、普鲁士和奥地利在波兰莱比锡遭遇拿破仑的军队，于1813年10月16—19日发起具有重大意义的民族会战，有时亦称为解放战争，拿破仑在这次战争中被击溃，撤退回法国。第二年3月，第六次反法同盟国占领巴黎，拿破仑手下将领均被击败，他于4月6日退位。然而，这并不是拿破仑时代的终结，拿破仑被放逐到地中海厄尔巴岛，1815年3月20日返回巴黎，相信他可以在放弃王位后不稳定的氛围中重新恢复其力量。3个月后的6月18日，他在滑铁卢战役中战败，这是最后一次的拿破仑战争，拿破仑被放逐到圣赫勒拿岛，于1821年去世。

▶ 俄国人为何焚烧莫斯科?

1812年9月14日，沙皇亚历山大一世（Alexander Ⅰ，1777—1825年）带领人们点燃自己的城市，希望阻止拿破仑·波拿巴及入侵的军队在俄国获得任何利益。到了1805年，通过一系列战争，拿破仑已控制了欧洲大多数地区，沙皇亚历山大一世的政权自然受到法国皇帝的威胁。1805—1807年，俄国在与拿破仑军队的战争中遭受重大损失，面临着这些失败，亚历山大一世接下来采取了非常富有才智的举动，但当时也受到许多人对他的责难，拿破仑虽然战胜，但已疲于征战，不能继续追赶俄国军队。因此，亚历山大一世与拿破仑皇帝签署提尔西特和约（*the Treaty of Tilsit*，1807年），这位俄国统治者发誓要支持拿破仑，拿破仑相信了他，并向其伸出友谊之手。但狡猾的俄国统治者却为自己和他的国家争取了时间，让自己做好准备抵抗力量强大的拿破仑。

俄国经济一直依赖出口，1812年，与英国——拿破仑的天敌恢复贸易，这促使拿破仑军队回到俄国，该年末，这位法国皇帝带领60万人的军队进入俄国，但俄国人依然使拿破仑惨遭失败。俄国军队依靠游击战策略，包括焚烧自己的农村地区，到了年底，失败的拿破仑回到巴黎。

什么是伦敦协议？

在历经8年（1821—1829年）的希腊独立战争后，1830年颁布的这一法令承认希腊成为一个独立的国家，伦敦协议正式结束了奥斯曼土耳其人对希腊长达400年的统治。

1453年，奥斯曼土耳其人征服君士坦丁堡（今土耳其伊斯坦布尔），并且很快继续向西将希腊半岛置于自己的控制下，到了1456年，希腊基本已并入奥斯曼帝国。几百年后，在1770年，希腊人设法推翻土耳其人并得到俄国女沙皇叶卡捷琳娜（Tsarina Catherine The Great，1729—1796年）的援助，其目的是在整个近东用东正教代替穆斯林教的统治。但这一努力终未成功，50年后，希腊人再次起义宣布独立。1821年3月25日，希腊人在帕特拉斯大主教（Patras）带领下，很快宣布进行独立战争反对土耳其人，埃及对土耳其给予军事支持，但即使这一联合力量也无法击败希腊人、压制革命。

1827年，英国、法国和俄国都同情希腊的独立事业，对其进行援助。同年10月，3个欧洲国家的联合舰队在伯罗奔尼撒半岛拉法连诺战役中击败了土耳其和埃及舰队。1828年，俄国向奥斯曼帝国宣战，决战的时刻来临，奥斯曼土耳其人将其注意力转移到与俄国人的战斗上，第二年，埃及人从希腊撤退，1830年3月，英国、法国和俄国签署伦敦协议，承认希腊独立，那年年末，奥斯曼土耳其对战争已厌倦，接受了协议条款。

美国内战

内战的起因是奴隶制？

数年来，美国学生从学校学到的一直都是奴隶制问题为引发美国内战（1861—1865年）的唯一起因，美国当时由19个自由州和15个奴隶制州组成，亚伯拉罕·林肯（Abraham Lincoln，1809—1865年）在当选总统前就将国家称为"被一分为二的房子"。奴隶制在冲突中居核心地位，但许多人认为这场血腥的4年之战另有他因。

19世纪中期，南部和北部之间的区别日益明显，今天仍有许多人在这个国家里坚守这些区别或保留着他们的痕迹。当北部实现工业化时，南部经济以农业为基础，两个地区各种理想和生活方式反映出这一经济现实，南方人认为他们的农业生活方式依靠奴隶的劳作，长期以来一些人，将奴隶制看作是一种罪恶。但直到19世纪早期认为奴隶制不道德的观点才开始深入人心，北方废奴主义者在国内开始进行结束奴隶制的运动，但在南方除了一小部分人反对奴隶制外，这些想法并未得到大多数南方人的赞同。

南方宣布脱离美国、形成南部联邦还有其他因素，但一些人仍然认为这些因素仅仅是防卫奴隶制的烟幕，联邦政府和各州之间的冲突限制了各州的权力，南方人对这项政策提出质疑。另外，19世纪50年代中期，美国政党制度处于混乱之中，使得人们对制定国家政策的当选政客产生不信任。1860年总统选举前，南方的领导者威胁说：如果公开反对奴隶制立场的林肯在选举中获胜，南方就从国家中脱离独立。

▶ 内战如何开始又是如何结束的？

南方各州对1860年总统选举中亚伯拉罕·林肯当选的结果感到不满，担心其农业生活方式会遭受损失，他们开始执行当初的诺言：如果林肯获取总统职务，他们就脱离国家独立。南卡罗来纳州第一个采取行动（于当年12月），1861年1月，其他5个州密西西比、佛罗里达、阿拉巴马、佐治亚和路易斯安那紧随其后。1861年2月，这6个州的代表在阿拉巴马蒙哥马利会晤，建立美国南部联邦，并选举杰斐逊·戴维斯（Jefferson Davis，1808—1889年）为美国南部联邦的总统。在林肯就职典礼的前两天，得克萨斯也加入南部联邦（内战开始后不久，弗吉尼亚、阿肯色、北卡罗来纳和田纳西也于1862年4月加入）。

这次内战也称脱离战争或南北战争，于1861年4月12日开始，南方军队在南卡罗来纳查尔斯顿一个美国军事哨所萨姆特堡打响枪声。残酷的战争持续了4年，1865年4月9日，在弗吉尼亚古老的阿波麦托克斯县府，带领南方联邦军队的罗伯特·E·李将军（Robert E. Lee，1807—1870年）向北方合众国的伊利亚斯·S. 格兰特将军（Ulysses S. Grant，1822—1885年）投降，该次战争不仅是各州之间也是兄弟之间的一次争斗：矛盾将国家一分为二，与历史上其他任何一次战争相比，内战夺去的生命都是最多的。

1863年葛底斯堡战役被看作是美国内战中的转折点。

安德鲁·约翰逊总统为何发誓在投降前会将纳什维尔烧毁?

政客这样对待本州的首府似乎很奇怪。安德鲁·约翰逊在美国众议院(1843—1853年)和参议院里(1857—1862年)均为田纳西效力,他也曾任该州州长(1853—1857年)。但在内战爆发后,这位南方民主人士却采取惊人的行动,他支持北方合众国,这主要是由于约翰逊怀有一个强烈的信念,认为南方脱离合众国违反了宪法,因而他采取了这样的立场。亚伯拉罕·林肯总统任命约翰逊在田纳西担任合众国军政府首长,当叛军包围纳什维尔、似乎随时都可将其夺取时,约翰逊宣告他在投降前宁可烧毁这座城。但他终未采取这一迫不得已的行动,1864年12月中旬,合众国军队使用手摇枪把的加特林机关枪(发明于1861年)击败了南方联邦军队。

▶ 葛底斯堡战役为何重要?

1863年当双方在南部宾夕法尼亚镇偶遇时进行的战斗，是内战中的一个转折点。从7月1日—3日乔治·米德将军(George Meade, 1815—1872年)带领队伍(约9万名士兵)击败了正在推进的罗伯特·E. 李将军(Robert E. Lee, 1807—1870年)带领下的南方联邦队伍(数量为7.5万人左右)，北方的胜利有效阻止了南方军队向北部的入侵。

第二年11月19日，亚伯拉罕·林肯总统在葛底斯堡做了一次具有历史意义的演讲，他将一部分战场指定为国家公墓，演讲以现在依然脍炙人口的话语开始:“47年前，我们的父辈在这个大陆上建造了一个崭新的国家，她以自由为立国之本，并致力于这样的奋斗目标，即人人生来都具有平等权利。”简短的演讲(林肯将其修改多次)又以对全体国民发出号召的口号结束:“我们下定决心死者的鲜血不会白流，决心使我们的国家在上帝保佑下在自由中获得新生，决心使我们这个民有、民享和民治的政府永世长存。”

▶ 什么是蒂珀卡努战役?

这场战役于1811年11月7日在现在印第安纳州拉斐特附近打响，威廉·亨利·哈里森(William Henry Harrison, 1773—1841年)将军指挥下的美国军队趁肖尼印第安人的领导者特库姆塞(Tecumseh, 1768—1813年)不在时将其击败。

在11月进行的这场战斗前，肖尼印第安人沿肯塔基坎伯兰河从祖先留下的土地不断向后撤退，他们在俄亥俄河谷定居时形成了抵抗阵线。抵抗战争于1763年开始，直到30年后(1793年)才结束，安东尼·韦恩将军(Anthony Wayne, 1745—1796年)带领美国部队在俄亥俄西北部落叶木林击败肖尼人。在其人民遭到这重大失败时，特库姆塞只有25岁，尽管部落长辈提出忠告，但他却坚决停止肖尼人向西转移。特库姆塞和他的兄弟坦斯克瓦特瓦(Tenskwatawa, 约1768—1834年)在印第安纳华巴希河附近的蒂珀卡努河修建居住地，这一地区被称为先知镇，成为抵抗殖民者迁移行动的印第安人的据点。很快，旺多特、博塔瓦托密、迈阿密和特拉华印第安人也加入肖尼人在先知镇定居，英国觉察到特库姆塞的反抗行动，很快就给先知镇的印第安人提供武器，用以反抗美国人。

1810年，印第安纳领土长官威廉·亨利·哈里森请求与特库姆塞会晤，双

1811年美国威廉·亨利·哈里森将军带领其队伍在蒂珀卡努战役中与肖尼印第安人作战。

方对彼此都深表怀疑，认为不可能达成和平协议，了解特库姆塞武装抵抗运动的移居者迫使詹姆斯麦迪逊总统（James Madison，1751—1836年）采取行动，总统表示同意，在总统命令下，1811年秋，哈里逊带领1 000人的军队出发，11月6日到达蒂珀卡努，在休战旗下他会见了印第安人，然后在先知镇一英里外扎营。当时特库姆塞在阿拉巴马访问克里克印第安人，努力赢得他们对抵抗白人运动的支持，但其兄弟坦斯克瓦特瓦却在先知镇召集人马于破晓时分攻击了哈里逊的阵营，接下来双方在冰冷的细雨中进行了白刃战，结果印第安联盟撤退，虽然哈里逊遭受严重损失，但他却设法摧毁了先知镇。

这次战斗破坏了特库姆塞的主动性，哈里森的政治生涯却由此开始。1840年，在获得军事行动的胜利并在美国国会供职后，哈里森一直得到公众支持，结果当选白宫的第9任总统，其竞选口号是“蒂珀卡努和泰勒”（约翰·泰勒是其竞选伙伴）。最终肖尼人被逼入堪萨斯地区，特库姆塞在1812年之战（1812—1814年）中成为英国的盟军，在战斗中身亡。

什么是苏族起义？

该次起义于1862年8—9月发生在明尼苏达西南部，当时，苏族人突然被迫放弃一半的居留地，由于庄稼歉收其局势更加恶化，尽管政府不断争论究竟以黄金还是以纸币的形式支付印第安人的欠款，但苏族人依然身无分文。位于苏族居留地的美国代理处拒绝给印第安人提供食物，除非收到华盛顿的钱款，苏族人又饥又怒，白人旁观者预见到灾祸即将到来，给政府提出警告，但在8月份举行的4人射击比赛中，射击者突然冲入一群白人中，杀死5人，此时，局势突然爆发。苏族人拒绝将这4人交给当局，在首领“小乌鸦”（Little Crow，约1820—1863年）的领导下突袭白人在明尼苏达河谷的聚居地，一小拨派出镇压苏族人的美国军队被歼灭，同时，白人居民在一片恐慌中逃离该地区。

11月23日，明尼苏达州政府派出1 400人的部队，在树林湖战役中击败“小乌鸦”，这次突袭已夺去490个白人的性命，在与军队作战时，34名苏族人死亡。尽管大多数拿起武器参加战斗的印第安人已逃至达科他州，政府却开始包围那些被怀疑参与抵抗白人居民战斗的当地人，有300余人接受审判，被判死刑，其中许多人都缺乏证据。主教派主教亨利·威普尔（Henry Whipple，1822—1865年）代表当地人进行干涉，向亚伯拉罕·林肯总统提出个人请求，主教使得265个被判死刑的当地人减为监禁服刑，但38位以谋杀或强奸罪受起诉的苏族人却于1862年11月26日在公开仪式上被绞死，苏族人居留地被解散，剩下的苏族人被分散到各处，但明尼苏达却在接下来的几年里一直派人驻守军事哨所。

起义过程中及之后发生的事情对于双方来说都很残忍，但许多旁观者都预见到对待苏族人的方式会导致冲突。一位传教士在目睹对待印第安人的粗暴做法后，在给主教威普尔的信中写道：“如果我是印第安人，在我有生之年，我绝不放下手中的武器。”

什么是“卡斯特最后的领地”？

这一名词指的是在1876年6月25日小大霍恩战役中乔治·A. 卡斯特（George A. Custer，1839—1876年）将军遭受的失败。卡斯特作为内战中的将军和西部印第安战斗者，在全国都享有盛誉，就在举国准备庆祝独立宣言100周年纪念日时，他和军队被苏族汉克帕帕分支首领坐牛（Sitting Bull，约1831—1890

年）领导的苏族人击溃，这一结果使全国的欢庆氛围出现逆转。

小大霍恩战役是总称为苏族人战争的一系列战役中之一，几个事件导致“卡斯特最后的领地”这一冲突。苏族人是没有与美国缔结和约的印第安人，这意味着他们已拒绝在其领土上接受白人的统治，他们对在南达科他黑山淘金的矿工反复侵犯其土地感到愤怒不已。另外，苏族人对居住在居留地的“小乌鸦”部落进行过8次攻击。最终，苏族汉克帕帕分支首领坐牛拒绝政府让他和他的人民回到居留地的要求。同时，政府的军事战略家对坐牛并不了解，到了1876年春，其他北部平原部落也加入坐牛的反抗事业中，包括疯马（Crazy Horse，1842—1877年）带领的塞恩人。政府随时打算利用武力逼迫坐牛和苏族人回到居留地，战争已蓄势待发——这次战争的规模远远大于所有华盛顿官员的想象。

6月25日，卡斯特带领第七骑兵队进入蒙大拿疆土，与苏族人交手，尽管命令是拘捕印第安人并防止他们逃跑，但他还是动用了武力进行攻击。史学家关于当时卡斯特究竟如何遭到致命失败这一点依然存在意见上的分歧，但有一点是毋庸置疑的：卡斯特和军队的人数远远少于对方，卡斯特将军团分成3部分，他和大约225个骑兵在一起与2 000名印第安战士作战，这在西方历史上是最大规模的队伍。卡斯特和他的士兵全部阵亡，战斗继续到次日，余下的印第安人最后被遣散，返回到指定给他们居住的领土上。同时，坐牛和他的部队撤退至加拿大，5年后即1890年，坐牛返回美国，遭到当局杀害。

这次战争成为无数电影、书籍和歌曲的主题，一些美国土著人将其作为一种激励而留在记忆中，证明为信念而战的勇者会赢取胜利。

美西战争

美西战争的起因是什么？

于1898年发生的这次战争仅持续几个月（4月下旬—8月中旬），起因是古巴的解放问题。19世纪70年代，古巴人民举行起义反抗西班牙统治，这次历时很长的起义虽被平定，但加勒比岛上的和平却没有持续多久，1895年，不断恶化的经济情况促使革命爆发。美国领导人对血淋淋的美国内战（1861—1865年）依然记忆犹新，他们担心尽管古巴反叛者不可能赢取反对西班牙人的战争，但西班牙人的力量却不足以镇压他们的造反。同时，美国公众从报纸源源不断的报道上了解到海岛上受压迫的状况，越来越支持美国对古巴冲突的干预。

1897年11月，美国总统威廉姆·麦金利（William Mckinley，1843—1901年）进行干预，但却通过施加政治压力而非军事压力，结果，西班牙允许古巴在西班牙帝国之内实行有一定限制的自治。然而，这一决议并未满足古巴反叛者，他们下定决心要从西班牙统治下独立出来，战争在继续，哈瓦那发生暴乱，为保护居住在那里的美国人，1898年1月25日，美国派遣“缅因号”战舰到达口岸。2月15日，“缅因号”被炸毁，200多人遇害。人们将此事件归咎于西班牙，但后来历史证明这一结论是错误的。麦金利总统重新作出几次尝试，迫使西班牙授予古巴完全的独立，但却无济于事。4月19日，美国国会通过共同决议案认可古巴独立，否认美国有意获取古巴海岛，并批准动用美国陆军和海军力量强迫西班牙撤退，4月25日，美国正式向西班牙宣战。

5月，美国部队在古巴与西班牙及其追随者和受西班牙控制的菲律宾人作战，在波多黎各也进行了军事活动，但美国部队几乎没有遇到抵抗。1898年7月圣胡安山战役后，西班牙人交出古巴圣地亚哥，仅几星期后，双方就已停火并签署停战协议（8月12日），结束了这次短暂的战争。

圣胡安山冲锋是怎么回事？

在美西战争期间，1898年7月1日，西奥多·罗斯福上校（Theodore Roosevelt，1858—1919年）带领名为“强悍骑士”的美国军队，攻打古巴圣地亚哥附近圣胡安山上的西班牙碉堡（一个小要塞）。报纸报道将罗斯福和他的强悍骑士称为名人，即使后来罗斯福成为美国总统，他还评论说“圣胡安山是我生命中伟大的一天”。

圣胡安山是对圣地亚哥双管齐下的攻击之一，当强悍骑士军团攻打西班牙在圣胡安山和凯特尔山的防御工事时，另一美国分队由亨利·劳顿将军（Henry Lawton，1843—1899年）带领，夺取了西班牙在埃尔凯尼的碉堡。7月1日这两次成功行动使美国人控制了圣地亚哥周围的山区，到了7月3日，美国部队摧毁了帕斯夸尔·塞韦拉·托佩特（Pascual Cerveray Topete，1839—1909年）海军上将指挥下的西班牙舰队。7月17日，西班牙人放弃了圣地亚哥。

尽管胜利对战争结果至关重要，但攻打凯特尔山和圣胡安山却付出了高昂

1898年在古巴圣地亚哥附近圣胡安山与西班牙人战斗后，狄奥多·罗斯福上校（站立在中间偏左的位置上，上身着白色背带）和他的强悍骑士。

的代价，在美国军队——包括黑人和白人——一起并肩同西班牙人作战时，有1 600个美国人失去了生命。

什么是巴黎和约？

巴黎和约不只是一个，以下都是在法国国会签署的国际协议：

1763年，英国、法国和西班牙代表签署条约，与胡贝图斯堡条约一起（1763年2月15日）结束了七年之战（1756—1763年）。

1783年9月3日，由政治家本杰明·富兰克林（Benjamin Franklin，1706—1790年）、约翰·亚当斯（John Adams，1735—1826年）和约翰·杰伊（John Jay，1745—1829年）代表英国和美国签署巴黎和约，该协议自1782年以来一直处于交涉中，协议正式结束美国革命（1775—1783年），美国作为一个独立国家成立，并划分这一新国家的界限：西至密西西比河、北至加拿大、东至大西洋、南至曾属于西班牙的佛罗里达。

1814年条约和1815年条约签署，结束了拿破仑战争，该战争于1799年由法国统治者拿破仑·波拿巴掌权后发动。

1856年，欧洲国家在巴黎签署和约结束克里米亚战争（1853—1856年），并禁止战时实行的掠夺私船。

1898年12月10日签署巴黎和约，从而解决了导致美西战争（1898年）的冲突。该和约规定古巴完全独立于西班牙，还将关岛和波多黎各的控制权交给美国。和约还进一步规定美国将支付西班牙2 000万美金购买菲律宾群岛。

1951年，在第二次世界大战前夕，比利时、法国、意大利、卢森堡、荷兰和联邦德国签署巴黎和约，建立欧洲煤钢共同体（ECSC）。其意图是在欧洲的民主国家中达到经济和政治的统一，该协议为使欧盟诞生的马斯特里赫特条约铺平道路，马斯特里赫特条约是1992年12个欧洲国家代表在荷兰签署的一个经济合约。

▶ 菲律宾群岛割让给西班牙后的情况如何？

美国通过巴黎和约取得对菲律宾的控制权（1898年）后，这座太平洋岛屿很快被卷入冲突，与发展成美西战争的古巴冲突类似，菲律宾人决定要独立，从1899—1901年一直发动反抗起义。1901年，国民政府在菲律宾建立，1935年11月，菲律宾联邦正式成立，然而，这些海岛在以后的几十年里仍然冲突不断，原因是美国与外国力量抗衡——这次是日本——在第二次世界大战期间争夺对海岛的控制权。

亚洲战争

▶ 什么是中日战争？

中日战争是1894—1895为争夺对朝鲜的控制权而进行的战争，当时，朝鲜是中国的一个附属国。1894年，朝鲜发生起义，中国派遣军队前去镇压，自1876年以来，朝鲜港口就对日本开放，日本为保护它在那里的利益，在起义发生时同样也派遣军队到这个海岛国。但叛乱被平定后，日军拒绝撤退，1894年7月，日本和中国之间发生战争，日本获胜，击败中国海军。1895年4月17日签署和平条约，规定朝鲜独立（只持续到1910年日本将其吞并），中国将台湾岛和辽东半岛（后来在俄国、德国和法国强制下，日本在得到中国支付的赔款后将半岛返回给中国）移交给日本。此次战争虽然相对短暂，却严重削弱了中国力量，在接下来的帝国主义时期里，欧洲各国纷纷争夺中国的土地并对其进行侵扰。

日俄战争的起因是什么？

从1904年到1905年，俄国和日本出于各自在中国（主要是中国的东三省）和朝鲜的利益而进行了这场战争，这些地区对两国都具有战略重要性。在战争爆发前，日本提出要解决冲突，但却遭到沙皇尼古拉二世（Nicholas Ⅱ，1868—1918年）的拒绝，日本很快断绝了与俄国的所有外交关系（于1904年2月6日）。2天后，日本人对中国东北的旅顺港（亚瑟港）的俄国船只进行一次突袭，2月10日，日本正式与俄国宣战。陆地和海上的战斗形势对俄国军队来说很糟糕，俄国无法补充兵力或供给以抵抗力量强大、纪律严明的日本人。1905年年初，战争在俄国国内已经不得人心，俄国爆发了革命，进一步削弱了国家取得胜利的决心。

在日军围困旅顺8个月后，形势开始明朗，俄国无力进行战斗，另外，战争对日本来说代价昂贵，日本寻求美国干预解决冲突。西奥多·罗斯福总统开始介入对冲突的斡旋，经过1个月的努力，1905年9月5日，双方在新罕布什尔朴次茅斯一个造船厂签订条约，条约的条款如下：俄国将位于日、俄两国之间的萨哈林岛南部半片领土割让给日本（在第二次世界大战以后该岛又重归俄国），朝鲜处于日本保护之下，俄国将中国辽东半岛租约转手给日本。就这样，日本成为在世界舞台上的一股力量。

俄国革命

“血腥星期日”是怎么回事？

该事件发生于1905年1月22日，亦称红色星期天，标志着俄国革命活动的开端，俄国革命直到1917年才结束。在那个冬日，年轻的东正教教士乔治·盖庞（Georgi Gapon，1870—1906年）肩扛十字架，带领工人在圣彼得堡冬宫前进行和平示威，但伦敦时报通讯员报道当天人群被拒绝进入宫殿广场的公众集会场所，“暴民的激情好似裂开的水坝一泻千里”。尽管盖庞教父认为他们也会加入抗议的工人队伍中，但忠诚于罗曼诺夫沙皇尼古拉二世（Nicholas Ⅱ，1868—1918年）的哥萨克守卫队和军队却向示威人群射击，杀害大约150人，其中包括儿童、妇女和年轻人。

盖庞教父打算代表工人向沙皇请愿，但在白天的事件中受伤，后来遭到流放。不光是他抱有宫殿护卫会站到工人一边这一错误想法，星期日那天沙皇尼古拉并不在宫殿中，几天前就离开了，但尼古拉王朝的统治却因受到其军队对聚集人群做出的反应而感觉受到很大的威胁，圣彼得堡积雪的街道已经染成一片红色，这情景令人不寒而栗，法国《晨报》（*Le Matin*）的通讯员报道哥萨克人开火时“好像在血战中玩耍一般”。该事件在全国引起震荡，对尼古拉无能政府的敌意与日俱增，在其他地方也引起躁动，包括在莫斯科也发生相关事件，沙皇的伯父塞吉大公（Grand Duke Serge）在2月初被杀害，塞吉之死无疑标志着人们普遍对沙皇及其皇室深感愤怒。在乡下，农民起义反抗地主，夺取土地、庄稼和家畜。

该事件预示着沙皇在俄国的倒台，虽然1905年的反抗事件并未成功，尼古拉继续执政12年，但他却是统治俄国的最后一位沙皇。

▶ 拉斯普京为何人？

格里戈利·拉斯普京（Grigory Rasputin，1872—1916年）是俄国一位具有神秘色彩、圣人一般的人物，他从农民成为沙皇尼古拉二世和他妻子皇后亚历山德拉·费多罗芙娜（Tsarina Alexandra，1872—1918年）的宠信，1905年或稍后的时候，亚历山德拉开始与拉斯普京交往密切，他很好对待了尼古拉和亚历山德拉患血友病的儿子阿历克谢（Alexis，1904—1918年），拉斯普京很快得到俄国统治者的好感，但是总理大臣和立法机关杜马的成员却将其看作一个不体面的人物，他们担心他对沙皇产生影响，甚至还争取放逐拉斯普京，但却没有成功。

到了1913年，即第一次世界大战爆发前一年，俄国人民已深刻意识到沙皇尼古拉的弱点，不仅其政府受拉斯普京这个伪君子的支配，而且“血腥星期日”

事件不可逆转地毁损了沙皇的名誉。那一年适逢罗曼诺夫王朝300周年纪念，自1613年起，该皇室的成员一直统治俄国，但尼古拉公开露面时却遭遇到沉默的人群，原本应是一片欢腾的公开庆祝却蕴含着不祥的预兆。

俄国加入第一次世界大战是尼古拉统治结束的开端，而拉斯普京则在宫廷中成为争论的中心。在第一年与德国作战期间，俄国连续遭受一次接一次的军事浩劫，这些损失进一步破坏了沙皇和大臣的地位，1915年秋，在妻子敦促下，尼古拉离开圣彼得堡，向前线进发，亲自带领俄国军队打仗。在亚历山德拉负责政府事务时，拉斯普京的影响变得更加危险，但在1916年12月一次宫廷聚会中，一群贵族在拉斯普京的酒中加入氰化物，想永远结束他可能会造成的威胁，虽然毒药并未使拉斯普京死去，但那天晚上贵族开枪击中他并将尸体丢弃在河里。对尼古拉和亚历山德拉造成的危害已经形成，实际上当时所有受过教育的俄国人都反对沙皇，因为他将政府机关中许多具备资历的官员都开除，用拉斯普京宠信的那些无能的官员取代他们，此时，舞台已准备就绪，等待革命的上演。

第一次世界大战

第一次世界大战如何开始？

直到第二次世界大战（1939—1945年）爆发前，这次战争一直被称为世界大战，其导火索是1914年6月28日刺杀奥匈帝国王储弗朗西斯·费迪南德（Archduke Francis Fernidand，1863—1914年）的事件，欧洲的战争经由几个发展阶段后突然爆发。民族自豪感在欧洲人中不断增长，各国通过征兵增加其武力，他们为控制远方的土地而彼此竞争，因此殖民主义一直是欧洲各国的焦点。当时，工业使武器和其他作战物资得以改进，致命性更强，6月的那一天，在萨拉热窝（后来成为奥匈帝国波黑省首府），一个名为加夫里若·普林西普（Gavrilo Princip，1894—1918年）的枪手枪杀费迪南德王储，奥匈帝国立即作出反应，动用了武力。由于普林西普与塞尔维亚恐怖分子组织有联系，因此奥匈帝国对塞尔维亚宣战，双方都认为战争会速战速决，但后来战争规模逐步扩大，更多的国家开始介入。持续4年的战争中，动用了飞机、潜水艇、坦克和机关枪，比以往任何一次战争都造成更大的破坏。

第一次世界大战期间形成了哪些联盟?

1914年7月下旬,奥匈帝国与塞尔维亚宣战,8月上旬其盟友德国加入,一起形成同盟国,1914年10月,保加利亚和奥斯曼帝国加入同盟国。战争开始时,法国、英国和俄国支持塞尔维亚,他们一起被称为协约国。土耳其炮击黑海的俄国口岸,军队侵略俄国后,1914年11月,协约国对奥斯曼帝国宣战。最终,还有20个国家加入协约国,但不是所有国家都派军队到前线。比利时、黑山和日本在1914年8月加入协约国,日本对德国宣战并侵略几个太平洋海岛,将德国人逐出。1915年,意大利和圣马力诺加入;随着战斗的继续,1916年,罗马尼亚和葡萄牙成为协约国;1917年,有8个国家加入,其中最著名的是美国和中国,还有利比里亚、希腊、泰国、巴拿马、古巴和巴西。在1918年战争结束前,危地马拉、海地、洪都拉斯、哥斯达黎加和尼加拉瓜也全部成为协约国的支持者。

“路西塔尼亚号”和第一次世界大战有何关联?

当第一次世界大战已在进行时,1915年5月,德国U形舰在爱尔兰海岸附近击沉英国客船“路西塔尼亚号”。1907年,该船由英国库纳德航运公司生产并投入使用,为当时最大的客船,当客船在北大西洋被击沉时,船上1 200个平民,其中包括128个美国旅客遇难。伍德罗·威尔逊总统警告德国如果再发生其他此类事件将迫使美国加入战争,德国仅在短时间内听从了这一警告。

美国为何加入第一次世界大战?

1914年8月战争在欧洲爆发时,美国人民反对美国军队介入,伍德罗·威尔逊总统宣布美国保持中立。但是,随着战争的继续,德国的战略威胁到平民的生命,美国人开始支持协约国。

在客轮“路西塔尼亚号”沉船事件后,德国采取了有所限制的海战。早在1917年,德国就开始攻击没有武器装备的船只,这时,美国货船使美国蠢蠢欲动想要加入战争。同时,德国U舰已经就位,要切断进出英国的运输,欲迫使该国

1915年5月，德国U舰击毁“路西塔尼亚号”，该事件迫使美国加入第一次世界大战。

投降。当英国拦截了情报，对其进行解码并将电报交给威尔逊总统，表明德国已经派遣大使到墨西哥时，美国和德国之间的紧张达到顶点。德国外交部长亚瑟·奇默曼（Arthur Zimmermann，1864—1940年）在所谓的“奇默曼批注”中敦促德国官员说服墨西哥政府与美国作战，好夺回在得克萨斯、新墨西哥和亚利桑那失去的领土，该消息于3月上旬被美国公布，一个月后，在威尔逊总统声明“必须使世界中的民主处于安全中”之后，1917年4月6日，美国国会对德国宣战。

第一次世界大战是如何结束的？

尽管美国基本没有准备参加战争，但美国政府迅速召集军队和公民为战争作出努力，1917年4月，美国正规军只有10万多人；到战争结束前，美国军队差不多有500万人，正是美国军队的到来才给协约国以赢取战争所需的人力。当战斗在欧洲的战壕中继续时，几乎有1 000万人死去，1918年11月，德国同意停战，同盟国最终投降。1919年1月，协约国代表聚集在巴黎，草拟和平解决战争的协议。

四大巨头是哪4人？

1919年1月巴黎和会召开，所有协约国代表参加此会，但大会的决定却由4位政府首脑作出，这4个首脑被称为四大巨头：美国总统伍德罗·威尔逊、英国首相大卫·劳埃德·乔治（David Lloyd George，1863—1945年）、法国总理乔治·克列孟梭（Georges Clemenceau，1841—1929年）和意大利总理维托里奥·奥兰多（Vittorio Orlando，1860—1952年）。其他代表组成委员会则制订出世界大战中同盟国每个国家签署条约的详细内容，与德国签署凡尔赛条约（*The Treaty of Versailles*），与奥地利签署圣日耳曼条约（*The Treaty of St Germain*），与保加利亚签署纳依条约（*The Treaty of Neuelly*），与匈牙利签署特里亚农条约（*The Treaty of Trianon*），并与奥斯曼帝国签署塞夫勒条约（*The Treaty of Sevres*）。

第一次世界大战后欧洲的国界线是如何重新划定的？

巴黎和会（1919—1920年）制订的条约重新划分欧洲界限，在战败国中形成新的国家。凡尔赛条约迫使德国割让领土给比利时、捷克斯洛伐克、丹麦、法国和波兰，德国还放弃全部的海外殖民地，在今后15年中将煤田交由法国所有。圣日耳曼条约和特里亚农条约使奥匈帝国解体（其王储于1914年被刺杀，从而引发战争），奥地利和匈牙利分别形成独立的国家，各自占领还不足前奥匈帝国领土1/3的面积，其以前领土在意大利、罗马尼亚和条约最新认可的国家：捷克斯洛伐克、波兰和后来的南斯拉夫王国之中被划分。塞夫勒条约将美索不达米亚（今伊拉克）、巴勒斯坦和叙利亚从奥斯曼帝国脱离，而奥斯曼帝国在3年后成为土耳其共和国。最后，保加利亚割让领土给希腊和罗马尼亚，然而，由于重新划分边界的国家领土互相重叠，这些新制订的边界加剧了某些国家之间的紧张局势。

凡尔赛条约如何为第二次世界大战铺平道路？

在第一次世界大战中，德国受到严厉惩罚，凡尔赛条约的一个条款甚至

在第一次世界大战期间，德国战士在观察敌人位置时手拿机枪作好准备。

规定德国承担导致战争的责任。除领土损失外，德国还要给占领莱茵河西岸的协约国军队支付费用，这些军队要在15年中管制德国，条约还限制了德国的军事规模。1921年，德国收到的赔偿票据：总共亏欠协约国3 300万美元（204 926 700元）。

战后的德国政府迫于协约国继续发动战争的威胁而签署凡尔赛条约，但德国人民为接受这些苛刻的条件而对领导者指责不断，不仅德国政府的力量被削弱，同时，公众对凡尔赛条约的怨气很快发展成一次强大的民族主义运动，其领导者为德国元首兼总理阿道夫·希特勒（Adolf Hitler，1889—1945年）。

什么是国际联盟？

国际联盟是联合国的前身，它是凡尔赛条约在第一次世界大战结束时（1914—1918年）建立的一个国际组织，由于美国从未批准此条约，因此它不是该组织成员。

该联盟主要处理国家间的争执，避免诸如世界大战（直到第二次世界大战爆发前，指的都是第一次世界大战）这类的重大冲突发生。但该组织无法发挥其效力，它对许多恶劣行径无能为力：1931年，日本侵占中国东三省；1935—1936年，意大利占领埃塞俄比亚；1939年，又占领阿尔巴尼亚；1938年，德国接管奥地利。在第二次世界大战期间（1939—1945年），国际联盟自行解体，它虽然未获成功，但还是为一个永久性国际组织确立了基本模式。

第二次世界大战

什么是慕尼黑协议？

慕尼黑协议在第二次世界大战即将爆发前夕，未能成功平息德国领导人阿道夫·希特勒对领土和力量永无止境的欲望。1938年3月在德奥合并中，德国吞并了其邻国奥地利之后，希特勒对苏台德地区也居心叵测，苏台德是德国人众多的捷克斯洛伐克地区。当时欧洲国家对第一次世界大战记忆犹新，仍然处于从严重损失中恢复的阶段，欧洲各国极力避免其他冲突。1938年9月29日和30日，英国首相内维尔·张伯伦（Neville Chamberlain）在慕尼黑与希特勒会面；后来德国的盟友——意大利独裁者本尼托·墨索里尼和捷克的盟友——法国总理爱德华·达拉第（Edouard Daladier）加入。捷克斯洛伐克没有任何代表出席会议，首脑们迅速为德国制订出占领苏台德的计划，张伯伦将捷克斯洛伐克作出让步看做是换取欧洲大陆和平的合理代价。但缓和希特勒扩张的努力未能成功，1939年3月，德国开始进军占领捷克斯洛伐克的其余地区，9月1日，德国进入波兰，第二次世界大战爆发。

第二次世界大战是如何爆发的？

1939年9月1日，德国侵略波兰，波兰很快就在德国元首兼总理阿道夫·希特勒的武力下瓦解，战争开始了。但当纳粹从西部入侵时，波兰还在北部和东部

1941年在珍珠港轰炸中两千三百余人丧生，该事件使美国加入第二次世界大战。

受到苏联的攻打，东欧国家的这些事件为重大的冲突形成了必备条件。

在入侵波兰后，德国还入侵丹麦、卢森堡、荷兰、比利时、挪威和法国，一路将这些国家占领。意大利也加入德国形成轴心国。到1940年6月为止，仅有英国站出来反对希特勒，不久，战争扩大到希腊和北非。

1941年6月，德国侵略苏联，再次扩大了冲突范围。就在全世界都关注经历战争折磨的欧洲时，日本于1941年11月突袭了美国夏威夷珍珠港海军基地，从而使美国加入战争，这场战争一直持续到1945年结束。

多少个国家加入轴心国?

轴心国力量于1936年形成，包括3个国家：德国、意大利和日本。除这些主要力量外还有6个小国组成轴心卫星国：阿尔巴尼亚、保加利亚、芬兰、匈牙利、罗马尼亚和泰国，但是这些国家从未像轴心国那样组成统一的前线和力量。

1939年9月1日德国发动战争，1940年6月，意大利和阿尔巴尼亚加入，1941年年中，保加利亚、匈牙利、罗马尼亚和芬兰加入轴心国力量。日本当时已经与中国展开战争（中日战争），1941年12月7日偷袭夏威夷珍珠港美国海军基地，从而也使美国加入大战。泰国是最后加入战争的轴心国，时间是1942年1月25日。

哪些国家组成了第二次世界大战的同盟国？

同盟国三大力量是英国、美国和苏联，其首脑温斯顿·丘吉尔（Winston Churchill，1874—1965年）、富兰克林·罗斯福（Franklin Roosevelt，1882—1945年）和约瑟夫·斯大林（Joseph Stalin，1879—1953年）被称为三大巨头。他们和军事顾问研究战略以击败轴心国。自1937年以来一直同日本作战的中国也加入同盟国，第二次世界大战结束前还有其他46个国家加入同盟国。

德国于1939年9月1日侵略波兰，几天之内，英国加入与德国的作战。澳大利亚、新西兰、印度、法国、南非和加拿大与英国结盟加入；1940年，挪威、丹麦、比利时、荷兰和卢森堡也加入，所有这些国家都处于纳粹德国的包围下。同年年末，希腊参战；1941年春南斯拉夫也加入战争；1941年6月22日，苏联参战。在日本轰炸夏威夷珍珠港美国海军基地之后的几天即1941年12月7日，还有另外12个同盟国介入战争，其中2个主要国家是美国和中国，其他参战国家是，除捷克斯洛伐克之外所有加勒比海国家和拉丁美洲国家：巴拿马、哥斯达黎加、多米尼加共和国、海地、尼加拉瓜、萨尔瓦多、洪都拉斯、古巴和危地马拉。1942年5月，还有3个国家加入同盟国——墨西哥于5月加入、巴西于8月加入、埃塞俄比亚于12月加入。在1943—1944年这段最阴暗的战争期间，在圣马力诺（此国家地理位置很重要，因为完全位于轴心国意大利范围内）、哥伦比亚和利比里亚这些小国加入同盟国后，伊拉克、玻利维亚、伊朗也签署协议加入同盟国。1945年2月和3月，又出现了支持同盟国的另一次浪潮：厄瓜多尔、巴拉圭、秘鲁、智利、委内瑞拉、乌拉圭和阿根廷这些南美洲国家加入，同时还有埃及、叙利亚、黎巴嫩和沙特阿拉伯这些中东国家。1945年8月9日，中亚的蒙古（蒙古人民共和国）最后一个加入同盟国。当然，每个同盟国对战争支持的程度会有所不同，但随着战争的进行，同盟国名单每年不断增长这个趋势却具有重大意义。

什么是租借法案？

租借法案是在第二次世界大战中对与轴心国作战的同盟国给予物质协助的计划，由富兰克林·罗斯福总统提出，并得到其大力支持。在美国介入战争之前，罗斯福主张对与德国和意大利作战的国家予以援助是必要的，就好似帮助邻居家灭火以防火势蔓延烧到自己的房子。

1941年3月11日美国国会通过租借法案，在其规定下，以食物、供给、武器、机械和其他设备形式，价值接近500亿美元的援助提供给同盟国，首先是英国和英联邦国家，后来又提供给所有与德国作战的国家。直到战争结束后才提到物品的归还，那时，多数人感到同盟国已经为战争贡献了一切，并且这些物资与美国参战前欧洲同盟国做出的牺牲是均衡的。

什么是大西洋宪章？

在美国直接介入第二次世界大战的前夕，富兰克林·罗斯福总统在加拿大纽芬兰海岸的船上会见英国首相温斯顿·丘吉尔，两位首脑草拟一项名为大西洋宪章的和平目标规划，并于1941年8月14日签署。除其他和平时期目标外，宪章大致还包括1941年1月6日罗斯福在国会讲话中提出的四大自由，当时立法机关正在考虑是否通过租借法案，罗斯福认为言论和表达自由、信仰自由、无欲的自由和毫无恐惧的自由应该在全世界推广。

概括说来，在大西洋宪章中两位首脑阐明两个国家都不会寻求新的领土；彼此尊重每个国家人民选择自己政体的权利；任何一个国家（无论大国还是小国，战胜国还是战败国）都不能被剥夺获得繁荣本国经济所需原材料的权利；国家之间应彼此合作改进劳工标准和社会保障；在最终摧毁纳粹暴政后，所有地区的所有人都可以无忧无虑地生活；"更广泛的永久性安全体系"对于保证和平来说是必要的（最后一点声明暗示着后来联合国的创立）。

日本为何攻击珍珠港？

日本这个海岛国家为何对夏威夷珍珠港美国军事设施发动突袭，这在史学家、军事学者和调查人员之中仍然存在分歧。一些人认为日本被人引诱发动此次攻击，好让美国民意支持其加入第二次世界大战；其他有人主张美国对这样的攻击毫无准备，或至少日本人认为美国人处于毫无准备的状态；还有人仍然认为珍珠港事件是日本一场孤注一掷的赌注，在美国参战前就将其海军消灭掉。

以下是事实部分：1941年，日军进入印度支那南部，促使美国切断其对日本的出口贸易。同年秋天，东条英机（Hideki Tojo，1884—1948年）成为日本首相，这位好战的国家领导人计划发起对美国的战争。12月7日，美国海军在太平洋的中心——珍珠港成为日本攻击的目标，美国在关岛、威克岛和菲律宾的军事基地也遭到攻击。但正是轰炸珍珠港事件成为美国人在第二次世界大战期间的战斗口号，珍珠港是自1908年以来根据条约由美国海军一直占领的战略驻地，由于此次事件，美国人真切感受到战争带来的影响。

▶ 珍珠港当时的情况如何？

在发动攻击的前夜，日本人调动33艘船组成的舰队接近位于瓦胡岛的夏威夷群岛200英里（321.868 8千米）内、珍珠港所在地，300多架飞机从日本航空母舰起飞，1941年12月7日上午8点第一颗炸弹空投在珍珠港。当时港口停着8艘美国战舰和90多艘海军舰艇，其中21艘船和300架飞机被毁。当天最大的损失是“亚利桑那号”战舰在不到9分钟内被击沉，珍珠港一多半的伤亡都是“亚利桑那号”沉船造成的。袭击造成2 300多人死亡，大致同样数量的人员受伤。

珍珠港永远改变了美国和它在世界中的作用，次日，富兰克林·罗斯福总统在国会讲话时将12月7日称为“臭名昭著的一天”。美国对日本宣战，12月11日，日本的轴心国盟友——德国和意大利向美国宣战，12月7日这一事件带领美国进入战争。

▶ 美国军队何时开始在第二次世界大战中作战？

1942年年末，美国派遣第一支队伍横跨大西洋，继西西里岛和意大利半岛之后，又在北非进行两栖登陆。同年11月8日，同盟国军队首次在摩洛哥（卡萨布兰卡）和阿尔及利亚（奥兰和阿尔及尔）登陆（阿尔及尔在战争期间成为北非同盟国的总部）。最初登陆的联合力量包括10万多名士兵，美国开始了在大西洋战场的军事行动，一家美国报纸的头版头条这样写道：“扬基人进入非洲了。”

在第二次世界大战期间美国本土受到攻击了吗?

是的，在战争期间，美国本土受到两次攻击，但没有伤亡，仅受到小小的损伤。第一次攻击大约发生在1942年2月23日晚7点，日本潜水艇轰炸加利福尼亚圣巴巴拉以北大约12英里（19千米）埃尔伍德海滩的石油储存区，日本人试图击中油罐，显然其目的是想引发大规模爆炸。但发射16或17颗炸弹后，仅轰击到码头，大多数炮弹落入海中，离目标还有一定距离。美国飞机开始追击，日本潜水艇逃离，此次攻击中，美国没有伤亡，仅受到很小的损伤，但此事件却使美国对遭受更多攻击的可能性提高了戒备。

2月23日，在富兰克林·罗斯福总统通过收音机进行了全民演说后不久攻击就发生了。他说到这场战争与以往不同，因为在“世界上每个大陆、每座海岛、每片海域、每条飞机跑道上都进行着战斗”。他还讲到，“从前保护我们免受攻击的宽阔海域已成为广袤无垠的战场，在这片战场上，我们经常受到敌人的挑衅”。自1812年战争（1812—1814年）以来，对埃尔伍德进行的这次失败攻击是在美国大陆上发生的第一次攻击，该事件引起了人们对阴谋的恐惧，使西海岸地区的人们终日惶恐不安。

在第二次世界大战期间，美国大陆上还有另外一次攻击，地点位于哥伦比亚河口处俄勒冈史蒂文斯堡垒。在1942年6月21日晚，日本潜水艇向沿海军事设施射炸弹约17枚，但未造成任何损失。

第二次世界大战期间美国政府为何命令扣留日本裔美国人?

袭击珍珠港事件后，日本裔美国公民被看做是对国家安全的威胁，1942年2月19日，富兰克林·罗斯福总统签署了一项行政命令，在战争期间将这些人移入营地扣押。10万多人被召集到安全营，在那里居住，其中大多数来自加利福尼亚和其他西海岸各州。该行动引起人们的直接批评，没有任何原因，几万人的生活被打断，这在美国历史上是最令人遗憾的一部分。1988年，总统罗纳德·里根签署公民自由法案，给遭受扣留的日本受害者予以赔偿；给“第二次世界大战期间由于联邦政府歧视行动而丧失自由或物产、被拘留、被迫迁移的日裔人”支付了每人2万美元，还建立一笔10.25亿美元的公众教育基金用于教育孩子和公众了解扣留期间发生的事情。

欧洲战争

在安奇奥发生了什么事情？

第二次世界大战期间，在意大利的安奇奥，同盟国军队和德国人进行了为期4个月的战斗。1944年1月22日，3.6万多名盟军士兵和几千辆战车在第勒尼安海上半岛安奇奥两栖登陆，但在阿尔伯特（Albert Kesserling，1885—1960年）元帅带领下，德国士兵包围了盟军，将其围困在海岸线上，一直到该年5月。战斗非常激烈，估计有6万人伤亡，约占双方兵力的一半左右。1944年5月25日，德国人战败投降，盟军向罗马（西北53千米处）进发，对于美国和英国而言，夺取安奇奥是战略上的意外，最后取得的胜利是盟军在战争中的转折点。

作为1944年6月6日D日攻击的一部分，排成长排的美国士兵进入法国诺曼底。

什么是D日？

军事上使用该术语表示开始行动的时间，从那个日期起开始对计划进行倒计时。例如，“D日减二”就是军事行动开始前二天的计划。尽管第二次世界大战期间军队计划和执行了许多个D日，其中大多数都在敌人占领的海岸登陆，但历史上最著名的D日却是1944年6月6日诺曼底登陆日。

诺曼底发生什么事情？

诺曼底是法国西北部英吉利海峡附近的一个地区，由于1944年6月6日同盟国军队到达这里并成为第二次世界大战的一个转折点而著名。此次行动正式名称为“霸王行动”（但历史上通常将其称为D日），由美国杜怀特·D·艾森豪威尔将军带领（Dwight D. Eisenhower，1890—1969年），自1943年以来就一直在筹划的这次行动，成为历史上规模最大的海上登陆。由于恶劣的天气延迟了几天后，6月6日早晨，盟军横渡英吉利海峡到达诺曼底海滩，当天接着进行了残酷的战斗，双方均损失惨重。当晚，盟军夺取了海滩，这是使他们向内地深入进攻纳粹、最终将其击退回德国的牢固据点，虽然这是同盟国取得的一次重要胜利（历史上将其视作德国元首兼总理阿道夫·希特勒终结的开端），但在诺曼底登陆后又进行了11个月的血腥战争；直到第二年5月7日德国才投降。

凸出部战役是怎么回事？

该名词指的是1944年12月16日德国与美国部队在阿登山的交锋，阿登山地区是从法国北部延伸至比利时和卢森堡的一个树木丛生的高原地带，第二次世界大战末期，德国看似已被击败，但希特勒却在比利时和卢森堡召集残余部队，展开对美国士兵的突袭。但德国仍无法保住前线阵地，在两周内，美国人阻止了德国接近比利时默兹河（布鲁塞尔南部）的先遣部队，这一战役被称为凸出部战役是由于战场在地图上呈凸出形状。

阿登地区也是1940年第二次世界大战早期的一个冲突节点，在第一次世界大战中的1914年和1918年也曾在此发生战斗。

太平洋地区的战争

麦克阿瑟将军为何发誓要回来?

在日本轰炸珍珠港和菲律宾的美国军事基地之后两个星期,日本还侵略了菲律宾群岛。道格拉斯·麦克阿瑟将军(Douglas MacArthur,1880—1964年)是美军在远东地区的司令官,指挥了群岛防御战斗。1942年3月,他已开始在马尼拉海湾附近组织军队时收到总统命令离开海岛,当他到达澳大利亚时,麦克阿瑟说,“我会回来的”,所指的即是菲律宾群岛。

在新命令要求下,麦克阿瑟指挥盟军在整个西南太平洋海岛进攻反击日本。在获得一连串的胜利后,1944年10月20日,麦克阿瑟履行其诺言,率领大规模的军队在菲律宾莱特岛登陆。在第二年7月,将军实际上已经掌控了菲律

1944年7月,美国陆军横跨南太平洋马里亚纳群岛的珊瑚礁。

宾。当日本在8月投降时，麦克阿瑟成为盟军最高司令，主持了9月2日于美国密苏里号上举行的日本投降仪式。麦克阿瑟由于其菲律宾防御战而获得勋章，但他并不是麦克阿瑟家族唯一的英雄，他的父亲——亚瑟·麦克阿瑟（Arthur MacArthur，1845—1912年）曾在内战期间（1861—1865年）得到美国国家的最高军事奖。

什么是巴丹死亡行军？

这是第二次世界大战中最为残酷的一部分。1942年4月9日，在菲律宾巴丹半岛的美国部队向日本人投降，7.5万多名美国和菲律宾士兵成为战俘（POWs），4月10日，他们被迫开始向战俘营行军65英里（105千米），当时的情况非常恶劣——高温、饥饿和受到虐待。曾经一度不给军队士兵食物和水；不允许他们在树荫下休息；士兵一律都遭到过毒打；还将落后的人杀害。有时军队由火车运输，车厢异常拥挤，许多战俘因窒息而死，这次强制性行军持续了一个多星期，沿途共有2万人死去。

但对于活下来的战犯来说，行军的结束并不意味着恐怖的结束。大约5.6万人一直坚持到战争结束，他们忍受饥饿、酷刑和可怕的残暴，一些人被迫在日本工厂中做奴隶工，还有一些人被用作医疗实验的对象。1945年8月，盟军解放了战俘营，生存下来的士兵搭乘美国海军舰艇回到家乡。作为美国与日本签订的1951年和约一部分，生存者被要求不得向曾因其苦力劳动而受益的日本企业索要赔偿，2000年年初，这种不公正的待遇仍然是国会立法提议的一个内容，但直到2005年，就如何对待这些退伍军人还没有形成积极的解决方案。

为何中途岛战役在第二次世界大战中很重要？

该战役是在太平洋地区盟军与日本人战斗的转折点。中途岛战役（实际是位于夏威夷檀香山西北约1 300英里（2 092千米）的2个小海岛）于1942年6月4日开始，日本人打算控制中途岛，将其作为将来空军发动对夏威夷攻击的地点。由于日本舰队接近这座美国海军基地（建立于1941年）的海岛，美国部队对其进行攻击，战斗持续到6月6日，日本人最终被击败，损失4艘航空母舰；美国则损失了1艘航空母舰。这次胜利证明了同盟国海军力量可以打败日本。

▶ 硫磺岛上发生了什么事情?

1945年2月,盟军和日本人为控制硫磺岛而展开战斗,硫磺岛是东京以南759英里(1 221千米)、西北太平洋上的一座小海岛。日本利用硫磺岛作为在太平洋上对美国轰炸机发动空袭的基地,从日本人手里夺取海岛成为美国的一个主要目标。1945年2月19日,美国第四和第五海军师进入海岛,接下来的几天战斗中夺走了六千多名美国士兵的生命,2月23日早晨,美国海军陆战队员在登上折钵山(硫磺岛上550英里(167.7米)高的死火山)后,在山顶插上一面美国国旗。国旗虽小,但在海岛附近皆可以看到,当天晚上,5位海军陆战队员和海军医护兵将一面更大的国旗插在折钵山上。这一时刻被美国新闻摄影师乔·罗森特尔(Joe Rosenthal)拍摄下来,这幅著名的照片被收藏于战后在弗吉尼亚阿灵顿建立的美国海军陆战队纪念馆(1954年11月10日落成)。

▶ 密码员是什么样的人?

密码员是在第二次世界大战期间为美国在太平洋上的军事行动提供保密通信的那瓦伙族印第安人。那瓦伙族人服务于海军陆战队,之所以招募他们入伍是由于他们的语言没有书面形式的记录并且极端复杂,美国军官认为用那瓦伙族人语言传送电报,日本人拦截后也无法解密。第一个那瓦伙族新兵在1942年5月开始了训练,开发并牢记军事术语字典,使用在加密的信息中,接受训练的密码员被部署在太平洋战场的海军部队,他们夜以继日地以极快的速度和高度的准确性传送关于军事战术的重要信息、战斗命令和军队动向。他们通过电话和无线电传送信息,由于语言的复杂性,日本军方从未能破解密码,在战争期间,约有400个那瓦伙族人担当密码员,为美国军队成功袭击瓜达康纳尔岛、硫磺岛和其他太平洋地区作出巨大贡献。

▶ 什么是“埃诺拉·盖号”?

“埃诺拉·盖号”是在战争中投下第一枚原子弹的美国B-29轰炸机。1945年8月6日,“埃诺拉·盖号”在日本广岛上空飞行,在该城市投下一颗原子弹。爆炸造成约8万人死亡、将广岛大约5平方英里(13平方千米)的面积夷为平地，广岛是重要的制造业和军事中心。后来还有数千人死于核辐射。

在长崎投下的原子弹造成多少人死亡？

1945年8月9日的这次原子弹爆炸事件的死亡人数约为4万人。美国军事战略家认为在广岛投掷的第一颗原子弹将强迫日本领导人投降，但他们却没有投降，于是在重要港口和商业城市长崎空投了第二颗原子弹。对日本进行的这次灾难性袭击于8月14日结束了战争，9月2日日本在东京湾美国战舰密苏里号上签署了投降协议。

东京玫瑰是何人？

一位自称是“东京玫瑰”的女性在战争期间利用无线电广播作为宣传，用以瓦解美国和同盟军的军心。轴心国雇用特务户粟玉子（Iva d’Aquino）在收

1945年5月7日，纽约时代广场上挤满人群庆祝德国在第二次世界大战中投降的消息。

音机中朗读让美国和盟军丧失士气的材料，广播最初在日本进行，太平洋上的士兵和水手可以听到，但听众对广播内容通常置之不理或觉得有些可笑。轴心国在德国也使用这一做法，由“轴心沙莉”宣传信息，欧洲到处都能收听到。同盟国也采取一些心理战术，例如美国飞机在德国空投手册宣传纳粹所遭到的重大失败。

第二次世界大战的终结

什么是V-E日和V-J日？

V–E日代表欧洲胜利日，V–J日代表抗日战争胜利日。在德国于法国兰斯（杜怀特·D·艾森豪威尔将军的总部）签署投降协议后，1945年5月7日凌晨，美国总统哈里·S·杜鲁门（Harry S. Truman，1884—1972）宣布5月8日为V–E日，表明第二次世界大战的战斗在欧洲结束。

直到日本人于1945年8月14日同意投降，第二次世界大战才终告结束。1945年9月2日被宣布为正式的V–J日，因为当天日本在东京湾停泊的密苏里号战列舰上签署了投降协议。

在第二次世界大战期间除瑞士外还有国家保持中立吗？

是的，西班牙、葡萄牙、瑞典、土耳其、阿根廷和瑞士一起加入中立状态。但战后研究结果表明除阿根廷外这些国家的中立地位并不是绝对的（一些人将这些国家描述为有名无实的中立性）。1998年美国副国务卿斯图尔特·埃森史塔（Stuart Eizenstat）发布报告表明瑞士人曾将纳粹的黄金兑换成瑞士法郎，德国使用兑换来的钱从西班牙、葡萄牙、瑞典和土耳其购买矿产。报告进一步指出瑞典曾允许25万纳粹士兵穿越自己的国家，到达邻国芬兰，在那里，德国人与苏联军队展开战斗。

埃森史塔领导美国政府调查纳粹黄金最后的下落，其研究得到国务院史学家的协助，虽然调查报告对这些中立国提出批评，但埃森史塔指出，在战争期间，所有国家都处于困难情境下，例如，瑞士由被德国占领的国家完全包围。犹太人工作小组还是对瑞士政府和3家瑞士银行提出诉讼，诉讼理由是他们在第二次世界大战期间将纳粹抢劫来的黄金兑换为货币时所发挥的作用。

▶ 安妮·弗兰克的日记是怎样从第二次世界大战中存留下来的？

这位德国犹太小女孩的日记记录下她第二次世界大战期间在阿姆斯特丹躲避德国当局的26个月内发生的事情，当她父亲奥多·弗兰克（Otto Frank，1889—1980年）战后从奥斯威辛集中营回到荷兰时，这本日记交给了他。笔记本和纸张被秘密警察遗漏，后来帮助逃亡者生存的2名荷兰妇女在弗兰克家中的隐匿处找到这些东西。1947年，奥多·弗兰克出版了他女儿的日记。20年后，英文版本《一个女孩的日记》（*The Diary of a Young Girl*）开始发行。后来，它被改编为戏剧和电影，名字都叫《安妮的日记》（*The Diary of Anne Frank*）。

日记对纳粹占领荷兰时人们所遭受的苦难和涌现出来的英雄行为进行了充满伤感的描述。安妮·弗兰克出生于1929年，在其一生中都深刻体会到宗教对她造成的迫害。1933年，她全家逃离纳粹德国来到荷兰，当时她只有4岁。在纳粹占领荷兰时（始于1942年），弗兰克一家躲藏在阿姆斯特丹普林森格瑞特街263号她父亲办公室后面的密室中。在那里安妮与其他7人一起度过了2年，在3本日记本中记录下她当时的感受，但纳粹最终还是找到了这家人（1944年8月4日），将其拘捕并投入德国集中营。1945年3月，在德国投降前2个月，安妮·弗兰克由于肠热病死于卑尔根-贝尔森集中营。在密室中躲藏的8人中，安妮的父亲奥多是唯一的幸存者。

▶ 柏林空运是怎么回事？

这是1948—1949年苏联对西柏林实行封锁期间采取的应对措施。在第二次世界大战后，德国柏林被划分为4块占领地区：美国、英国、法国和苏联，但战争结束后没过多久，西方国家和苏联之间的冷战（1947—1989年）就开始升温。美、英、法同意将他们在柏林占领的3个地区结合成一个经济实体，但苏联却切断柏林所有补给路线。1948年6月，所有进入西柏林的大动脉都被军队阻拦，包括公路、铁路和水域。由于西柏林完全被苏联占领的地区包围，苏联显然认为封

1948年一些遭到封锁的柏林人在遥望一架美国空军飞机。在11个月的时间里，西柏林完全靠飞机供应食物和燃料。

锁行动将有效促使西方国家撤出柏林，但这次行动失败了，美国、英国和法国开始进行大型空运。之后的11个月里，西柏林完全靠飞机供应食物和燃料。1949年5月，苏联撤销封锁，到了9月，空运行动亦结束。

冷　　战

什么是北约？

北约（NATO）全称北大西洋公约组织，1949年4月4日，12个国家在华盛顿特区签署了北大西洋公约（*the North Atlantic Treaty*）从而形成了一个军事联盟。最初的12个北约国家是比利时、加拿大、丹麦、法国、冰岛、意大利、卢森堡、荷兰、挪威、葡萄牙、英国和美国，每个成员国同意其他成员国遭受攻击就如同对自己国家进行攻击一样，也就是说，侵略者必须面对整个北约联盟。这是北约的遏制政策，是阻止苏联或其他国家进行攻击的一种方式。该组织的另一个好处是可以防止成员国之间发生战争。

在北约成立3年后，希腊和土耳其加入该组织（1952年）。3年后联邦德国也于1955年加入，1982年西班牙加入。在民主德国和联邦德国统一后（约1990年），整个德国加入了该组织。此时，伴随着冷战（1947—1989年）的结束，许多人想知道该组织的服务宗旨是什么，毕竟苏联的威胁不再存在。然而，在世界范围里隐约出现了其他冲突，包括波黑地区和科索沃地区，北约担心前南斯拉夫共和国内战扩大，派遣军队支持波斯尼亚政府。北约在1994年还缔结合作伙伴条约，此次有20多个国家加入，包括前东方集团国家，包括俄罗斯。虽然这些国家不是北约联盟的正式成员，但合作伙伴条约规定了在签署协议国家中实行联合军事计划。1999年3月12日，3个前东方集团国家在北约获得完全的会员资格，它们是波兰、捷克斯洛伐克和匈牙利，观察员将这3个国家的加入称赞为欧洲一体化的一个证明。1999年4月23日，19个北约成员国会集在华盛顿特区庆祝北约建立50周年纪念，在此之前，北约刚刚开始用飞机轰炸了南斯拉夫，迫使其政府接受国际条款，以给该国科索沃省带来和平，在科索沃，塞尔维亚人和阿尔巴尼亚人之间的种族冲突异常激化。

北约由成员国政府首脑或其代表组成的北大西洋议会管理，到1967年为止，其总部一直设在巴黎，后来总部迁至比利时布鲁塞尔。

▶ 什么是华沙条约？

华沙条约是东方集团国家对北大西洋公约组织（北约）作出回应而建立的组织。看到西方国家形成一个强大联盟，1955年5月苏联及其盟友在波兰华沙会晤，签署条约同意他们也会相互保卫。8个成员国是阿尔巴尼亚（1968年撤出）、保加利亚、捷克斯洛伐克、民主德国、匈牙利、波兰、罗马尼亚和苏联。华沙条约总部设在莫斯科，该组织除了阻止西方集团/北约国家的攻击外，还力争制止华沙条约国家的内乱。

1990年，华约组织以及苏联对它的控制减弱。随着前东方集团国家开始进

冷战是否曾经转化为“热战”？

在第二次世界大战后，所谓的东方集团国家（由共产主义苏联及其盟友构成）和西方集团国家（美国及其盟友）之间的竞争日益激烈。虽然冲突双方之间存在深刻的相互怀疑、不信任和恐惧，但冷战（1947—1989年）始终未曾导致战争，从未变成“热战”。然而，双方都在为发生战争的可能性作准备，不断加强军事联盟和研发储备武器。古巴导弹危机（1962）差一点就把冷战变成了热战。

行和平革命，华沙条约成员开始宣布从该组织中退出。民主德国与联邦德国重新统一时，民主德国退出，统一后的德国加入北约（1990年）。1991年，其他剩下的成员国解散华沙条约组织。

什么是军备竞赛？

军备竞赛指的是在冷战期间苏联和美国对核武器的发展。1949年8月29日苏联对一枚原子弹进行测试时，“竞赛”开始了（在此之前，仅美国掌握制造原子弹的知识）。

什么是猪湾事件？

猪湾事件指的是1961年由美国政府支持侵略古巴但却未获成功的一次事件。大约1 500名住在美国的古巴人由美国中央情报局（CIA）供应武器并加以训练，1961年4月17日，反对古巴政权菲德尔·卡斯特罗（Fidel Castro，1926—　年）的这一队人在古巴中西部猪湾登陆。大多数反叛者被古巴军队抓获，其他人则被杀死。为了保证释放入侵时被抓捕的1 100余人，美国募集了5 300万美元的私人捐款，以食物和药品的形式提供给卡斯特罗政府以交换释放反叛者。这次失败的侵略行动使肯尼迪政府处于极其尴尬的境地中，许多人认为猪湾事件直接导致古巴导弹危机的爆发。

什么是古巴导弹危机？

1962年的几次突发事件构成了冷战的主要对峙局面（1947—1989年）。在美国支持古巴流亡国外的亡命徒为了驱逐菲德尔·卡斯特罗而入侵猪湾这一行动遭遇惨败后，苏联悄悄在古巴建立导弹基站。这个海岛国家位于佛罗里达南部，美国飞行侦察员发现苏联在那里的军事建设计划时深感吃惊。1962年10月22日，约翰·肯尼迪总统（John F Kennedy，1917—1963年）要求苏联从古巴撤出导弹，肯尼迪还命令对古巴海岛实行海上封锁。6天后，苏联同意拆除站点，结束了这场危机。

苏联入侵阿富汗的影响是什么？

1979年12月，苏联侵略阿富汗以支持这个中东国家中的亲共产党政府时，没人会预料到数十年后世界各地会感受到其深远的影响。侵略立即引发了10年内战，苏联军队与阿富汗游击队员作战，此次战争在阿富汗成为一次圣战，并且成为许多穆斯林的一股号召力，冲突吸引穆斯林年轻人加入游击队的战斗，根据9·11委员会报告："清真寺、学校和宿舍在世界许多地区成为征兵站，其中包括美国在内。"战争真正对峙的状态持续7年之久，在1986年美国和英国给阿富汗游击队员提供地对空导弹之后，转折点开始出现。武器装备使地面丛林部队获得机会反抗苏联的空军力量。9·11委员会报告与沙特阿拉伯一起断言，美国为支持阿富汗叛乱、抵抗苏联的占领而提供了价值几十亿美元的秘密协助，在美国支持下，1988年4月，阿富汗宣称获胜，第二年年初苏联军队开始撤出。

战争结束了，但它却促进了伊斯兰教极端主义思想体系形成，并使强大而致命的恐怖分子网络的基础设施得以建立。虽然多数穆斯林持有和平观点，但少数穆斯林认为所有非穆斯林者都是无信仰者，作为阿富汗战争的一个后果，这些少数分子经受训练并有经济支持，名为基地组织的全球恐怖分子网络就此出现。

恐 怖 主 义

▶ 1993年美国世界贸易中心爆炸后发生了什么？

1993年2月26日悲剧发生后，美国联邦调查局的调查报告写道：世界贸易中心仅是伊斯兰极端分子组织的目标之一。爆炸发生在曼哈顿下城，导致6人罹难；火灾引起的黑烟遍布110层高的双塔，致使上百人受伤，10万人被迫撤离世贸中心。

几天以后的3月4日，25岁的约旦非法移民穆罕默德·阿·沙拉美（Mohammed A. Salameh）在美国新泽西州泽西市被逮捕。不久人们发现他是自我流亡的伊斯兰教原教旨主义领导者谢赫·奥马尔·阿卜杜拉·拉赫曼（Sheik Omar Abdel Rahman，1993— 年）的追随者。拉赫曼是1989年反政府暴乱的煽动者，是被埃及通缉的罪犯。6月份，调查者抓获几名阿拉伯人，他们被指控在美国纽约以及联合国的总部、荷兰和林肯隧道制造数起爆炸事件。美国当局之后逮捕了拉赫曼并使其以世界贸易中心爆炸案嫌疑犯的身份入狱。1995年10月1日，联邦陪审团判拉赫曼和其他9名好战的穆斯林信徒有罪，罪名是他们谋划恐怖爆炸和暗杀事件，以此来逼迫华盛顿放弃支持伊拉克和埃及。

1993年的爆炸事件是2001年9月11日恐怖袭击事件的预兆，9·11事件摧毁了作为地标位于美国曼哈顿下城的世界贸易中心的两座大楼，同时也引发了全球的反恐怖主义战争。

▶ 在俄克拉何马爆炸中发生了什么？

这次袭击发生在1995年4月19日上午9：02，当时一辆满载炸药的卡车在俄克拉何马州俄克拉何马市一幢叫阿夫尔莱德·默拉·巴尔迪的联邦建筑外引爆，共造成168人死亡，其中19人是儿童，另外还有500多人受伤。事后调查员了解到，爆炸是由2吨硝酸铵和燃料制成的炸药引起的，造成这桩9层楼的一半坍塌并留下了一个8英尺（约2.4米）深、30英尺（约9.0米）宽的弹坑。附近的建筑物都遭到不同程度的损坏，其中包括一幢日间看护中心，那里的许多儿童都受了重伤。爆炸甚至震碎了几个街区以外的建筑物的玻璃。爆炸中的幸存者和周围的人立刻展开了救援。最终，有3 600多人参与了救援，其中包括警察、消防员以及联邦紧急事件处理中心的人员。

警察和联邦调查局逮捕了美国一个右翼激进组织的数名成员，怀疑他们的此次爆炸行为是为了报复1993年4月19日联邦调查局在美国得克萨斯州韦科市袭击大卫教派。曾在军队服役的27岁的蒂莫西·J. 麦克维（Timothy J. McVeigh）和40岁的特里·L. 尼科尔斯（Terry L. Nichols）分别在1995年8月10日和11日被指控并被审问和宣告有罪。麦克维于1997年因谋杀和主谋爆炸被联邦陪审团判处死刑。尼科尔斯被判有谋划爆炸和过失杀人罪，但陪审团对他的判刑陷入了僵局，最后裁决权由法官来决定。6月初，尼科尔斯被判终身监禁。官员们认为联邦大楼被作为袭击目标是因为有15个联邦机构在此办公，其中包括社会安全部、住宅与城市发展部、药品强制管理局以及烟酒枪械管理署，还包括一些国防部门的办公室和由州政府管理的日间看护中心。

建筑物爆炸是新现象吗？

虽然恐怖爆炸在近几十年如同瘟疫般发生，但是这种频繁的袭击历史还是要追溯到1920年，那年的9月16日在美国纽约的摩根银行大楼发生的爆炸导致39人死亡，其中有30人当场死亡，300多人受伤，还造成了200万美元的财产损失。目击者看到一辆载着炸药的4轮马车在正午驶进了美国的金融中心，因为当炸药爆炸时附近的教堂也刚好在敲钟。遇难者中有街上的路人还有在办公室里的工作人员，其中还包括在摩根银行工作的高层人士。周围的无政府主义者备受怀疑，其中的一些人受到警察和联邦安全局的审问。但是，没有人能够被证明与此次爆炸事件有关。2001年9月11日发生的爆炸事件成为历史上在美国纽约发生的最严重的一次。

另外，在20世纪60年代的民权运动期间，那些白人至上主义者也制造了多起爆炸事件，这也证明了制造有目标的爆炸事件不是一种新的现象。在1962—1965年间，同盟组织委员会在美国密西西比州登记投票的时候，种族极端主义者开始实施暴力事件，他们所采取的方式除了枪击、鞭打、私刑外还有爆炸。仅在“自由之夏”（1964）事件中，就有65幢以上的房屋、教堂和其他建筑物在美国密西西比州发生爆炸。

也许最受关注的是1963年9月5日发生在美国阿拉巴马州伯明翰市第16街浸礼会教堂的爆炸事件，爆炸发生时有200人在做礼拜，4人非裔美国女孩在爆炸中丧生。但是那天发生的事情并没有就此结束：爆炸引起了种族仇恨，警察不得不使用警犬来控制人群。两个黑人男学生在混战中死去。

▶ 西班牙马德里火车爆炸案是一起恐怖事件吗？

西班牙官方认为2004年3月11日发生在马德里的火车爆炸案是一起恐怖事件。作案动机可能是由于2001年9月11日后西班牙逮捕了数名基地组织嫌疑人（他们中至少3人被指控参与协助9·11袭击事件）。在2004年3月11日上班高峰期，10个装满炸药的黑色包裹在4辆火车的顶部发生爆炸，191人死亡，1 800人受伤。在之后的调查中，官方发现了其他的恐怖袭击线索，包括目的在

营救人员在整理2004年3月11日西班牙马德里火车爆炸案的遇难者遗体，爆炸导致191人死亡。

于打断西班牙法院对恐怖嫌疑人审判的自杀式爆炸和暗杀事件。这些发现使得西班牙官方认为,他们的国家已经成为穆斯林极端分子的“十字路口”,其部分原因是西班牙邻近非洲的北部。在2004年4月,西班牙官方在一个藏匿点包围了马德里爆炸案的头目和他的同党,这名头目是突尼斯人。这些犯罪嫌疑人引爆了他们的公寓。在2004年共有62名与马德里爆炸案有关的犯罪嫌疑人被逮捕。

9·11

2001年9月11日发生事件时间表

以下是2001年9月11日那天按时间顺序发生的事件(所有的时间都是美国东部夏令时间)。

上午8:46:第一架客机撞击美国纽约世界贸易中心北楼。起初,这被认为是一起事故。数小时内就调查出这是刚刚从美国波士顿起飞准备飞往美国洛杉矶的美国航空公司的第11次航班,飞机上有81名乘客(包括5名劫机者)和11名机组人员。

上午9:03:第二架客机撞击世界贸易中心南楼并发生爆炸。美国航空公司之后称这是另一架从波士顿飞往洛杉矶的第175次航班,机上载有56名乘客(包括5名劫机者)和9名机组人员。世界贸易中心的两座大楼着起了熊熊大火。

上午9:21:去往美国纽约的大桥和隧道统统关闭。1个小时之内,市长鲁道夫·朱利安尼(Rudolph Giuliani, 1944— 年)命令人们从曼哈顿坚尼街的南面撤离。

上午9:25:所有美国境内的飞机都停飞。这是美国联邦航空局历史上第一次停飞所有的航班。

上午9:30:总统乔治·W·布什(George W. Bush)原计划在美国佛罗里达州萨拉索塔市的一所小学发表演讲,在那里他宣布“美国显然

2001年9月11日上午，世界贸易中心被第二架遭劫持的飞机撞击后，火球从北楼喷出。

已经成为恐怖袭击的目标”。

上午9:45：第三架客机撞击了美国弗吉尼亚州阿灵顿市的五角大楼的东墙。飞机是美国航空公司的第77次航班，飞机上有58名乘客（包括5名劫机者）和6名机组人员。这架飞机本应从美国华盛顿的杜勒斯国际机场起飞前往洛杉矶。被劫持后，飞机在美国俄亥俄州和肯塔基州掉头，飞回华盛顿地区实施袭击。

上午9:45：白宫撤离。

上午10:05：世界贸易中心南楼坍塌。

上午10:10：五角大楼的大片区域坍塌。

上午10:10：第四架客机在宾夕法尼亚州的西南部（匹兹堡市外）坠机。这是美国航空公司的第93次航班，本应从美国新泽西州纽瓦克飞往洛杉矶。被劫持后，飞机在俄亥俄州掉头飞往华盛顿（后来被认为是要去袭击戴维营、白宫或者是国会大楼）。通过手机得知之前的劫机事件后，一些乘客冲入驾驶舱试图抢夺飞机，结果飞机在乡村坠毁。飞机上有37名乘客（包括4名劫机者）和7名机组人员。无人生还。

上午10:24：联邦航空局报告说他们已将经大西洋飞往美国的飞机转停到加拿大。

上午10:28：世界贸易中心的北楼倒塌。南北两楼的坍塌致使曼哈顿下城笼罩在烟雾和灰尘之中，晴朗的白昼变得阴暗无比。

上午10:45：美国首都所有的联邦办公大楼都在撤离。

下午2:00：美国联邦调查局高层向媒体透露他们是在假设这4次袭击仅仅是整个恐怖事件的一部分的状态下工作的。后来联邦调查局指认了全部19名劫机者（除了第93次航班有4人外，每架飞机各上了5名劫机者）。

下午4:00：媒体报道美国官方已经确认阿拉伯好战分子奥撒玛·本·拉登（Osama bin Laden，1957—2011年）应对上午发生的袭击事件负责。

下午5:20：世界贸易中心的7号楼（一座47层的建筑）倒塌。周围的建筑被火焰团团围住。

9月11日美国总统在何处?

乔治·布什总统在美国佛罗里达州萨拉索塔市的一所小学开始了他的一天。在那儿他要就他的教育政策进行演讲。在上午9点钟，他得知第一架飞机撞击了世界贸易中心的北楼。正当他准备开始讲演时，他又被告知了第二次撞击。与顾问进行磋商后，他在9点30分就此事件发表讲演时说“我们的国家显然遭到了恐怖袭击”。上午9点57分，“空军一号”载着总统离开佛罗里达州。上午10点钟，布什命令美国军队在全世界范围内保持高度警备状态。上午11点40分，总统的飞机在路易斯安那州的巴克斯代尔空军基地降落，在那儿他说道，“毫无疑问，美国一定会不遗余力地追查、逮捕并惩罚对这些胆小行为负责的人”。下午1点钟刚过，“空军一号”离开了路易斯安那州飞往位于内布拉斯加州的奥佛特空军基地。

那天总统一直在同他的高级顾问们保持联系，包括副总统迪克·切尼(Dick Cheney，1941—　年)，据报道他当时位于华盛顿的“安全地点”。在下午4点46分，总统的座机从奥佛特空军基地起飞前往华盛顿。“空军一号”在护卫队的保护下降落在位于马里兰州的安德鲁斯空军基地，之后，布什登上总统的专用直升机“海军陆战队一号”到达白宫。第一夫人劳拉·布什(Laura Bush，1946—　年)则另外乘坐汽车回到白宫。据报道，那天一整天她也身处“安全地点”。在晚上8点30分，布什总统在总统办公室通过电视向全国发表讲话。他说道，“成千上万的人在这些罪恶的、卑劣的恐怖事件中丧失了生命”。他接着说，“恐怖袭击可以撼动我们最高建筑的基础，但决不能撼动我们美国的基础。这些行径能够颤动钢铁，但决不能颤动美国人钢铁般的决心”。与此同时，他还表示对此事件的调查已经开始，美国将同他的朋友和盟友们一起“赢得这场反恐怖主义战争”。他以一个近2小时的安全会议结束了他的一天。

有多少人在9月11日的恐怖袭击中丧生?

大约有3 000人死于当天对美国的恐怖主义袭击，其中有2 602人死于纽约的世界贸易中心，而另外的125人死在华盛顿外的五角大楼(这个数字包括在救援中牺牲的消防员和警察)。但是这并不包括作为恐怖主义者的武器，在被劫持的飞机上死去的遇难者：87人死于撞击世界贸易中心北楼的美国航空公司第11次航班上；60人死于撞击世界贸易中心南楼的美国航空公司第175次航班上；59人死于撞击五角大楼的美国航空公司的第77次航班上；以及另外40人死于在宾夕法尼亚州尚克斯维尔农村坠毁的美国航空公司的第93次航班上。

在2005年的2月，美国官方宣布他们已经竭尽全力来搜索、确认废墟中的遇难者尸体，但到那时为止仍有2 749人失踪，其中的1 161人已被确认身份，其他人也被认定死亡；这2 749名遇难者被认定同世界贸易中心的恐怖袭击有关。

▶ 有多少人在9月11日的恐怖袭击中受伤？

在恐怖袭击中受伤的确切人数并不确定，但之后的数据显示，在遭受恐怖袭击后有数万人入院治疗。一些人受了重伤，如烧伤、眼病和一些呼吸问题，但是确切的受伤人数是难以统计的，部分原因是一些人选择不去治疗或之后再进行治疗。根据2004年美国总审计局的报告，“在2001年9月11日世界贸易中心恐怖袭击中，有大量的人受到身体和精神创伤并得到了治疗，但是因恐怖袭击患病的总人数是无法得知的。对恐怖袭击给人带来的潜在的长期影响的担忧仍然存在”。报告列举一些疾病种类，包括呼吸问题、生殖健康以及心理健康问题。大量的纽约人，特别是应急处置人员和儿童，患有“创伤后压力症”。据报道，“创伤后压力症是一种常见的潜在慢性精神障碍，往往是由于经历或目睹创伤事件引起的。它有以下的症状：如失眠、易怒、疏远人群、注意力不集中、做噩梦、有挥之不去的记忆和景象以及回避反应”。心理专家指出，9・11事件后全国的人都或多或少出现创伤后压力症的症状。

▶ 什么是9・11委员会？

2002年11月27日，美国国会在总统授权下组成了一个10人委员会。这10个人是由国会挑选出来的，5人来自共和党，5人来自民主党，负责调查2001年9月11日的袭击事件是如何发生的以及将来如何避免发生这样的悲剧。在调查过程中，这10名委员以及他们的属下阅读了250多万页的文件、在10个国家采访了1 200多人、举办了19天的听证会、听取了160个目击证人的证词。委员会在接受任务的2年内总结、发表了一份全面的报告。这份567页的报告详细叙述了9·11事件，研究了“新恐怖主义”的根源和发展，回顾了美国对此次袭击事件以及之前的袭击事件（包括1998年8月美国驻肯尼亚和坦桑尼亚大使馆的爆炸案）的反应，最后还对未来如何避免恐怖袭击提出了建议。这份报告以书和在线文件的形式向公众发表以“引发全美国人民的思考”。

报告中指出委员会“没有可靠的证据来证明伊拉克和基地组织合作针对美国策划袭击事件”。2004年6月白宫立即否定了这一观点。委员会也报告基地组织最初针对美国本土的袭击包括10架被劫持的飞机，袭击的目标是东西海岸，这一计划被基地组织的领导者奥撒玛·本·拉登否定，原因非常复杂。委员会认为在9·11袭击事件和美国领导的对阿富汗的报复性攻击之后，基地组织中央权力变得越来越分散，下级的组织领导被授予了更高的决策权。

炭 疽 热

炭疽热袭击是恐怖主义行为吗？

是的，美国司法部长约翰·阿什克罗夫特（John Ashcroft）如是说，“当人们通过信件散发炭疽热来伤害其他人并制造恐慌时，这便是一种恐怖行径”。调查人员认为已造成5人死亡、17人患病的炭疽热属于国内恐怖主义。但是直到2005年年中，都无法找出谁应对2001年秋通过信件散播炭疽热病毒负责。一些观察员认为这次事件暴露了国家对生物恐怖袭击的弱点。

2001年的炭疽热恐慌中发生了什么？

在2001年9月11日对世界贸易中心和五角大楼的恐怖袭击不久后，炭疽热恐慌就发生了。当媒体首次报道东海岸收到带有炭疽热病毒的信件时，美国国会担心这次传染性病毒的传播和9·11恐怖袭击有关。但之后的调查显示这是一起国内犯罪，直到2005年年中仍未找到凶手。

根据国家安全办公室的报告，炭疽热事件始于2001年10月2日，那时一名在佛罗里达州棕榈滩县的传染病医生报告了一起呼吸炭疽热感染疑似病例，10月4日这一病例在疾病控制中心被确诊，消息也于当时发布给公众，这使得原本就战战兢兢的国家更加紧张不已。10月5日，第一名炭疽热受害者，63岁的佛罗里达人在医院死亡。10月7日调查人员证实炭疽热病毒已在他的工作地——美国媒体集团，即《国家调查者》(*National Enquirer*)和《太阳报》(*Sun*)以及其他小报的发行者中找到。

10月12日，美国纽约市市长鲁道夫·朱利安尼宣布美国广播公司新闻主播汤姆·布罗克(Tom Brokaw)被查出皮肤炭疽热病毒呈阳性——这是一种危害性较小的病毒。3天后，据报道，美国参议员汤姆·达施勒(Tom Daschle)在美国华盛顿参院哈特办公大楼收到了一封带有可疑粉末的信件，第二天粉末检测炭疽热病毒呈阳性。

10月16日，有报道说一名美国广播公司制片人的儿子在美国纽约被查出皮肤炭疽热病毒呈阳性，这名男婴在几周前去了美国广播公司的新闻办公室，官员们认为感染就发生在那个时候。同一天，另一名美国媒体公司的工作人员，37岁在邮件室工作的人被诊断感染了呼吸炭疽热并被送到了重症监护中心。公

2001年10月30日在美国华盛顿记者招待会上，清除炭疽热技术通过论证。有人害怕炭疽热和9·11事件有关，但调查指出这是一起国内犯罪。

布的已证实的炭疽热案例已达到4例，两例感染呼吸炭疽热，两例感染皮肤炭疽热。几日之内，美国疾病控制中心官员指出4个案例都是通过“国际信件或包裹来散播炭疽热病毒的”。美国联邦调查局提醒公众要谨慎处理任何可疑包裹：不要拆开、闻或是尝它们，而要及时拨打911。

10月18日，一名在美国纽约哥伦比亚广播公司工作的新闻人员被报感染了皮肤炭疽热。第二天公众得知一名在美国曼哈顿《纽约邮报》（*New York Post*）工作的编辑助理也被诊断出感染了一种皮肤炭疽热。同时在10月18日、19日，美国疾病控制中心确认在新泽西州的邮政工作者们感染了呼吸炭疽热和皮肤炭疽热，他们在10月13日开始出现感染症状。

在10月19—21日，有4名在华盛顿邮政部门工作的人感染了炭疽热并被送往医院。在10月22日，他们中的2人死亡。2天后美国邮政总长向公众宣布，“无法证明信件是安全的”，他建议在接触信件后要洗手。在10月31日，美国纽约的一名医护工作者因感染呼吸炭疽热死亡，成为第四名死亡者。但是调查者无法得知这名妇女是如何感染上病毒的。

至11月中旬，在发往美国媒体公司、参议院和众议院的办公大楼、最高法院、瓦尔特·李德陆军研究院、白宫、华盛顿博利屋邮件处理和分发中心、华盛顿西南邮局、堪萨斯州邮政机构、五角大楼邮件办公室以及4个新泽西州邮政机构的邮件中都发现了炭疽热病毒。抗生素作为一种防护手段被发放到数万名工作人员手中。

11月16日，在一批发往美国国会山庄的信件中发现了带有炭疽热病毒的信件，这封信是寄给佛蒙特州参议员帕特里克·J.莱希（Patrick J. Leahy）的。这封信是用大写字母书写的，同发给达施勒参议员的信十分相似，两封信件都有同样的内容：“09-11-01/你们不能阻止我们。/我们拥有炭疽热病毒。/你们会立即死亡。/你们害怕吗？/灭亡美国。/灭亡以色列。/伟大的真主阿拉。”发给参议员信件的邮戳是2001年10月9日在新泽西州的特伦顿盖的。发给《纽约邮报》编辑和美国广播公司汤姆·布罗克的信件也十分相似，都写道：“09-11-01/这是下一步/现在服用盘尼西林吧/灭亡美国/灭亡以色列/伟大的真主阿拉。”这封信件的邮戳是2001年9月18日在新泽西州的特伦顿盖的。寄信人地址是“富兰克林公园”，这是一个不存在的地址。调查人员认为不管是谁邮寄了这些致命的信件，他对那一带地区是十分了解的。

在11月20日，一名美国康涅狄格州的老太太在前一天因感染炭疽热死亡，据说这名94岁的老太太收到一封在邮寄中被交叉感染的信。5人死于炭疽热的人全部是因为感染了呼吸病毒。在10月4日到11月20日间,共有22人感染炭疽热病毒,其中11人感染了致命的呼吸病毒(6人幸免),另外11人感染危害稍小的皮肤病毒。除两人外(纽约的一名工作者和那名康涅狄格州的老太太),所有的感染者都是邮件的收件人。

调查人员认为炭疽热病毒和一种名叫艾姆斯氏的病毒属于同一系列,但是信件中却载有不同级别的病毒。到2001年11月9日,联邦调查局发表了"行为/语言评估",依据是罪犯发出的匿名包裹。"罪犯是一名成年男子,他得到了炭疽热病毒并具有提炼病毒的知识和专业能力。"美国联邦调查局竭尽全力以找出制造这次致命袭击的元凶。

反恐战争

什么是反恐战争?

在2001年9月11日的讲演中,美国总统乔治·布什(1946— 年)立誓说:"美国和我们的朋友以及联盟要联合全世界想要和平和安全的人们,我们要站在一起赢得反恐战争。"电视媒体很快就播出以"美国反恐战争"或"反恐战争"为标题的节目。9·11事件迅速地将世界带入了新时代,一个冲突不再仅局限于国家间战争的时代。有一个新的敌人,他不在乎国界,他的"军队"是多样的,并且恶毒地指向了百姓。

由于不仅仅是美国受到了新的威胁,布什政府开始组成一个国家联盟,这个联盟利用外交、军事行动、智力和法律力量在全世界范围内同恐怖主义者战斗。在2001年9月12日,美国国务卿科林·鲍威尔(Colin Powell, 1937— 年)呼吁"世界各国共同打击恐怖主义。"最终,布什政府组成了一个有84个国家参加的"全球性的反恐联盟","联合起来在共同的目标下,打击共同的敌人"。

名为"持久自由行动"的针对阿富汗的进攻是美国在新战争中的第一个军事策略。第二个主要计划是对伊拉克宣战。当这些行动在进行中的时候,恐怖袭击仍然在全球继续着。在2004年3月的西班牙火车爆炸案之后,布什总统评价道,"马德里的谋杀案提醒着全世界的人民战争还在继续。在这个新的战争中，平民百姓突然发现他们处于战争中的前线。在最近的几年中，恐怖主义的袭击从西班牙到俄罗斯，到以色列，到东非，到摩洛哥，到菲律宾，到美国。他们针对阿拉伯国家，例如沙特阿拉伯、约旦和也门。他们袭击在印度尼西亚、土耳其、巴基斯坦、伊拉克和阿富汗的穆斯林人。没有一个国家或地区能够免遭恐怖主义的暴力行动”。

为什么北大西洋公约组织会回应9·11袭击事件？

北大西洋公约组织回应对美国的袭击事件是因为它的宪章规定对成员国家的袭击就被视作是对整个联盟的袭击。1949年4月4日在华盛顿签署的《北大西洋公约》(*NATO Treaty*)第五条规定：“签约国商定，任何对欧洲和北美一个国家或者更多国家的武装进攻都将被视为是对全体签约国的进攻。因此，他们一致同意，一旦发生这种武装进攻，每一个签约国将行使单独或集体的自卫权利……支援受到这种攻击的国家。”这是自北大西洋公约组织建立后首次行使第五条规定。

在2001年9月12日，北大西洋公约组织召开了一次特殊会议，会议的主题是回应针对美国本土的袭击。之后发表的声明一部分内容这样写道：“如果美国能够证明袭击是直接来自外部，则美国就可以得到北大西洋公约组织的支持和帮助。”北大西洋公约组织秘书长罗伯逊勋爵(Lord Robertson，1946— 年)强烈谴责这次袭击并呼吁“国际组织和联盟成员国联合起来共同打击恐怖主义”。

当美国巡回大使弗兰克·泰勒(Frank Talyor)向北约负责调查此事的主要决策机构简要汇报袭击事件后，北约在10月2日就被证实启动了第五条规定。北大西洋理事会认定泰勒提供的信息能够证明“发动袭击的人来自奥撒玛·本·拉登领导的全球基地组织恐怖网，并受阿富汗塔利班的保护”。

在10月8日举行的记者招待会上，秘书长罗伯逊勋爵表示北大西洋公约组织全力支持美国领导的对阿富汗的进攻。第二天，北大西洋公约组织开始在东地中海地区部署舰队。但是联盟并没有牵头利用军事力量将塔利班从阿富汗驱除。

什么是基地组织？

基地组织是在20世纪90年代集结起来的一个全球恐怖网，它声明要向非伊斯兰国家展开圣战。这个组织没有国界，虽然个别国家，包括阿富汗被看作是基地组织的据点。这个组织由一个流亡的沙特阿拉伯富人奥撒玛·本·拉登领导，组织在几个穆斯林国家（大多在中东）实施恐怖训练计划，这些都是由全世界的信徒资助的。在2001年9月11日对世界贸易中心和五角大楼的恐怖袭击之后（事后被证实是由基地组织策划的），美国采取的第一步行动之一就是冻结和这个恐怖集团有关的个人或组织的银行账号。

1999年在巴基斯坦举行的反美游行中，一名抗议者手举基地组织头目奥撒玛·本·拉登的海报。

基地组织的根源可以追溯到1979年苏联入侵阿富汗，那时有上万穆斯林人，包括本·拉登本人也参加了战争。这个历时10年的冲突是伊斯兰极端分子集结的导火线。1989年本·拉登返回祖国沙特阿拉伯，下决心通过资助、组织、训练开始圣战，这使得阿富汗反抗苏联的战争取得了胜利。20世纪90年代初，他成为穆斯林在全世界的领袖，他声称要恢复伊斯兰教国，一个团结的穆斯林国家。他还声称美国是伊斯兰的敌人；他认为这个国家要为穆斯林的所有冲突负责。沙特阿拉伯政府在1994年注销了本·拉登的护照，使他离开了他的祖国。最终，他在塔利班统治的阿富汗找到了自己安全的港湾。根据9·11委员会发表的报告，“本·拉登于1998年2月开始宣战，那时他和逃亡的埃及内科医生阿伊曼·阿尔·扎瓦希里（Ayman al Zawahiri）在阿富汗总部安排在伦敦的一个阿拉伯报纸上发表名为‘全球伊斯兰阵线’的圣战宣告”。宣告声称美国已经向神和他的使者宣战，宣告还呼吁复仇。

在本·拉登的领导下，基地组织展开了针对美国的一系列袭击活动，包括1998年8月7日的美国驻肯尼亚和坦桑尼亚大使馆的爆炸案，爆炸造成258人死亡，5 000人受伤，以及2001年9月11日对世界贸易中心和五角大楼的袭击，造成近3 000人丧生。在美国领导的全球性的反恐联盟成立后，2001年10月展开对阿富汗的进攻，据说本·拉登那时已逃往巴基斯坦。美国破除恐怖网行动的主要目标是抓获本·拉登和基地组织的其他头目。

什么是塔利班？

从1996年末—2001年12月，阿富汗一直被这个极端保守的政权所统治，美国领导的军队向阿富汗发动进攻后，这个政权崩溃。在波斯语中塔利班的意思是“学生”，这个组织是由阿富汗流亡者组成的，在苏联入侵期间（1979—1989），这些流亡者逃离了他们的国家前往巴基斯坦，在那里他们参加保守的伊斯兰教学校。在苏联从阿富汗撤军以后，阿富汗国内的形势一直不稳定，就在这个时候塔利班兴起了，他们以蚕食的方式逐步控制了这个国家，最终于1996年占领了首都喀布尔，夺取了政权。

在掌权期间，这个组织强制推行伊斯兰法。塔利班排斥妇女，并且将整个国家变成伊斯兰恐怖组织如基地组织的训练基地。只有极少数的国家承认塔利班政府。在国际组织看来他们滥用人权，主要是剥夺女性的公民权。但是转折点是发生在2001年9月11日对美国本土的恐怖袭击：当时美国政府要求将策划袭击的嫌疑犯从阿富汗引渡到美国，但遭到了塔利班的拒绝。这个组织在之后的军事行动中被强制驱除。在2001年12月，联合国在德国波恩召开了一次会议，会议决定由普什图族（普什图族是阿富汗最大的民族，占整个国家人口的42%；第二大族是塔吉克族，占27%；阿富汗的总人口为2 850万人）领导人哈米德·卡尔扎伊（Hamid Karzai）作为塔利班之后的临时政府的总统。与会人员还达成共识：联合国应在此地采取维和行动。虽然在临时政府的统治下，种族敌对和偶发的冲突仍然存在，但阿富汗已向建立一个稳定、民主的政府前进了一大步。2005年3月，哈比巴·萨洛比（Habiba Sarobi）成为阿富汗历史上首位女省长，这是令人振奋的改革的新迹象。萨洛比由总统任命，并于3月末上任。

以美国为首的针对阿富汗的行动始于何时？

以美英为首的对阿富汗的军事打击始于2001年10月7日——美国本土遭恐怖袭击的第26天。行动的目标是动摇塔利班政府，将恐怖分子从这个国家清除。这次行动的另一目标是抓捕基地组织的领导人，也是9·11事件的主要嫌疑犯奥撒玛·本·拉登。对阿富汗的进攻被美国称作“持久自由行动”，是第一场新反恐战争。

“持久自由行动”的主要目标——驱除塔利班政权——很快就实现了。11月中旬，美英及阿富汗北部联盟的军队控制了包括首都喀布尔在内的大部分城市。12月末，在德国波恩的联合国会议上一个临时政府被建立起来。2002年6月，哈米德·卡尔扎伊以绝对的优势被阿富汗最高议事机构——支尔格大会推举为过渡总统；直至2004年举行全国选举，阿富汗都将由这个过渡政府统治。尽管在建立新政府方面有所进步，但阿富汗东部的多山地区仍战事不断。“巨蟒行动”（美国一次军事行动的代号）的目的就是要挫败塔利班的反抗，彻底清除恐怖分子。并抓捕包括本·拉登在内的主要基地组织头目（尽管据报道他已经逃往邻国巴基斯坦）。2004年10月阿富汗大选之前仍有暴力事件发生。

国际对反恐战争的贡献是什么？

根据美国中央司令部统计，到2005年初有70个国家支持全球反恐战争，并且部署了1.6万多人的军队参加以美国为首的对阿富汗和伊拉克的行动。联盟以各种方式提供帮助，包括提供智力、人员、安全协助、设备和其他用于陆海空行动的资助。联盟成员还向百姓提供人道主义救助。

什么是WMD？

WMD是大规模杀伤性武器的英文缩写，指的是可以造成大范围伤亡的核、生物或化学武器。这个词汇是在第二次世界大战期间出现的，在20世纪末至21世纪初成为日常词汇。当时的社会处于后冷战时期，世界超级大国和联合国把注意力转向恐怖分子的威胁。

2003年伊拉克战争爆发后，WMD就经常出现在新闻当中。当没有在伊拉克发现大规模杀伤性武器后，布什政府和他的主要盟友，英国首相托尼·布莱尔（Tony Blair，1953— 年）受到了公众的强烈谴责。这个国家是否有大规模杀伤性武器成为这次有争议的入侵正义与否的判断标准。在2004年，美国总统布什委任一个两党委员会来调查为什么美国情报局会认为伊拉克存在大规模杀伤性武器。在2005年3月末，委员会向公众发表了一份非保密报告。结论是：情报局错误地夸大了伊拉克的大规模杀伤性武器的计划。里面写道，“在伊拉克战争之前情报局的观点是有瑕疵的，这是情报局的一个重大失误”。委员会对改进情报局工作，提出了74条建议——将美国15个谍报机构集合起来。这份非机密文件还透露了一个关于情报局对“世界最危险行动”的核计划的评估的消息。另外，这份报告还提供了一些关于情报局对待基地组织恐怖网的细节。

在英国，关于伊拉克情报的失败引起了长达一年之久的争论，这降低了布莱尔的支持率并且导致了一些惨剧的发生。除了在伊拉克战争中丧生的人外，在公众指责政府过分夸大战争的必要性的时候，英国的武器专家戴维德·凯利也因此事自杀身亡。同美国一样，英国也采取行动加紧了对情报收集工作的控制以防止判断失误。

尽管事实证明在伊拉克没有发现大规模杀伤性武器，但白宫十分肯定对伊拉克入侵的决定。在2004年9月11日，新闻秘书办公室发布了一篇名为《反恐战争三年所取得的进步》(*Three Years Progress in the War on Terror*)的文章。文章中写道，“我们进攻伊拉克是正确的。我们铲除了我们美国一个公开的敌人，这个敌人无视国际社会长达12年之久，这个敌人有制造大规模杀伤武器的能力，并且当恐怖分子有需求的时候，这个敌人能利用这种能力帮助他们。虽然我们没有发现这些大规模杀伤性武器，但在2001年9月11日之后，这对我们来说是一种不能承担的风险”。

四 政府与政治

▶ 第一个国家政府是哪一个？

公元前3110年，法老美尼斯（Menes）统一了上下埃及，在孟菲斯（现在的开罗附近）建立了第一个中央政府。美尼斯在位62年，建立了第一个法老王朝。法老王朝共经历了30个王朝，统治埃及长达3 000年之久（直到公元前332年）。

第三王朝大约起始于公元前2700年，那时的中央政府已经十分完善和强大——国民认为他们的国王和王后是半人半神的化身。法老居住的宫殿异常奢华：为他们建造的宫殿和庙宇装满了来自异域的珍宝。这些财富甚至随着法老被埋进坟墓以供他们死后使用。第三王朝的500年被称作“古王朝”时期或“金字塔时代”的开始；这是一个埃及的法老们开始建造巨大的金字塔时期。

帝国、皇室和王朝

▶ 法老图坦塔蒙是古代埃及最伟大的统治者吗？

不，事实上法老图坦塔蒙的王朝在古代埃及长久的统治中不是十分重要的。作为第十八王朝的统治者，图坦塔蒙（Tutankhamen，公元前1370年—公元前1352年）9岁继位，18岁去世。要不是1922年11月他的坟墓在古代底比斯（今天的卢克斯特)附近的帝王谷被发现，这9年的统治时期将是微不足道的。底比斯附近27位法老的坟墓中只有这位小法老图坦塔蒙的坟墓没有遭到盗墓者的光临。从远古时代到现在还未被开启过的棺墓里装满了财宝。

在"前堂"，英国考古学家豪尔·卡特(Howard Cater, 1837—1939年)发现600多件人工制品，这包括陪葬用的花、檀香、礼袍、杯子、罐子、一个绘画精美的盒子、一个和图坦塔蒙真人一般大小的木制雕像、边缘刻有动物的床、战车的碎片、黄金的宝座。一队考古学家还发现寝室里有4个黄金圣物箱和一个黄金棺材，这个黄金棺材里躺着的就是图坦塔蒙的木乃伊——一个全部由黄金打造的面具遮盖着他的头和肩膀。

在早些时期，卡特还发现过图坦塔蒙之前的法老坟墓：女王哈特谢普苏特(Hatshepsut，公元前1520年—公元前1468年)、图特摩斯四世(Thutmose Ⅳ，死于公元前1417年)，这两位法老也都是第十八王朝的统治者。

玛雅帝国

▶ 玛雅帝国是早期文明中最发达的吗?

一些人认为玛雅文明要优于其他文明。其发展超越了在北美和南美的其他农业文明(主要指阿兹特克和印加文明)。

玛雅人大约生活在公元前1000年，以种植农业为主，居住在南墨西哥和中美洲。他们主要分布在墨西哥的尤卡坦半岛、伯利兹城、危地马拉的大部分地区以及洪都拉斯和萨尔瓦多尔的部分地区。他们的文明高度发达，这不仅仅是体现在建筑(包括至今仍被游客游览的平顶金字塔、庙宇和塔)和文化(包括雕刻、绘画和壁画)方面，他们还创造了文字——也许是西半球的第一种文字。他们用文字来记录时间、天文现象、他们的历史和宗教(他们相信160多种神)。他们还创造出高级数学和一种365日的历法，有人认为这种历法比现在用的公历更为准确。

在它的鼎盛时期，玛雅的人口达到约1 400万人。他们的历史被分为3个阶段。前古典期始于他们的起源(大约公元前1000年)，持续到公元300年，这是这个国家的形成时期。从300—900年玛雅进入了古典时期，那时的玛雅文化覆盖了整个地区，科潘（洪都拉斯）、帕伦克、乌斯马尔、奇钦伊查（墨西哥）、皮那德拉斯·内格拉斯、乌夏克吞、第卡尔（危地马拉）这些城市中心高度发达。学者们认为当时的第卡尔有5万人口，不仅是政治、教育、经济、科学的中心，也是玛雅的宗教中心。

在古典后期，玛雅在艺术和科学方面达到了顶峰：先于欧洲几个世纪的超级数学体系。在后古典时期（900—1546年），他们遭到托尔提克人的入侵。虽然玛雅人只是被他们所融合而不是占领，但是16世纪中叶西班牙人到来时，玛雅文明已经处于衰败期。一些历史学家认为衰败的原因是大范围的饥荒和疾病，但是另外一些人认为这种衰败要归咎于对残暴政府的反抗。虽然他们被西班牙人征服，他们的文化也湮没于这个地区的大文化之中，但至今玛雅印第安人仍生存在墨西哥和美洲中部。

阿兹特克帝国

阿兹特克和印加帝国同玛雅相比较

当西班牙最终征服所有的先进文明时，印加和阿兹特克文化达到了他们的鼎盛时期——就在欧洲人进入这个“新世界”的时候，玛雅早于它们500年达到了鼎盛时期，但是欧洲人入侵的时候，玛雅文化已经开始衰退。不同的文化占据着美洲不同的地区，刻画出它们独有的强壮和繁荣：阿兹特克人定居于墨西哥中部，印加人在南美洲西部（主要是秘鲁），而玛雅人主要集中在尤卡坦半岛和中美洲。有证据表明他们彼此之间以及同北部的印第安人进行着贸易往来。

阿兹特克人于1325年将特诺兹提朗城（现墨西哥首都墨西哥城所在地）建立为中心城市。在他们来到墨西哥中心地区之前，一群贫困的游牧人居住于此，阿兹特克人认为德斯科科湿地是神指示给他们的居住地。在他们建立这个伟大的城市之前，他们在那里建造了一些人工岛。在16世纪，西班牙人见到这个非凡的城市——由堤道、运河、桥梁和沟渠构成的体系——他们把这称为“新世界的威尼斯”。除了建立特诺兹提朗城这个大规模的贸易和文化中心外，阿兹特克人还在农业、天文、数学和历史方面取得了显著的成就。他们是泛神论者，也就是说他们崇拜很多神。正因如此，当西班牙入侵者到来的时候，玛雅人还将他们看作神灵，向他们赠送礼物以示欢迎。不久后，阿兹特克人起来反抗欧洲人，但是赫南·科尔特斯（Hernán Cortés，1485—1547年）带领的西班牙军队在1521年8月占领了墨西哥。

印加帝国是美洲地域最广阔的一个帝国。在欧洲人到来之前的几百年里，印加人将他们的领土扩大到整个南美洲西岸，包括今天的秘鲁、厄瓜多尔、哥伦比亚、玻利维亚、智利和阿根廷地区。虽然它拥有广阔的土地，但是它却是在一个强有力的国王统治之下。政府权力被分配给地方官员，但是国王要求他的臣民完全顺从于他，因此地方官员处于被控制之中。如同在墨西哥的阿兹特克人一样，印加人的基础设施也十分完善，包括公路、桥梁、渡船系统以及灌溉体系。他们也建造了许多令人印象深刻的建筑以示他们的非凡能力。马丘·比丘这个用泥土建立起来的巨大城市令人叹为观止。在印加，还有一些出色的手工匠，他们用金子、银子和其他材料制作出精美的工艺品。同阿兹特克人一样，印加人崇拜许多神。当西班牙的探险家弗朗西斯科·皮萨罗（Francisco Pizarro，1475—1541年）在1532年到达这个地区的时候，他起初像神一样被欢迎。1537年西班牙统治了印加。

罗马共和国

▶ 为何尤利乌斯·恺撒被谋杀？

罗马的军事家、政治家尤利乌斯·恺撒（公元前100年—公元前44年）在元老院被一群人刺死，这些人包括他以前的朋友，他们把他看做是罗马共和国的暴君和威胁。幸亏威廉·莎士比亚（William Shakespeare）的悲剧《尤利乌斯·恺撒》（*Julius Caesar*，写于16世纪90年代末），人们才得以知道他被杀害的那天是3月15日。书中写道，有一个预言家提醒这位罗马的将军要"小心3月的第十五日"。公元前44年恺撒死后，罗马出现"三头政治"，由3个人来统治：李必达（Lepidus）、渥大维（Octavian，公元前27年成为奥古斯都，罗马帝国的第一个统治者）、马克·安东尼（Marc Antony）。正是马克·安东尼（约公元前83年—公元前30年）煽动民众反对恺撒，但他后来因"安东尼和克娄巴特拉"丑闻而激怒罗马人，被驱逐出罗马。

尤利乌斯·恺撒是一个备受争议的人：一些人把他看作煽动政治家，另一些人则认为贵族出身的恺撒是一个具有贵族品格的人，他在寡头政治的国家（由少数人按照他们的意志控制的国家）保卫公民的权利。这两种对恺撒的观点一直争论到现在。

虽然对于恺撒是怎样一个统治者这个问题不同的人有不同的观点，但是没有人能够抹杀他所取得的成就——既是对罗马（之后不久便成为罗马帝国）也是对整个现代文明而言。在战争中，恺撒打败了他以前的老朋友庞贝大帝（Pompey the Great，之前同恺撒、克拉苏一起建立了第一个三头同盟），统治了意大利，并在罗马结束了寡头政治。结束了罗马数十年的混乱，为公元前27年他的曾侄子奥古斯都建立罗马帝国铺平了道路。恺撒在执政期间计划并实施了一系列改革，不仅如此，他还在公元前46年引进了儒略历（我们今天使用的公历就是从它进化而来的）。

恺撒还留下了许多文学遗产：在公元前49年左右，他开始起草10本关于他攻打高卢（约公元前58年—公元前50年）和内战的书。这些详细的记载至今仍是军事历史上的巨著。

罗马帝国

谁是罗马帝国最重要的统治者？

罗马帝国的500年（公元前27年—476年）产生了许多历史上最著名以及最恶毒的统治者。至今，几乎每一个西方学生都熟知这些主要皇帝的名字：奥古斯都（Augustus）、泰比里厄斯（Tiberius）、卡里古拉（Caligula）、克劳多斯（Claudius）、尼禄（Nero）、图拉真（Trajan）、马库斯·奥利略（Marcus Aurelius）、戴克理先（Diocletian）、君士坦丁一世（Constantine Ⅰ）。

奥古斯都、泰比里厄斯、卡里古拉、克劳多斯和尼禄是这个帝国的前5位皇帝，共统治罗马75年。渥大维（公元前63年—14年），即后来的奥古斯都，在他叔叔尤利乌斯·恺撒被刺后，打败李必达和马克·安东尼取得了王位。在奥古斯都统治下，开始了200年的“罗马帝国统治下的和平”。在那个时期，再没有涌现出任何一个可以同罗马军队对抗的力量，这使得罗马有机会把它的注意力转向艺术、文学、教育和贸易。

泰比里厄斯（公元前42年—37年），作为第二个皇帝，他受政治家、阴谋家赛扬努斯（Sejanus）的影响很深。泰比里厄斯是奥古斯都大帝领养的儿子，虽然在如何管理国家方面受到了良好的教育，但最终他还是成为一名暴君。在他统治的后期则更为残酷和恶毒。泰比里厄斯死后，他的侄子卡里古拉（12—41年）继位。卡里古拉是他的小名，意思是“小靴子”，这是因为他从小在军队里长大，并在很小的时候就像军人一样穿着。刚开始继位的时候，卡里古拉的统治是比较温和的，但不久他生了一场病，之后便性情大变、行为古怪。大多数学者认为卡里古拉一定是疯了。41年他被谋杀，泰比里厄斯的另一个侄子克劳多斯继位。

克劳多斯（公元前10年—54年）在发动了对德国、叙利亚、毛里塔尼亚（今天的阿尔及利亚和摩洛哥）的战争和占领了一半的英国后，扩大了罗马版图。虽然克劳多斯将国家统治得很好，但是他也有敌人，其中之一就是他的侄女小阿格里皮娜（Agrippina the Younger，公元　年—公元59年），据说是她谋杀了54岁的克劳多斯，并使她自己的儿子尼禄继承了王位。

在早期的罗马帝国，尼禄也许是最为暴虐的一位统治者。虽然在他刚刚继位的几年中他勤于国政，但是从公元59年他杀死了他的母亲后（据说她想控制她的儿子），尼禄变成了一个冷酷无情的人。他参与谋杀、将众多罗马人判以死刑、迫害基督徒并且过着极度奢华的生活。他被罗马法老院称为国家的敌人，公元68年他以自杀的方式结束自己的生命。

除奥古斯都外，公元一世纪时罗马帝国的皇帝都是极端的统治者。二世纪时的罗马帝国的皇帝都以军事著称。图拉真（53—117年）从公元98年登基到死，在他19年的统治生涯中四处征战，进一步扩大了罗马的版图。除此之外，在他统治期间还建造了许多桥梁、公路及其他建筑物。当马库斯·奥利略（121—180年）在161年继位的时候，他已经有了20多年的从政经验，因此他是一个经验极丰富的统治者，以博学和温和而著称。他的将军们镇压了反抗的部族，除了在多瑙河取得了胜利外，他的军队还打败了北方未开化的野蛮人。戴克理先（245？—313？年），284年登基，之前是军队的指挥者。为了使对这个幅员辽阔的国家的统治更为有效，他将罗马帝国划分为4个区域，每个区域都有自己的领导者，但这些领导者仍受他的统治。在他退位的2年前，他开始迫害基督教徒——这是一个令人吃惊的举动，因为之前他对基督徒的态度是十分友好的。

与他的前辈们不同，戴克理先是主动退位，以打理花园。

君士坦丁大帝（306年继位直至337年去世）将戴克理先划分的区域又重新统一起来，在324年使这些地方又重新回到他的统治之下。他也是第一位皈依基督教的皇帝。狄奥多西斯一世（Theodosius Ⅰ），也被称作狄奥多西斯大帝（379—395年）作为最后一位统一的罗马帝国的统治者也被人们所熟知。

拜占庭帝国

为何君士坦丁一世被称为“大帝”？

罗马的统治者君士坦丁大帝（Constantine the Great，275—337年）在历史上所取得的成就不亚于一个开国皇帝。他的父亲君士坦提乌斯（Constantius）于306年去世，君士坦丁被军队推举为皇帝，权力的竞争也由此开始了。君士坦丁一直非常同情基督教徒，据说在312年发生在罗马附近的一次战争中，他看到了一个燃烧着的十字架的幻影。在之后的12年中，君士坦丁统治着西罗马帝国，而李锡尼统治着东罗马帝国。两个皇帝的较量以325年李锡尼的死亡而告终。从此，君士坦丁成为罗马帝国唯一的皇帝。

在君士坦丁统治期间，基督教崇拜开始自由化并且基督教堂也合法化。在325年，他召集了尼西亚内阁会议（会议上颁布了今天基督教所熟知的尼西亚信经）。330年，君士坦丁将帝国的中心从东向西移，将罗马帝国的首都建在了拜占庭，这为拜占庭帝国的建立打下了基础。东正教将君士坦丁看作圣徒。

拜占庭帝国是如何建立的？

拜占庭帝国是罗马帝国的继续——它的许多公民仍称自己为罗马人。这个地处小亚细亚和巴尔干半岛（虽然边界总是在变化）的拜占庭帝国的建立时间有两种说法：在公元395年，随着罗马皇帝狄奥多西斯大帝的去世，罗马被分为东罗马和西罗马。在之后的岁月里，西罗马不断地受到游牧民族的攻击，于476年灭亡。但是东罗马作为拜占庭帝国依然存在，并在西罗马灭亡后获得了它大部分的土地。

尽管如此，一些历史学家认为拜占庭帝国的建立应该追溯到公元330年，在君士坦丁大帝将罗马的首都迁往拜占庭（今天的土耳其伊斯坦布尔，又称君士坦丁堡）的时候。如果按照这种说法，君士坦丁大帝就是拜占庭帝国的第一个皇帝。在他之后，又有100个皇帝继位，统治拜占庭长达1 000多年。在6世纪，在查士丁尼一世（Justinian Ⅰ）的统治下（483—565），拜占庭进入了它的鼎盛时期，那时它的版图囊括了南欧、东欧、北非和中东的部分地区。1453年在土耳其人占领了君士坦丁堡后，拜占庭帝国灭亡。

▶ 拜占庭帝国在历史上起到了什么作用？

拜占庭帝国被认为是古代文明和现代文明的联结点。虽然这个帝国不断地遭受着外敌的入侵、宗教的争议以及政治的冲突，但是作为罗马世界的继承者，它促进了希腊、罗马的文明和东方以及基督教的融合。1453年拜占庭帝国的灭亡标志着现代新纪元的开始。

唐　朝

▶ 什么是唐朝？

唐朝是中国历史上一个知名的朝代，因为在那个时期政治、商业、文学以及艺术（主要是诗、词、绘画、雕刻和陶瓷）都取得了巨大的进步。第一本出版的书《金刚经》就产生于那个时期（868年）。唐朝除了是文明的黄金时期，也是国土极度扩张的时期。在它的鼎盛时期，它的版图西到土库曼斯坦，东到韩国（是唐朝的臣属国），北到满洲，南到印度的北部。正因如此，那时的贸易十分繁荣，中国的玉器、瓷器、丝绸、大米、香料和茶出口到印度、中东和欧洲。一个历史学家称唐朝为“中国的圆满朝代……强大、有影响力以及有创新精神”。

唐朝的一个创新就是平衡管理权利：政府被分为3个主要分支：中书省（负责整理、下达皇帝的命令）、门下省（负责复核皇帝的命令并将命令下达到各部）、尚书省（六部的尚书负责实施皇帝的命令）。除了这3省之外，唐朝还设立了御史台，使贪污的发生概率降到最低。这种政府的改革使唐朝的统治尤为长久。

唐朝的另外一个创新就是科举制，考生在参加科举考试之前要学习儒家思想，考试通过后便可以入朝为官。

明　朝

明朝取得了哪些成就？

明朝（1368—1644年）最能代表中国的文化，不论是优点还是缺点。当外族蒙古人（他们的王朝由忽必烈建立）作为中国的统治者在1368年被推翻时，明朝的皇帝将他们的——以及他们臣民的——视线又转回到“完全汉人的”东西上来，这使得中国的文化全面开花，正如他们的朝代名字“明”一样。“明”的意思是“明亮”“灿烂”。北京的紫禁城就是在那个时期建立起来的。明朝的瓷器、青铜器以及漆器都受到了当今的收藏家追捧。除此之外，明朝还是小说和戏剧的繁盛时期。

虽然当时的统治者提倡复兴艺术和恢复儒家思想以及科举制度，但是由于他们没有意识到满族人的威胁。1644年，满族人入关并占领了中国，建立了中国历史上最后一个朝代——清朝（这个朝代在1912年灭亡）。但是，明朝是古代中国最后一个伟大的朝代。

加洛林帝国

什么是加洛林帝国？

这个帝国统一了大多数西欧国家，并从734—987年单独统治这一地区。这个帝国被称作加洛林，由法兰克王室统治。

罗马帝国衰败（476年）以后，德国各部落（包括哥特人、汪达尔人、法兰克人以及盎格鲁-撒克逊人）统治欧洲，他们彼此之间作战，也同发展起来的穆斯林人作战以捍卫和扩张他们的领土。在719年，查理・马特（Charles Martel，约

688—741年）统一了法兰克人的领土（法兰克人是定居在西欧莱茵河畔的日耳曼部落的后裔）之后，他带领法兰克人抵制了阿拉伯的入侵，并且同勃艮第人和弗里西人作战并最终控制了他们。741年查理·马特死后，他的儿子贝宾三世（也称矮子贝宾，约714—768年）继位。正是贝宾建立了加洛林帝国并将伦巴族人划入统治之中。他死后，他的儿子查理曼（Charlemagne），即查理大帝（742—814年）继承了王位。

为何查理曼如此有名？

查理曼在历史上之所以如此出名不仅仅是因为他在位期间取得了许多成就，也是因为他所取得的这些成就被记录下来。这些成就收录于他的自传《查理曼的一生》（*The Life of Charlemagne*）之中，这本书是由他的顾问爱因哈德（Einhard，约770—840年）撰写的。

查理曼（742—814年）即查理大帝，在他的父亲矮子贝宾去世后继承了王位，成为西法兰克的国王。他的弟弟卡洛曼（Carloman）在771年去世后，他成为整个法兰克的国王。之后，他占领了西欧的大部分地区，包括撒克逊、伦巴底、西班牙东北部以及巴伐利亚。有些时候，他采取残忍的手段来实施统治：在18世纪的后20年中，他广泛使用死刑以制服撒克逊人的反叛。查理曼成功地统一了帝国，并于800年的圣诞节由教皇利奥三世（Pope Leo Ⅲ，约750—816年）为他举行了加冕仪式，建立了神圣罗马帝国。作为艺术、文学和科学的资助者，查理曼复苏了在476年随着西罗马帝国的灭亡而衰落的欧洲。他为神圣罗马帝国和欧洲文明奠定了基础，不久欧洲进入了中世纪。他统治着帝国直至814年去世。

奥斯曼帝国

什么是奥斯曼帝国？

这是一个由奥斯曼土耳其人在13世纪建立的国家，那时的土耳其人由奥斯曼一世（Osman Ⅰ，1258—约1326年）的子孙们统治着。14世纪中叶，奥斯曼帝国大致地处今天的土耳其（“土耳其”和“奥斯曼帝国”这两个称谓可以相互替换使用）。在15世纪，帝国被统治者进一步扩大，在1453年囊括了拜占庭帝国。在它的鼎盛时期，拜占庭帝国的领土包括整个巴尔干半岛（今天的斯洛文尼亚、克罗地亚、波斯尼亚、黑塞哥维那、马其顿王国、南斯拉夫、罗马尼亚、保加利亚、阿尔巴尼亚、希腊和土耳其）、叙利亚、埃及、伊拉克、非洲北岸、巴勒斯坦和部分阿拉伯半岛、俄罗斯以及匈牙利地区。首都建在君士坦丁堡（即今天的土耳其伊斯坦布尔）。这样土耳其人建立了一个穆斯林帝国，它的巨大力量和影响力影响了欧洲长达3个世纪之久。

在16世纪和17世纪，奥斯曼帝国是整个世界上最强大的国家。苏莱曼大帝（Suleyman the Magnificent，1494—1566年）自1520—1566年在位时，国势达到顶峰：将匈牙利纳入了版图之中。他试图征服维也纳，但是失败了。他使军队强大起来，并占领了地中海。苏莱曼大帝不仅扩张了领土，还支持了艺术和建筑的发展。他命令建造了清真寺（使整个帝国发扬伊斯兰教）、桥梁和其他公共设施。

但是在1914年第一次世界大战开始时，已经衰落了300年左右的奥斯曼帝国的领土仅包括小亚细亚以及部分亚洲和巴尔干半岛地区。1922年，第一次世界大战和平条约签订的同时也解体了这个帝国。

神圣罗马帝国

谁是哈普斯堡皇室？

哈普斯堡（Habsurgs）皇室是欧洲最强大的皇室。也许有人质疑权利的意义，但人们对这个皇室的久盛不衰则毫无争议：他们几乎不间断地向欧洲“提供”统治者长达600年之久。哈普斯堡的拼写来自11世纪瑞士的哈布斯堡（意思是“鹰之堡”）的名字habichtsburg（读音也十分接近）。第一个拥有这个名字的家庭成员是沃纳伯爵一世（Count Werner Ⅰ，于1096年去世）。沃纳的后代，拉尔夫一世（Rudolf Ⅰ，1218—1291年）在1273年被选为德国和神圣罗马帝国的皇帝。3年后，他征服了奥地利，并将这个国家作为家庭的新家。奥地利、波希米亚、德国、匈牙利和西班牙都在这个哈普斯堡皇室统治之中。除一个皇帝外，哈普斯堡皇室从1438年（那年艾伯特二世继位）到1806年一直统治着神圣罗马帝国。

16世纪在查尔斯五世（Charles Ⅴ）的统治时期，哈普斯堡皇室的影响力达到最高点。1496年西班牙的菲利普一世（也被称作“英俊王菲利普”，1478—1506年）和卡斯提尔的琼（Joan）结婚时就确定他们的儿子查尔斯五世将继承西班牙的王位，于是查尔斯五世于1516年继位。查尔斯五世还是西班牙国王费迪南德（King Fredinand）和皇后伊莎贝拉（Queen Isabella）的孙子。1519—1556年，他作为神圣罗马帝国的统治者所继承的帝国幅员已经相当辽阔。

查尔斯五世被认为是哈普斯堡皇室中最伟大的皇帝，尽管如此，他也有面临的问题。其中的主要问题之一就是新教改革；反对他的主要是弗朗西斯一世（法国的国王）和奥斯曼土耳其人（那时他们正处于鼎盛时期）。但是，他仍然是一个成功的统治者，他的成功就在于西班牙占领了“新世界”——墨西哥（赫南·科尔特斯统治时期）以及秘鲁（弗朗西斯科·皮萨罗统治时期〔Francisco Pizarro，1475—1541年〕）。

在1867年，哈普斯堡帝国被重组为奥匈帝国。1918年第一次世界大战后，奥匈帝国受到三国和平协定的影响而瓦解。

费迪南德和伊莎贝拉

▶ 为何西班牙的皇帝费迪南德和皇后伊莎贝拉如此强大？

1469年费迪南德（Ferdinand，1452—1516年）和伊萨贝拉（Isabella，1451—1504年）的婚姻把原本分裂的西班牙王国（阿拉贡和卡斯提尔）统一在他们的统治之下。这两个君主共同统治西班牙并扩大了他们的影响直到1504年伊莎贝拉逝世（费迪南德在他的妻子去世后独立管理这个国家）。在统治时期他们支持天主教的发展，1496年罗马教皇亚历山大六世（Pop Alexander Ⅵ）授予他们“天主教皇帝费迪南德”和“天主教皇后伊莎贝拉”称谓。这对皇帝和皇后的行为似乎受到他们的宗教的影响。

正是费迪南德和伊莎贝拉在1478年建立了臭名昭著的西班牙宗教法庭，用以囚禁和杀害不遵守教义的天主教徒。审问的目的在于发现和惩罚那些虚假地皈依天主教的穆斯林人和犹太人，很快所有的西班牙人都恐惧他们的统治。在1482年，他们又发动了同（穆斯林）摩尔人的战争，并于1492年在格拉纳达占领了摩尔人最后一个据点，迫使他们离开了居住了4个世纪的伊比利亚半岛（西班牙和葡萄牙）回到非洲。对伊比利亚的行动是在宗教信仰的驱动下进行的；当皇帝和皇后驱除了摩尔人之后，他们认为他们正在把伊斯兰人从他们的国家驱除出去。

1492年对西班牙来说是至关重要的一年：不仅是摩尔人被驱逐了，那年费迪南德和伊莎贝拉也把他们的注意力转向犹太人的“威胁”，并驱除他们（那些留下的人秘密地从事他们的信仰；那些移民伊比利亚的犹太人在北非和中东繁衍生息，被称作西班牙或葡萄牙籍的犹太人或其后裔）。

大多数历史系学生认为，1492年发生的最重要的事情是克里斯托弗·哥伦布（1451—1506年）到新世界的航行。正是费迪南德和伊莎贝拉资助了他的航行，他们认为虽然征服的土地不能扩大他们的权利，但是却能有利于天主教的传

克里斯托弗·哥伦布（Christopher Columbus），第一次从美洲航海回来后，跪在西班牙皇帝费迪南德和皇后伊莎贝拉面前。

播。不久，西班牙就成为大西洋的海上强国。

伊莎贝拉和费迪南德还对教育和艺术有极大的热情，他们在统治期间大力资助这两个领域的发展。他们通过联姻留下的遗产传给他们的孙子查尔斯五世（1500—1558年），查尔斯五世作为哈普斯堡皇室的一员，在1519—1558年间统治着神圣罗马帝国。

罗曼诺夫王朝

▶ 罗曼诺夫皇室都有哪些人？

罗曼诺夫皇室从1613—1917年统治着俄国，直到尼古拉二世（Nicholas Ⅱ，1868—1918年）被俄国改革（1905—1917年）所推翻。这个王朝是由迈克尔·罗曼诺夫建立的，他是伊凡雷帝（Ivan the Terrible，1533—1584年在位）的甥孙。包括1682—1752年在位的彼得大帝（Peter the Great）和1762—1796年在位的叶卡捷琳娜大帝（Catherine the Great），历史上一共有18位罗曼诺夫统治者。

作为最后一名沙皇，尼古拉二世（Nicholas Ⅱ）于1894—1917年在位，他在位期间不仅遭受了对他的反控，还承受着罗曼诺夫皇室几个世纪的残暴统治所引起的人们的敌对。当尼古拉二世使俄国卷入了第一次世界大战后，他遇到了前所未有的麻烦，因为这使俄国人民陷入了极度的困难之中。在俄国革命中，沙皇尼古拉二世被推翻（不久被处死）。之后，布尔什维克领导人弗拉基米尔·列宁（Vladimir Lenin，1870—1924年）通过同德国妥协使俄国从冲突中摆脱出来。奇怪的是，罗曼诺夫皇室是一名移民到俄国的德国贵族后裔。

▶ 为何沙皇彼得和叶卡捷琳娜被称为“大帝”？

“大帝”的称谓可能会引起人们的误解：罗曼诺夫沙皇彼得大帝（Peter the Great）1682—1725年在位的时期，以及叶卡捷琳娜大帝（Catherine the Great）1762—1796年在位的时期，是罗曼诺夫王朝最辉煌的时候，并且他们也都在统治期间取得了许多成就。与此同时，他们为了扩大自己的权力不惜损害别人的利益。

彼得把欧洲的文明引进俄国，并使俄国在欧洲具有强大的影响力。他在位时期农奴制盛行，这不仅为他不断的征战提供了资金，并且也为战争提供了充足的人力：大多数的战士都是农奴。他建立学校（包括科学院）、改革历法、简化字母表，并以铁血、残忍的方式实施改革。彼得最得意的行为也许是将首都从莫斯科迁到一块被瑞典遗弃的湿地：圣彼得堡（1914—1924年被称为彼得格勒、1924—1991年被称为列宁格勒）。作为他的"欧洲之窗"，彼得成功地将这个城市建造成文化的中心。

而对于叶卡捷琳娜大帝来说，她以资助艺术和文学的发展而著名，她的思想和法国作家伏尔泰（Voltaire，1694—1778年）一致，但是她却增加贵族的特权，这使得农奴的生活更加悲惨。她的野心在她获取王位过程之中暴露无遗。1744年，她嫁给彼得（三世），1762年彼得登基。在那一年，她同丈夫的敌人合谋，废除了她的丈夫。不久后，彼得被杀。叶卡捷琳娜因此获得了权利，并加冕自己为沙皇。登基后她便开始实施改革。在她执政期间，1773—1774年发生了农民起义，1789年又开始了法国大革命，但是这两次事件却巩固了她的统治。同彼得大帝一样，她也通过一系列的征战扩大了俄国的领土。1796年，在她统治的后期，她甚至将自由的农民也降为农奴。

大不列颠的统治者

▶ 什么是《英国土地志》？

这是一本在英格兰威廉姆一世（William Ⅰ，约1028—1087年）在位期间撰写的重要典籍。威廉姆一世是一名挪威人，在1066年征服了英格兰并成为国王。他命人调查以获得一份对英格兰土地、财产所有者以及资源的记录。他利用这些信息加强他的统治，甚至获得了一些财富。他对欧洲中世纪的人口普查记录被认为是最有价值的。

▶ 什么是英格兰王朝？

英格兰王朝仅仅是一些包括祖先、子孙和亲戚在内的家庭。从1066年开始，英格兰的统治者都来自这10个王朝：诺曼底（Normandy）王朝（1066—1135年掌权）、布卢瓦王朝（Blois，1135—1154年）、金雀花王朝（Plantagenet，1154—1399年）、兰卡斯特王朝（Lancaster，1399—1471年）、约克王朝（York，1471—1485年）、都铎王朝（Tudor，1485—1603年）、斯图亚特王朝（Stuart，1603—1649年以及1660—1714年）、汉诺威王朝（Hanover，1714—1901年）、撒克逊-科堡王朝（Saxe-Coborg，1901—1910年）和温莎王朝（Windsor，1910年至今）。

在诺曼底王朝建立之前，英格兰从802年起由撒克逊人和丹麦人统治。诺曼底王朝的第一个国王是威廉姆一世（被称为“征服者威廉姆”，William the Conquror，约1028—1087年），他是法国公爵诺曼底的儿子。忏悔者爱德华（Edward the Confessor）和哈德罗二世（Harold Ⅱ）去世后，威廉姆于1066年入侵英格兰。驱除了哈德罗后，圣诞节那天威廉姆在威斯敏斯特修道院加冕。威廉姆的孙子斯蒂芬（Stephen）被认为是属于在位时间很短的布卢瓦王朝（如此命名是因为斯蒂芬是布卢瓦和沙特尔的伯爵，之后他被选出来继承了他叔叔亨利一世的王位）。

金雀花王朝，也被称作安茹王朝，包括了理查德一世（Richard Ⅰ，1157—1199年）的10年统治（1189—1199年），他击败他的父亲和兄弟获得了王位。理查德军队的威力使得他成为浪漫传奇的英雄。之后便是金雀花王朝的两个分支：兰卡斯特王朝和约克王朝，为了争夺权力，两个王朝发动了臭名昭著的玫瑰战争（1455—1485年）。斗争以亨利七世（属兰卡斯特王朝）登基并同约克王朝联姻而结束，一个家庭的两个分支统一后重新命名为都铎王朝。

都铎王朝因亨利八世（Henry Ⅷ，1509—1547年）以及他的两个女儿玛丽一世（Mary Ⅰ，1553—1558年）和伊丽莎白一世（Elizabeth，1533—1603年）而著名。都铎王朝之后的斯图亚特王朝由于奥利弗·克伦威尔（Oliver Cromwell，1599—1658年）建立的共和政体以及护国政体而被中断。1660年斯图亚特王朝复辟，又执政了8年。正是斯图亚特的国王威廉姆三世（William Ⅲ，1650—1702年）和王后玛丽二世（Mary Ⅱ，1662—1694年）在1689年开始的执政期间采取了更现代的国会政体。

斯图亚特的后裔乔治一世（George Ⅰ，1660—1727年）建立了起源于德国的汉诺威王朝。汉诺威王朝的维多利亚女王（Victoria，1819—1901年）统治着维多利亚时代（1837—1901年）。她的儿子爱德华七世（Edward Ⅶ，1841—1910年）继承了王位并建立了撒克逊-科堡王朝。事实上，今天仍是这个王朝在掌权——它的名字在第一次世界大战（1914—1918年）后改为温莎。

都铎王朝

都铎王朝是如何出现的？

这个统治了英格兰一个多世纪（1485—1603年）的皇室起始于一位威尔士人欧文·都铎（Owen Tudor）。此人1422年之后的某一时间迎娶了亨利五世（Henry Ⅴ，1413—1422年在位）的遗孀瓦卢瓦的凯瑟琳（Catherine of Valois）。但是这个皇室直到亨利七世（Henry Ⅶ，1457—1509年）登基后才掌权。从1485年继位到1509年去世，亨利七世结束了长达30年之久的玫瑰战争——两个皇室兰卡斯特王朝和约克王朝为争夺权力发动的战争（冲突因为两个皇室的徽章上都有玫瑰而得名：一个是红玫瑰，一个是白玫瑰）。在权力的争夺过程中，亨利七世成为兰卡斯特王朝的首领，并于1486年同约克王朝联姻，这样两个敌对的王朝统一起来，并建立了他自己的都铎王朝。他被称为亨利·都铎（Henry Tudor）。

为何亨利八世如此著名？

亨利八世于1509—1547年在位，他也许是都铎王朝最著名的君主。由于同罗马教皇不合以及英格兰的继承人的问题，他同罗马天主教会断绝了来往。当亨利的妻子，阿拉贡的凯瑟琳（Catherine，1485—1536年）未能生一个男继承人的时候，他向教皇提出希望离婚。这个要求当然被回绝了。虽然如此亨利仍然宣布和凯瑟琳的婚姻无效（因为她是他哥哥的遗孀），并在1533年秘密地迎娶了安妮·博林（Anne Boleyn，约1507—1536年），但他与教会的问题仍然继续着。1534年，他建立了英国国教，并宣布国王为英国国教教主。他采取了极端的方法——甚至将他提名的大臣托马斯·莫尔骑士（Sir Thomas More，1478—1535年）处死，理由是他不承认皇室至高无上的地位。

亨利八世最终成功地拥有了一名男性继承人——这是他的第三位妻子简·西摩（Jane Seymour，约1509—1537年）为他生下的儿子——爱德华六世

(Edward Ⅵ, 1537—1553年)于1547年继承了王位。尽管如此，却是亨利八世的女儿们创造了历史。玛丽一世从1553—1558年统治着英格兰和爱尔兰，她是亨利和他第一位妻子凯瑟琳的女儿。1554年玛丽同西班牙的菲利浦二世(Philip Ⅱ, 1527—1598年)结婚，这使得这两个国家达成了暂时联盟。第二年，她开始迫害新教徒，这使得英格兰和天主教会重归于好，也使她获得了"铁血玛丽"的称谓。

因为同罗马教皇不和而同罗马天主教会断绝来往，这使得亨利八世成为最著名的都铎王朝的国王。

▶ 为何女王伊丽莎白一世代表了一个时代？

1558年登基后，女王伊丽莎白(Queen Elizabeth)一直执政到1603年，在45年的执政期间，英格兰获取了海上霸权，成为欧洲强国；沃尔特·拉雷爵士(Sir Walter Raleigh)在北美为英格兰建立了殖民统治；文化繁荣发展，出现了像威廉·莎士比亚(William Shakespeare, 1564—1616年)、克里斯托夫·马洛(Marlowe, 1564—1593年)、埃德蒙·斯宾塞爵士(Sir Edmund Spenser)这样的文学巨匠，创造出许多文学著作；并且工业和商业也空前繁荣。这就是伊丽莎白时代，英格兰的鼎盛时期。

伊丽莎白在位时最著名的事件是英格兰在1588年的7 ~ 8月打败西班牙舰队。这个事件有趣而曲折。作为亨利八世(Henry Ⅷ, 1491—1547年)和他第二任妻子的唯一的孩子，伊丽莎白在他的同父异母的姐姐玛丽·都铎(Mary Tudor)之后继承了王位。在1588年的夏天，西班牙的"无敌舰队"入侵英格兰，指挥者不是别人，正是玛丽·都铎的前夫，菲利普二世(Philip Ⅱ, 1527—1598

年）。虽然双方的比例很悬殊（英格兰只有34艘船，而西班牙却有132艘），但是在天气的帮助下，英格兰在8月8日打败了西班牙舰队。这个胜利使英格兰打开了窗口，开始了海上贸易和海上殖民。

伊丽莎白女王是都铎王朝的最后一名统治者，她巩固了英格兰的君主制。1603年斯图亚特王朝的詹姆斯一世（James Ⅰ，1566—1625年）继承王位。正是詹姆斯将钦定版《圣经》带给世界，同时他还因为是玛丽的儿子而著名，玛丽是苏格兰的女王，被伊丽莎白不情愿地处死。

斯图亚特王朝

苏格兰女王玛丽是何人？

玛丽·斯图亚特（Mary Stuart）是1513—1542年在位的詹姆斯五世（James Ⅴ）和吉斯的玛丽（Mary）的女儿。当玛丽6岁的时候，她的父亲去世，这使得她成为一名小女皇。直到1561年才正式执政，之前都是由她的母亲摄政。据说，她是一位既漂亮又富有魅力的女性，她的勇气经得起时间的考验。她登基以后，继续了她母亲反对新教的政策。新教是由约翰·诺克斯（John Knox，1513—1572年）领导的，他参加革命以前是一名天主教神父。作为一名罗马天主教徒，玛丽受到了诺克斯尖刻的口头攻击。但这还不是最糟的：1565年玛丽嫁给了她英格兰的堂兄达恩利勋爵（Lord Darnley，1545—1567年）以确保她能获取英国的王位，因为她的堂兄是伊丽莎白一世（Elizabeth Ⅰ，1533—1603年）的继承人。

但是玛丽的野心给她带来了灾难。很快，她开始讨厌她的丈夫，因为她的丈夫同她的对手新教联盟，并成功地杀掉了她的顾问大卫·里丘（David Rizzio，约1533—1566年）。奇怪的是，不久后玛丽和达恩利达成了和解（对于玛丽来说是出于政治目的），并且她在1566年生下一个儿子，取名为詹姆斯。然而，一年后达恩利遭到敌人谋杀。很快，玛丽嫁给了她的情人波斯威尔伯爵（Earl of Bothwell，1563—1578年）。波斯威尔被指控谋杀了达恩利，虽然他被宣告无罪，但是他同玛丽的婚姻震惊了苏格兰人。人们拿起武器，逼迫玛丽退位。那年，玛丽25岁。

逃往英格兰的苏格兰女王玛丽受到伊丽莎白一世的庇护。虽然严格来说玛丽是一名囚犯，但是她却与伊丽莎白的敌人（包括英格兰的天主教徒和西班牙人）联合起来，谋划行刺伊丽莎白。当行动在1586年被发现时，玛丽被判参与谋杀并被送上了法庭。被判有罪后，尽管伊丽莎白很犹豫不决，但玛丽仍于1587年被处以死刑。

同时，玛丽的儿子，苏格兰的詹姆斯六世（James Ⅵ of Scotland，1566—1625年）在1583年承担起责任——16年前玛丽退位后，由摄政者代表他在苏格兰执政。他很快同伊丽莎白一世达成联盟，并在1587年同意对他的母亲执行死刑。1603年詹姆斯继承了伊丽莎白的王位，成为英国国王詹姆斯一世（James Ⅰ）。他将苏格兰和英格兰统一在他的领导下。一个多世纪之后的1707年颁布的联合法案将苏格兰和英格兰正式地联合在一起。

温莎王朝

温莎王朝始于何时？

温莎皇室的起源要追溯到1840年维多利亚女王（1819—1901年在位）和他堂兄阿尔伯特（Albert），萨克森·科堡·哥达斯基（今天的德国）公爵的儿子。作为一名外国人，阿尔伯特王子必须要战胜英国公众的不信任，他极力使自己成为富有奉献精神的丈夫，也非常关注英国的国事。维多利亚和阿尔伯特有9个孩子。他们的大儿子，阿尔伯特·爱德华（Albert Edward，1841—1910年）在维多利亚1901年去世后继承了王位，成为爱德华七世。但是爱德华仅仅在位9年，他去世后他的儿子乔治五世（George Ⅴ）继承王位。乔治执政期间，第一次世界大战爆发，1917年为了和德国划清界限，他将他祖父（阿尔伯特王子）的皇室名维丁改为温莎，并建立了温莎王朝。

这样，乔治五世成为第一位温莎王朝的统治者。其他的人是：爱德华八世（Edward Ⅷ，1894—1972年），为了迎娶美国的社会名流华里丝·辛普森（Wallis Simpson），他于1936年退位；乔治六世（George Ⅵ，1895—1952年），他的哥哥爱德华退位后，他继承了王位。在第二次世界大战（1939—1945年）期间，他不知疲倦地工作以鼓舞英国人民的士气；伊丽莎白二世（Elizabeth Ⅱ，1926—　年），

乔治三世真的疯了吗?

国王乔治三世(George Ⅲ)在他60年的执政期间发作几次精神病。今天很多人认为他患有卟啉症,是一种卟啉(构成身体组织、血液和尿的基本物质)代谢的病态紊乱。1760年,在他祖父乔治二世(King George Ⅱ)去世后,他继承了王位。5年后,他第一次精神病发作,之后的几次分别发生在1788年、1789年、1803年和1804年。最后的一次也是毁坏性的一次发生在1811年,疾病导致他精神错乱并且失明了。

正如著名的话剧及电影《疯狂乔治王》(*The Madness of King Grorge*)中所提及的,君主的疾病使英格兰面临一个棘手的问题:当统治者失去理智的时候,你能做什么?在1788年国王发病时,他的首相小威廉·皮特(William Pitt the Younger, 1759—1806年)和王后代为管理政府,并极力维护他的王权——甚至在国王的儿子威尔士王子乔治(George, 1762—1830年)公开同他父亲在国会的对手联合并密谋使他自己掌权的时候。当国王在1789年恢复了健康以后,他立即减少了自己的公务并且更加依赖皮特,事实证明他是一个有力的国家领导人。1801年,皮特退休,他的职位由亨利·阿丁顿(Henry Addington)接替。1804年,国王认为法国的入侵迫在眉睫的时候,他让皮特准备组成新一届政府。皮特再一次接起首相的重任直至他1806年去世。之后,一个由威廉姆·格伦维尔(William Grenville, 1759—1834年)领导的被称作“聚贤内阁”的联合政府管理国家直至1807年。之后,波特兰公爵威廉姆·亨利·斑迪克(William Henry Bentinck, 1738—1809年)成为首相直至1809年去世。那年,乔治三世最后一次参与到新一届政府的准备之中。1811年后,威尔士王子(他将成为乔治四世)作为摄政者统治着这个国家。

尽管受到疾病的困扰，但是乔治三世还是带领着他的国家度过了英国历史上一个最关键和最困难的时期。他在位期间经历了美国的独立战争、法国大革命、君主制被废除、拿破仑的入侵和工业革命的曙光。与此同时，1801年的联合法案使得爱尔兰归入英格兰，形成联合王国。

她是乔治六世的姐姐，至今仍是英格兰的女王。伊丽莎白在1952年登基，之后宣布她和她的子孙都要称自己为温莎王子和公主。

谁是英国统治时间最长的君主？

维多利亚（Victoria，1819—1901年）是英国历史上统治时间最长的君主。1837年7月，她的叔叔威廉姆王四世（King William Ⅳ，1765—1837年）去世后，她继承了王位。因为那时她只是一个十几岁的小女孩，因此在最初的几年里，她主要依赖于老练的首相，也是被她看作朋友的迈尔本勋爵威廉姆·拉姆（William Lamb，1779—1848年）。1840年同阿尔伯特（Prince Albert）王子结婚后，她也经常从她的丈夫和顾问那里寻求建议。到1850年的时候，她已经对她的能力充满信心，并且有着处理国家大事的权利。在她之后的统治时期内，她的首相本杰明·迪斯雷利（Benjamin Disraeli，1804—1881年）和威廉姆·格拉德斯通

维多利亚女王是英格兰统治时间最久的一位君主，她1837年继位直至1901年去世。

(William Gladstone)逐渐地掌握了权力——但是并没有疏远女王。正是由于这个原因，维多利亚被看做是第一位现代君主。1897年，在公众的支持下，维多利亚女王举行了自己的“钻石大庆”。典礼后，维多利亚继续执政直到4年后的1901年去世。

在维多利亚执政的64年中，她支持了在大不列颠以及英帝国海外的工业化。也是在阿尔伯特王子的影响和关注下，建筑、艺术以及文学都得到了长足发展。正是这位王子资助了1851年在伦敦水晶宫举办的世界博览会。这是历史上第一个国际博览会。巨大的水晶宫直至1936年被大火毁坏之前都是维多利亚时代的象征。

为何《自由大宪章》如此重要?

《自由大宪章》(*Magna Carta*)无可争议地是英国历史上最重要的文献。因为它是约翰王(King John，1167—1216年)1215年6月15日在英格兰萨里“温莎和斯泰恩斯之间一个叫做兰尼美德的牧场”被胁迫签订的，所以它有很多解释。宪章是由英国的贵族起草的，他们对国王侵犯他们的权利的行为十分气愤，宪章的声望在于它确保了个人的自由，并提出了个人权利，这包括对审判的保证：“任何自由人，如未经其同级贵族之依法裁判，或经国法判决，皆不得被逮捕、监禁、没收财产、剥夺法律保护权，流放或加以任何其他损害。”

1199年—1216年在位的约翰王，也被称为“无地王约翰”，有滥用王权的历史。当他的哥哥理查德一世(狮心王约翰，1157—1199年)还是国王的时候，约翰就试图篡夺王位。虽然他的计划没有成功，但是当理查德1199年去世后，约翰还是继承了王位，他还继承了4个法国领地(但不久后丢失了)。当他拒绝承认坎特伯雷的大主教时，他被革出教会。为了重新赢得教皇的欢心，他被迫放弃他的王国(1213年)，然后又以教皇封地的形式重新获得了它。但是他被要求每年向教皇进贡。不断增加的资金使得约翰和有权势的贵族们之间的矛盾更加深化，约翰对贵族事务的干涉激怒了他们并使他们开始厌烦他。贵族们以国王的名义在宪章中起草了63条规定，在约翰1215年因入侵法国失败归来后，同他在泰晤士河的河畔见面。在约翰被迫盖上他的印章的文件上确定了贵族、教徒和市民的权利，并使得国王确保他不会侵犯他们的特权。总之，《自由大宪章》规定国王受法律的制约。

《自由大宪章》为英国国会的建立作了准备，它保护了贵族和神职人员的权利，限制了王权，确保了宪章的权利，它为英格兰的议会政府奠定了基础。

宪章签署以后，约翰向教皇英诺森三世（Pope Innocent Ⅲ，1160年或1161—1216年）提出诉讼，英诺森三世宣布宪章无效。尽管如此，约翰在去世之前仍得遵循宪章，不久《自由大宪章》成为封建司法的基础，并一直被很多人认为是君主立宪政府的基础。

现代政府的诞生

英　国

英国的议会存在了多久？

大不列颠的议会要追溯到中世纪（500—1350年），那时英国国会被称作御前会议，作用是向国王提出建议。这个政体是由贵族和神职人员建立的，并随着时间的推移不断获得更多的权利。

今天的国会包括下议院，民主选举机构（相当于美国的众议院）；上议院，由贵族（公爵、侯爵、伯爵、子爵和男爵）和职位高的英国国教人员（主教和修道院院长）组成；君主（国王或女王）。从1911年以来，上议院的权力逐渐削弱，下议院负责首相（必须是众议院的成员）的选举。首相——而不是君主——是政府的执行首脑。

为何奥利弗·克伦威尔在英国历史上如此重要？

英国的军事家、政治家奥利弗·克伦威尔（Oliver Cromwell，1599—1658年）在形成英国现代政府上起着重要作用。事件从斯图亚特王朝的查尔斯一世（Charles Ⅰ，1600—1649年）继位开始。查尔斯继位后不久便迎娶了法国凯瑟琳公主（Catholic），这很快引起了新教教徒的不满。查尔斯王的问题并未结束：同以清教徒为主的国会的几次对抗后，查尔斯在1629年解散了立法机构，并在没有立法机构的情况下统治了英国11年。他在位期间，宗教和公民自由受到严重侵犯，政治和宗教冲突不断。因为害怕国王不断扩大的权力，国会采取行动，组织了一支军队，不久内战（1642—1648年）爆发。同150年后的法国革命（1789—1799年）一样，矛盾存在于强调君权神授的国王和强调要代表人民管理国家的政府机构之间。

奥利弗·克伦威尔成为国会军队的领导者，在持续了2年的英国内战中，克伦威尔领导他的国会军队在马斯顿荒野和纳斯比战役中取得了胜利，这致使查尔斯投降。但是当查尔斯1647年逃跑以后，战争又重新开始，直到1648年才完全结束。当国王第二年接受审判时，克伦威尔主张判处查尔斯死刑。国王的反对者采取手段废除了君主制，不久建立了英格兰共和国，克伦威尔为"护国公"。

尽管克伦威尔竭尽全力容忍宗教并且在某种程度上建立了一个半民主政府（1657年，他拒绝接受国王称谓），但是他的领导总是受到那些想要恢复斯图亚特王朝的人的威胁。当克伦威尔1658年去世后，他的儿子理查德（Richard，1626—1712年）继承了王位，但是他的才智远远赶不上"护国公"。恢复君主制的运动——特别是斯图亚特王朝派——获得了动力，理查德·克伦威尔不久被推翻并且在英国之外生活了20年。

查尔斯一世的儿子查尔斯二世（Charles Ⅱ，1630—1685年）在1660年继承了王位，开始了8年著名的复辟时期。查尔斯二世和他的弟弟，1685年在他之后即位的詹姆斯二世，都致力于恢复斯图亚特君主制的专制主义。两个国王都抵制英国国会，特别是对于财政问题。最终，在1688年，詹姆斯二世在"光荣革命"中被废除。威廉姆三世（William Ⅲ，1650—1702年）（查尔斯一世的孙子）和他的妻子女王玛丽二世（Queen Mary Ⅱ，1662—1694年；詹姆斯二世的女儿）在第二年被推向王位。虽然斯图亚特王朝还持有权利，但却有一个重大的事件：国会强迫威廉姆和玛丽接受《权利法案》（*Bill of Rights*，1689年），这使得国王在英国没有绝对的权力，并且必须通过在国会的国家代表来实施统治。这样，英国的内战（也称作新教改革）、克伦威尔的影响以及其他国会议员为英国的君主立宪政体奠定了基础。

什么是1689年权利法案？

这是被威廉姆三世（William Ⅲ，1650—1702年）接受的一个英国法案，威廉姆三世同他的妻子女王玛丽二世共同统治着这个国家，通过这个法案，皇室的权力被严重地限制。在国会同斯图亚特的国王们的斗争和废除詹姆斯二世之后，国会向威廉姆和女王玛丽提出了《权利法案》作为他们登基的条件：这个法案将公民权利、政治权利和自由描述为“真正的、自古以来的和毋庸置疑的”，但是它却忽视了王位的继承问题。关键问题是这个法案对英国的将来至关重要——条款规定罗马天主教不能统治国家。因为权利法案是为确保国会在英国政府中的统治地位，所以它被认为是对宪法有重大影响的文件。

▶ 什么是嗣位法？

这是1701年颁布的法律，重申了1689年《权利法案》中国王或女王不能是罗马天主教徒，也不能同罗马天主教徒通婚这一条款。嗣位法进一步确保了君主是新教教徒。国会通过了这个法案，部分原因是害怕雅各宾派，也就是詹姆斯二世的拥护者们。雅各宾派（同法国在法国大革命中夺取权力的政党雅各宾派不同）想方设法使斯图亚特王朝恢复权力。因为后继有人，嗣位法直至1714年才发挥作用，那时安妮女王（Queen Anne，1665—1714年）去世后无人继承王位。安妮女王是斯图亚特王朝最后一位君主。

法　国

▶ 玛丽·安托瓦内特真的说了“让他们吃蛋糕”吗？

没有，这个被广泛引用的句子并不是她说的，并且整个故事也可能是杜撰的。尽管如此，传说和事实也相差不远：作为神圣罗马帝国皇帝弗朗西斯一世（Francis Ⅰ）的女儿，漂亮的玛丽·安托瓦内特（Marie Antoinette，1755—1793年）习惯了奢侈的生活。与法国国王路易十四（Louis XⅣ，1754—1793年）的婚姻生活并不幸福，这使得她肆无忌惮地追求自己的快乐。不顾法国当时的经济状况，她仍然过着极度奢华的生活，包括举办大型舞会、在凡尔赛建造一个“小”宫殿、听歌剧、参与赌博等。她对国家事务完全没有兴趣。很多法国人都责备她败坏宫廷。总之，她给自己在历史上留下了很坏的名声。

因为当时极不受欢迎，所以便流传下了这个关于她的故事：一天，她问一个官员为什么巴黎人如此气愤，官员回答道："因为百姓们没有面包。"她却说："让他们吃蛋糕。"1789年发生的法国大革命结束了玛丽·安托瓦内特的奢华生活。1793年她同她的丈夫一起被送上了断头台。

"让他们吃蛋糕"这句话并不是神圣罗马皇帝弗朗西斯一世的女儿玛丽·安托瓦内特所说的。

什么是《人权宣言》？

1789年法国大革命期间颁布的《人权宣言》（*Rights of Man*）是对大革命提倡的"自由、平等、友爱"的一种补充。《人权宣言》以美国的《独立宣言》（*Declaration of Independence*）为蓝本，受启蒙思想影响，它肯定了宗教、言论和出版自由，保障个人安全。它宣称"自由、财产、安全和反抗压迫……"是天赋不可剥夺的人权。它进一步保障"除非在法律所规定的情况下并按照法律所指示的手续，否则不得控告、逮捕或拘留任何人"以及"任何人在其未被宣告为犯罪以前应被推定为无罪……"《人权宣言》之后被写进法国宪法的序言中，但是在《拿破仑法典》（*Code of Napoleon*）中，它所提出的很多观点都被改写。

什么是拿破仑"百日复辟"？

它指的是拿破仑·波拿巴（Napoleon Bonaparte，1769—1821）统治法国的最后100天。被他的敌人——联合在一起反对拿破仑统治的英国、瑞典、奥地利和普鲁士的欧洲联军——打败后，这位皇帝在1814年春天退位，并被流放到在地中海的厄尔巴岛。在那儿，他听说他退位后国内形势混乱、不满情绪高涨，于是他离开厄尔巴岛，同1 000多人到达法国的戛纳海岸并向内陆巴黎进军。听说拿破仑回来了，新的波旁王朝国王路易斯十八（Louis XⅧ，1755—1824年）便逃跑了。3月20日拿破仑开始了他的新的执政时期，但是这仅仅持续到欧洲联军在6月12—18日的滑铁卢之战中再一次打败他。那次战争之后，这个被称作“小伍长”（因为他身材矮小）的皇帝被永久地流放到英国的圣赫勒拿岛，在那儿拿破仑度过了自己的余生，于1821年去世。

▶ 为何对拿破仑至今仍有争议？

至今，历史上对这位“小个子皇帝”的评论仍层出不穷，那些恶意批评者和支持者（或者称为“辩护者”）还在继续发表他们的评价和有依据的研究。一个热点就围绕着拿破仑·波拿巴最主要的身份是否是军人。拿破仑掌权（在1799年的一次政变中）不久后，他仍然使法国处于战争之中长达10年之久（以征服整个欧洲）。在法国人看来，拿破仑是一位英雄，一个能够召集他的军队并鼓励他们一次次赢得战争的精明的策略家。这些战役的对象——英国、俄国、奥地利、德国、西班牙以及葡萄牙——使得对拿破仑的评价充满争议。来自这些国家的研究者主要侧重拿破仑的阴暗面，并称之为狂妄者、变态者，甚至把他看作阿道夫·希特勒（Adolf Hitler，1889—1945年）的先驱者。

更为复杂的是历史如何看待拿破仑，在他1804年称帝和带领他的军队占领欧洲大陆之前，很多欧洲人——不仅仅是法国人——把他看作英雄。毕竟，那时他在恐怖的罗伯斯庇尔领导的无能政府之后继续执政，并同美国、俄国和英国继续保持着和平。很多人认为拿破仑能将巴士底狱风暴之后的混乱法国带向正轨，并且能向法国长久以来的敌人伸出橄榄枝，看上去好像拿破仑能恢复国内外的秩序。当然这种和谐期并没有持续太久：到1805年时，人们指望能结束混乱的人却制造了更多的混乱。“在他的强迫下发动的”（一个作家这样描述道）战争很快席卷了整个大陆，最终，各国联合起来以摆脱拿破仑和他的大军。

正因如此，学生和读者们将拿破仑看成是极富争议的历史人物。基于他的眼界、洞察力、勇气以及对现代自由民主的发展，拿破仑被称为“王中之王”；他还被描述为好战的专制暴君，这是因为他的野心使数百万人丧失了生命。但是无可否认的是：他是一名勇敢的士兵、一名充满天赋的军官，至少在某一个时期里他还是一名魅力超凡的统治者。

什么是《不可容忍法案》?

《不可容忍法案》(*Intolarable Acts*)也被称作《强制法案》(*Coercive Acts*),是英国国会在1774年初通过的5个法案,目的在于确保英国在美国马萨诸塞州的殖民统治,被看做是对波士顿倾茶事件(1773年12月)的惩罚措施。法律的概要是:关闭波士顿港;对在殖民地犯罪的官员和士兵采取英国审讯;马萨诸塞州宪法的修改要通过英国并且在没有(英国)政府的允许下不能召开县级会议;要求殖民地人民为英国士兵提供吃住;殖民统治扩大到从魁北克省向南到俄亥俄河。

虽然,英国的目的是控制马萨诸塞州的殖民统治(实际上第五个法案的目的并不是为了惩罚殖民地),但是结果却是使得所有的殖民地团结起来以反抗英国统治。在这一点上,这个法案预示着美国革命的到来。

何人发起"波士顿倾茶事件"?

很多人认为在1773年12月13日,是爱国人士塞缪尔·亚当(Samuel Adams,1722—1803年)给那一百多名穿成印第安人模样的人发出信号,使他们登上停靠在波士顿港的船只,将茶叶倾倒到船外。是不是亚当发起倾茶事件并不确定,但是无可否认的是:他是整个事件的最核心领导人。反抗是为了回应英国国会刚刚通过的《茶叶法》(*Tea Act*),这个法案允许英国的东印度公司在美国殖民地以很低的价格"倾销"茶叶,并且要求殖民地人民为上述的茶叶缴税。殖民地人民害怕这一法案会摧毁当地的商业,也担心如果同意为此向英国缴税的话,英国会征集更多的其他税款。

载着茶叶的船只一到波士顿岸边,殖民地人民便试着将他们劝回英国。但是当马萨诸塞州的官员托马斯·哈钦森(Thomas Hutchinson)拒绝下达让船只返航的命令时,这些爱国人士组织了反抗行动,这就是所谓的"波士顿倾茶事件"。

为何举行了两届大陆会议?

两届大陆会议的举行都是为了回应英国国会试图保证他们在美国的殖民统治的行为。第一届大陆会议的代表会面的时候,他们准备了一个计划,但是很显然他们并没准备实施这个计划,在会议结束前他们同意在必要的情况下将会再召开一次。总之,第一次会议作了计划A,第二次采取计划B(这是最后一个向英国国王上呈的文件),然后是计划C(最终宣布美国独立)。

第一届大陆会议在1774年9月5日在美国宾夕法尼亚州的费城举行。会议主要是回应所谓的《不可容忍法案》。这是由英国国会通过的法案,目的在于在波士顿倾茶事件(1773年12月)后加强对马萨诸塞州的殖民统治。殖民地的反英情绪高涨,他们要联合以对抗英国。不久,12个殖民地派出了56名代表在费城举行会议(第13个殖民地佐治亚州拒绝派出代表,但是却表示愿意实施会议制订的任何计划)。参加会议的代表包括了塞缪尔·亚当(Samuel Adams,1722—1803年)、乔治·华盛顿(George Washington,1732—1799)、帕特里克·亨利(Patrick Henry,1736—1799年)、约翰·亚当(John Adams,1735—1826)和约翰·杰伊(John Jay,1745—1829年)。每个殖民地都有一票,当他们在10月26日结束会议的时候,得出的结果是:会议请求国王宣布英国国会对美国殖民地没有管理权,而是由殖民地自己管理自己的事务;殖民地将不会同英国进行贸易除非国会废除他们有关贸易和税收的政策。请求因英国拒绝而无效,但是代表们同意要在下一年的5月再举行一届会议——如果有必要的话。

但是乔治三世决定英帝国应不惜代价保证在当地的殖民统治。他认为如果帝国失去了美国殖民地,则可能会引起骨牌效应,即会鼓励其他的英国殖民地要求独立。他害怕这会使英国变成一个小国,而不是像现在一样的帝国。英国不情愿失去对美国的统治。1775年4月英国战士和美国爱国人士之间的战争在美国马萨诸塞州的列克星敦和康科德爆发。正如以前约定的,5月10日各殖民地派出代表在美国费城举行了第二届大陆会议。代表们——包括乔治·华盛顿、约翰·汉考克(John Hancock,1737—1793年)、托马斯·杰斐逊(Thomas Jefferson,1743—1826年)和本杰明·弗兰克林(Benjamin Franklin,1706—1790年)——组织并准备战斗,他们组成了大陆军,并任命华盛顿为总指挥。虽然武装冲突即将开始,但是会议并没有放慢要求独立的脚步:7月10日,在宣布拿起武器的2天后,会议向乔治三世作出了另一个请求,希望通过和平方式解决问题。但尝试失败了，第二年夏天，第二届大陆会议通过了《独立宣言》，宣布同英国脱离所有关系。

《独立宣言》中写了什么？

1776年7月4日通过的《独立宣言》，一直以来被认为是历史上最意味深长的关于人权的声明。在宣言中，不仅13个殖民地宣布摆脱英国的殖民统治，还阐述了发表宣言的原因（指出“正是这些原因促使他们从英国统治中分离出来”），与此同时还提到英国政府违背了人权：“现在大不列颠‘乔治三世’的历史是重复伤害和侵犯的历史”，他的目的是建立对“这些州完全的专政”。

在宣言的开头描述了美国的理想政府，这个理想的政府是建立在自然权利的基础上。《独立宣言》提出了政府存在的基本原则，就是为了人民的利益，并指出“人人生而平等”。作为第二届大陆会议的主席，托马斯·杰斐逊准备、起草

1776年签署《独立宣言》的图片。《独立宣言》一直以来被认为是历史上最意味深长的关于人权的声明。（阿含·杜兰德提供）

并在1776年7月2日向第二届大陆会议呈交了《独立宣言》的第一草稿。

以下是宣言中被引用最频繁的部分：

> 我们认为下述真理是不言而喻的：人人生而平等，造物主赋予他们若干不可让与的权利，其中包括生存权、自由权和追求幸福的权利。为了保障这些权利，人们才在他们中间建立政府，而政府的正当权利，则是经被统治者同意授予的。任何形式的政府一旦对这些目标的实现起破坏作用时，人民便有权予以更换或废除，以建立一个新的政府。新政府所依据的原则和组织其权利的方式，务使人民认为惟有这样才最有可能使他们获得安全和幸福。

▶ 美国的“开国之父”都有谁？

这个词语用来指那些在18世纪末对大革命产生影响的美国政治家们。虽然说法不一，但是大部分撰写《独立宣言》和《美国宪法》的人都被称作“开国之父”。

在56个参加大陆会议并签署《独立宣言》的人中，最著名的有来自美国马萨诸塞州的约翰·亚当和塞缪尔·亚当、来自美国宾夕法尼亚州的本杰明·弗兰克林、来自马萨诸塞州的约翰·汉考克以及来自弗吉尼亚州的托马斯·杰斐逊。

在1787年9月17日签署《美国宪法》的39人中包括著名的乔治·华盛顿，他后来成为美国第一任总统；亚历山大·汉密尔顿（Alexander Hamilton，1755—1804年），作为华盛顿的军事助手，后来成为美国第一个财政部长；詹姆斯·麦迪逊（James Madison，1751—1836）被称为“宪法之父”，因为数十年以来他都扮演着代表们的协调者和记录者的角色。81岁的本杰明·弗兰克林是宪法和《独立宣言》的签署人中年龄最大的；其他人还有乔治·克莱默（George Clymer，1739—1813年）、罗伯特·莫里斯（Robert Morris，1734—1806年）、乔治·里德（George Read，1733—1798年）、罗杰·谢尔曼（Roger Sherman，1721—1793年）和詹姆斯·威尔逊（James Wilson，1742—1798年）。

未能出席立宪会议的著名爱国人士和政治家们有约翰·亚当和托马斯·杰斐逊，他们在那时都有别的政务要处理，而且后来他们都成为美国总统；塞缪尔·亚当和约翰·杰伊（John Jay，1745—1829年）并未被提名为州代表，但是他们还都继续着他们的政治生涯，承担着各种各样的联邦政府和州政府的事务；弗吉尼亚州的帕特里克·亨利（Patrick Henry，1736—1799年）认为没有必要超越《联邦条例》而给中央政府更多的权利。亨利对这个问题的观点预示着在100年后被激化的不满情绪，那时有12个南部州（包括弗吉尼亚）脱离联邦，致使美国内战（1861—1865年）爆发。

亚当、弗兰克林、汉考克、杰斐逊、华盛顿、汉密尔顿、麦迪逊、杰伊和亨利这些都是一提到"开国之父"便能出现在人们头脑里的名字。他们每一个人都对美国的政治产生了深远的影响——在美国革命时代，他们的身份不仅仅是爱国人士和领导者。但是，值得一提的是在很多教科书中和美国人的心中，"开国之父"仅仅指的是那些起草《美国宪法》的人，因为正是那部宪法——在它签署的200多年以后——为美国民主政府提供了一个牢固的基础。

为何约翰·汉考克成为历史上签署《独立宣言》的重要人物?

大多数美国人都明白如果他们说签署了"约翰·汉考克"，意思就是说他们签署了一个文件。这是因为作为第二届大陆会议的主席的汉考克在56人中第一个在这个历史性的文件上签上了自己的名字。

事件的发展过程是这样的：1776年7月2日，托马斯·杰斐逊将宣言的草稿呈交给在美国宾夕法尼亚州的费城召开的第二届大陆会议。来自13个州的代表便致力于对草稿的讨论，并做出了一些修改：将谴责英国国王乔治三世贩卖奴隶的部分删除。除此之外还有一些修饰性的改动。7月4日，宣言被国会通过，然后由汉考克签字。之后，文件被打印出来。几天以后，在7月8日，宣言向集合在州政府院子里的人群公布。7月19日，国会下令将《独立宣言》誊写在羊皮纸上。正是在这份版本上签署了56位第二届大陆会议代表的名字。《独立宣言》连同《美国宪法》和《权利法案》都被收藏在美国华盛顿国家档案馆里，并向公众展示。约翰·汉考克后来在1780—1785年和1787—1793年被任命为马萨诸塞州州长。

什么是《联邦条例》?

它是《美国宪法》（1788年）的最初蓝本。1777年11月15日在美国宾夕法尼亚州约克召开的大陆会议上起草，在被最后一个州马里兰州批准后，于1781年3月1日生效。条例的弱点在之后的宪法中得以改正：它使得各州的权利大于中央政府的权利，规定国会要依靠各州来收税和实施法案。

多亏了亚历山大·汉密尔顿这个条例才被废除：他意识到这个条例削弱了中央政府的权利，汉密尔顿提出要加强中央政府——即便是在损害了各个州的利益的情况下。最终，他赢得了主持召开美国费城大陆会议的乔治·华盛顿、詹姆斯·麦迪逊（James Madison，1751—1836年）、约翰·杰伊和其他人的支持，在这次会议上，废除了《联邦条例》而起草了《美国宪法》。

《联邦条例》的最后一个条款在1781年颁布。这个在西进运动中签订的条例规定了建立州的标准：投票人数达到5 000的可以建立一个立法机构，人口达到6万人的有资格成立州。

最初的州有哪些？

按照进入的时间排序：特拉华州、宾夕法尼亚州、新泽西州、佐治亚州、康涅狄格州、马萨诸塞州、马里兰州、南卡罗来纳州、新罕布什尔州、弗吉尼亚州、纽约州、北卡罗来纳州和罗德岛州。佛蒙特州是第14个州和第一个自由州（第一个没有奴隶制的州）。

《美国宪法》

什么是《弗吉尼亚计划》？

这个著名的计划是由詹姆斯·麦迪逊起草，由弗吉尼亚的代表呈交给1787年5月25日举办的制宪会议。在确定基本规定和选举官员之后，5月29日在埃德蒙·詹宁斯·伦道夫（Edmund Jennings Randolph，1753—1813年）领导下的弗吉尼亚代表提议撰写一部全新的宪法而不是试图修改无力的《联邦条例》。然而对这一提议却有反对意见（有时被称为《新泽西计划》（*New Jersey Plan*），讨论持续了数周。最终，《弗吉尼亚计划》赢得了大部分选票，代表们于是开始起草这份强化美国国家政府的文件。

何人撰写了《美国宪法》?

《美国宪法》(*U.S.Constitution*)是参加1787年5月25日在美国费城独立大厅举行的会议的全部55个代表的智慧结晶。托马斯·杰斐逊称这次大陆会议为“半人半神的聚会”,这种说法不是没有根据的:这些代表都是这个年轻国家中最聪明和最优秀的人。当各个州被告知要派出代表参加这次会议的时候,12个州都派出了他们最有经验、最有天赋和最聪明的人作为代表;罗德岛州因为害怕强大的国家政府会妨碍州事务而没有派代表去费城。

虽然这是一个众星云集的集团,但文件也还是要有人去撰写的。尽管很多人参与了这个过程,然而是一位名为古维诺尔·莫里斯(Gouverneur Morris,1752—1816年;后来成为美国的政治家和外交家)的纽约律师执笔撰写了《美国宪法》。莫里斯从詹姆斯·麦迪逊那得到了大量帮助,这是因为麦迪逊在组织代表们讨论和提出解决方案的过程中作了大量的记录,这些记录给莫里斯提供了许多必要的信息。麦迪逊提出了一个使立法(国会)、行政(美国总统)、司法(最高法院)3个机构相互监督、相互平衡的体系,并且他还对文件的语言有巨大的影响,因此这为他赢得了“宪法之父”的美誉。

由莫里斯起草的原始文件现在保存在美国华盛顿的国家档案馆里。之后,美国国会对宪法进行了修改,宪法中提出的准则影响了美国两个多世纪。它向其他国家证明了一个阐述政府准则和目的的宪法对于一个好的政府来说是必要的。

《美国宪法》是何时通过的?

《美国宪法》是于1788年6月21日在9个州的批准下通过的。在第二年取代了《联邦条例》开始生效。

《权利法案》保护了哪些权利?

《权利法案》是对《美国宪法》前十条修正案的总称,在1791年12月15日获得通过,以保证个人自由。

第一条修正案,这也许是被美国人引用最多的一条,它保证了人们的宗教、言论和出版自由;保障了人们和平集会和向政府请愿的权利。第二条修正案,保障人们有携带武器的自由（纪律严明的民兵是保障自由州的安全所必需的）。第三条修正案，和平时期，没有主人的同意，军队不得驻扎民宅。第四条修正案，禁止非法的搜查和逮捕。

第五到第七条修正案建立了基本的法律标准。第五条修正案（很久以前就有了“第五条辩护”的说法），不得强迫被告提供对自己不利的证据。审判犯有重罪的犯人，必须先由大陪审团提出起诉（由12—23人来决定判决是否合理）；不得对同一罪行进行重复审判。第六条修正案，要求对刑事犯罪必须有一个快速的公开审判，必须有一个公正的陪审团，保证被告有获得律师帮助的权利。第七条修正案，保障审判由陪审团审理。第八条修正案，不得要求过多的保释金，不得处以过重的罚金，不得施加残酷和非常的惩罚。

第九条修正案，这一条很多美国人可能无法记住，但这仍然是非常重要的一条，其中写道，公民的权利不止于宪法中所列出的，宪法没有专门提及的权利属于人民。第十条修正案，宪法将未授予联邦政府、也未禁止各州行使的权力交给各州执行。换句话说，它限制了宪法授予联邦政府的权力。

谁来判断某项法律是否冒犯了《权利法案》中保障的自由？

判断某项法律是否触犯了《权利法案》（1791年）中列出的（或暗示的）自由

为何将《权利法案》增加到《美国宪法》中？

1788年批准的《美国宪法》几乎没有提到对个人权利的保障。事实上，最初一些对新宪法的反对就是基于它缺少对个人权利的保障。正是“宪法之父”和未来的总统詹姆斯·麦迪逊（James Madison，1751—1836年），他当时作为美国众议院的一员带领国会通过了这10个修正案即后来的《权利法案》。大多数权利都集中在曾经在《独立宣言》中提到的被英国政府践踏的人权自由问题上，这些问题在《美国宪法》中并未提及，因此《权利法案》弥补这一部分。

是美国最高法院的工作。在最高法院审判之前,工作的难点是确定哪一种权利被触犯了。在对有异议的法规合宪性下结论之前,要举行数月的听证会和研讨会来解决这些问题,最终由9名法官(1个大法官和8个助手)投票来决定。基于宪法第三条建立起来的全国最高法院对所有提交的法律问题有最终决定权。最高法院既需要对国会的法令(包括法律和条约)作出解释,又要判定联邦法律和州法律的合宪性(根据第十四条修正案,法院支持将大部分权力法案应用于各州政府)。

如何通过《美国宪法》的修正案?

有两条途径可以使提议的修正案成为法律。第一条途径:在国会上提出修正案;两个议院都必须有2/3的人支持(否则的话提议中止);如果美国国会的两个议院都通过了的话,就提交给各个州的立法机构;必须得到3/4的州立法机构的支持(无论这个州立法机构采取怎样的管理方式);一旦3/4的立法机构通过的话,则提交的修正案就成为法律(否则的话修正案也无法成为法律)。

第二条途径:有2/3的州立法机构要求对《美国宪法》做出修正;然后修正案在国会召集的会议上被提出;如果修正案得到3/4的州立法机构的批准的话,则提交的修正案就成为法律。虽然从未采取过第二条途径,但这是非常重要的补充,因为这顾及了大众的、州一级的提议。

《美国宪法》有多少条修正案?

到目前为止,共有27条修正案。以下是每条修正案的简要总结和通过的时间:

第一到第十条修正案(1791年):构成了《权利法案》。

第十一条修正案(1798年):合众国的司法权不得被解释为可以扩展到受理由他州公民或任何外国公民或臣民对合众国一州提出的诉讼。

第十二条修正案(1804年):修改的总统和副总统的选举规则如下:总统选举团成员成为选举人,选举一个人为总统,另一个人为副总统。选举人只需选出两个人——得票多者为总统,另一个为副总统。

第十三条修正案(1865):禁止奴隶制。连同第十四和第十五条修正案一起被称为内战修正案。

第十四条修正案(1868):定义美国公民,并在法律上给予所有公民平等的保护。(这个修正案使得以前的奴隶成为公民,并进一步保证了人人平等。)

第十五条修正案(1870):合众国公民的投票权,不得因种族、肤色或曾被强迫服劳役而被合众国或任何一州加以剥夺或限制(这个修正案意味着黑人也有投票权)。

第十六条修正案(1913):合众国有权征收所得税。

第十七条修正案(1913):规定参议员的选举。在这条修正案通过之前,参议员由各州的立法机构选出;这条修正案将权力授予公民。

第十八条修正案(1919):是一项禁止法案(就是说,酿造、出售和运输酒类是非法的)。

第十九条修正案(1920):赋予妇女选举权。

第二十条修正案(1933):也被称作"跛鸭"修正案。改变了议会任期和总统开始任期的时间,这样新一届政府能够在选举结束后马上上任。

第二十一条修正案(1933):废除第十八条修正案。

第二十二条修正案(1951):限制总统的任期为两届(总统在任最多不能超过10年——2年作为非选举总统,两届作为选举总统)。

第二十三条修正案(1961):赋予华盛顿特区居民总统选举权。

第二十四条修正案(1964):选举权不受税收限制(一些州用人头税来限制选举权;这种行为剥夺了黑人和穷人的权利)。

第二十五条修正案(1967):阐明当选副总统和继任总统的规则(如果总统免职、死亡或辞职,副总统应成为总统;如果副总统职位出现空缺时,总统应提名一位副总统,经由国会两院都以过半数票批准后就职)。

第二十六条修正案(1971):确保18岁以上公民有选举权。

第二十七条修正案(1992):禁止国会通过增加自己薪水的议案;规定国会通过的增加工资的议案直到下届才能生效。(这个修正案是国会在1788年通过并送予各州批准的,直到1992年密歇根州通过后,才成为宪法的一部分。)

美国政党体制

"辉格党"指的是哪些人?

他们是苏格兰、英格兰和美国政党的成员。这个名字来自"辉格梅尔"(意思是"赶牛的人"),在17世纪这是一个带有贬义的称谓,用来指那些反对英格兰国王查尔斯一世的苏格兰长老会会员们。1625—1649年在位的查尔斯一世,在内战中被罢免,然后在法院被审讯并判有叛国罪,最终被砍头。大部分由商人和乡绅们组成的"辉格党"极力支持国会,他们的反对党是支持国王的"托利党"。在18世纪一个很短的时期内,"辉格党"曾主导着英国的政治。1832年后他们成为"自由党"的一部分。

与此同时,在美国的"辉格党"作为一个主要的美国政党而崛起。另外一个政党就是我们今天所熟知的"民主党",在1832年选举中它支持了总统安德鲁·杰克逊(Andrew Jackson, 1767—1845年)的当选。尽管杰克逊在第一届任期内颇受争议,但是"辉格党"的候选人,被称为南方"棉花派辉格党"的亨利·克莱(Henry Clay, 1777—1852年)却未能当选,而由被称为"老山核桃"的杰克逊连任。在1840年的选举中,成功地将本党联合的"辉格党"终于将他们的候选人送进了白宫。然而威廉·亨利·哈里森(William Henry Harrison, 1773—1841年)却在任职的23天后去世。他的接任者约翰·泰勒(John Tyler, 1790—1862年)反对在国会中的"辉格党"人,于是他被驱除出"辉格党"。1848年,"辉格党"又将扎卡里·泰勒(Zachary Taylor, 绰号"老凑合"; 1784—1850年)送入白宫,但是2年后,他也在白宫逝世。他的继任者米勒德·菲尔莫尔(Millard Fillmore, 1800—1874年)继续效力"辉格党",然而这时党内却出现了问题。"辉格党"最后的一位总统候选人是温菲尔德·斯科特将军(Winfield Scott, 绰号"吹毛求疵的老家伙", 1786—1866年),但是1852年,他被弗兰克林·皮尔斯(Franklin Pierce, 1804—1869年)击败,竞选未能成功。之后的不久,由于奴隶制问题"辉格党"解体;大部分北方"辉格党"人加入了"共和党",而南方"棉花派辉格党"人加入了"民主党"。

“一无所知党”成员是谁？

“一无所知党”人是18世纪中叶一场美国政治运动中的成员：一些美国人害怕外来移民带来的影响（19世纪40年代有新的移民涌入），他们联合在一起（有时是在秘密的团体中）以支持心目中的美国价值观。当人们问及他们的观点和活动时，他们典型的回答是：“我不知道。”于是便有了这个运动的名称。

“一无所知党”成员致力于仅让那些“纯”美国人（美国出生的人）进入国家政府，并且他们提倡需要在美国居住25年才能成为国民。因为很多从欧洲移民来美国的人都是天主教徒，所以“一无所知党”成员也反对天主教会。

1843年“一无所知党”成员组成了美国的“共和党”。在1854年的选举过程中，这个党同“辉格党”内的一些派别联合，“一无所知党”包揽了马萨诸塞州和特拉华州的选票，获得了纽约州和宾夕法尼亚州的大部分选票，并且拉拢了南方的潜在选票。在第二年，“一无所知党”去掉了他们的神秘性成为美国的一个政党。但是在1856年的大选中，他们在奴隶制的问题上出现了分歧，在大选之后，这个政党退出了历史舞台。反对奴隶制的成员加入了新成立的“共和党”。

“共和党”是如何出现的？

“共和党”是美国两个主要的政党之一，是1854年由那些反对在新地区设立奴隶制的人们建立的。1860年“共和党”成功地为亚伯拉罕·林肯（Abraham Lincoln，1809—1865年）筹集到了足够多的选票。在19世纪80年代，“共和党”人称自己为“大老党”。这个党一共产生了17位“共和党”总统。

▶ “民主党”是如何出现的？

美国当今另外一个主要的政党（时间更长）是“民主党”，这个党是1800年左右在选举托马斯·杰斐逊为总统时建立起来的（对抗亚历山大·汉密尔顿的“联邦党”）。“民主党”主要是提倡个人自由和对联邦政府的限制。杰斐逊当选总统后，这个政党——那时被称作“民主共和党”——在之后的25年内不断地将自己的候选人送往白宫。在1828年，他们去掉了后缀，简称为“民主党”。“民主党”已经产生了18或19位总统（取决于对其中一位的身份的确定）；安德鲁·约翰逊（Andrew Johnson，1808—1875年）在加入“国家统一党”之前，作为“民主党”人在1864年当选为副总统（有些资料认为他属于两个党：“民主党”和“国家统一党”）。

▶ 南方独立的时候所有的南方立法者都离开了华盛顿吗？

除了一位外，所有的立法者都离开了。在南方宣布独立和战争的第一枪在南卡罗来纳州的柯林斯堡打响的时候，参议员安德鲁·约翰逊仍然选择留下。安德鲁没有赞同他所代表的州的事实似乎令人惊讶，但是这也表露了他所提倡的根本观念：他始终不渝地坚信宪法。因此，在他看来脱离行为不仅是叛逆的，也是非法的。

选择留下的决定证明了约翰逊是一个具有政治远见的“民主党”人：1862年亚伯拉罕·林肯总统任命他为田纳西州的军事长官。当亚伯拉罕·林肯第二次当选总统后，约翰逊被任命为副总统。任命的6周后，林肯遇刺（4月14日），约翰逊接任总统。

▶ 南部各州是如何回到合众国的？

内战结束之前，在华盛顿的人就开始考虑如何将独立的州和北部再次统一起来这个难题。一些立法者认为应该将南部的州看作是在战争中获得的区域，但是包括亚伯拉罕·林肯和安德鲁·约翰逊在内的另外一些人则认为既然脱离是非法的，则南部是属于——并且以前也是属于——合众国的，因此这些州应该和联邦政府建立“合适的关系”。他们赞成惩罚南方官员，而不是南方这些州。

亚伯拉罕·林肯总统制订了他的10%计划，即：只要一个州有10%的人宣誓忠于合众国，则这个州就被允许建立新一届政府。但是国会却反对这个计划，认为过于温和，并于1864年6月通过了韦德·戴维斯法案，对州的确立提出了更严格的要求。与林肯的10%不同的是，国会要求在州的地位被恢复之前，要有大多数的选民宣发"绝对忠诚"誓词。并且这个法案要求每个州的宪法都必须废除奴隶制；邦联的军队领导人不得从政，否则取消其公民权。林肯反对这项法案，在国会被解散之前，他既没在上面签字也没将这个法案送回，因此韦德·戴维斯法案最终没能成为法律。

到第二年4月林肯遇刺的时候，这个问题仍然悬而未决。林肯的继任者，安德鲁·约翰逊总统不久提出了一个重新接纳这些州的计划。他呼吁各州宪法都废除奴隶制并且拒绝接受南部邦联政府的战争债务；除此之外，每个州的大多数公民要发誓忠于美国。一旦同意以上计划就可以恢复州地位，约翰逊要求州立法机构支持第十三条修正案（在美国废除奴隶制）。在1865年12月，国会在林肯遇刺后第一次重新召开的时候，除得克萨斯州之外所有以前南部邦联的州都答应了总统的要求。但是这些新成立的州以前还颁布过"黑人法典"，严重地限制了黑人的权利。另外，南方白种人针对黑人的暴力事件仍然存在，包括新成立的"三K党"，一个在南方散播恐怖的秘密白人组织。

国会决定反对总统对于重新接受南方各州的宽大的条件，并且拒绝给来自南方的代表安排席位。这一举动激怒了约翰逊总统，于是立法机构和执政机构的冲突开始了。最终，还是由国会决定了接纳南部州的程序。

1868年夏，7个（共11个）南部州的立法机构通过了第十四条修正案。其余的4个州——佐治亚州、密西西比州、得克萨斯州和弗吉尼亚州——到1870年也听从了恢复州地位的要求，至此合众国得以恢复，来自南方的国会代表也在华盛顿受到了欢迎。

交涉期间（国会和约翰逊总统之间关于恢复州地位和通过第十四以及第十五条修正案的交涉），南部由军队管理以保护人民和财产，并且监管每个州政府的重组。

重 建 时 期

什么是“重建时期”？

“重建时期”指的是美国内战后的12年重建阶段。最后一场战争结束后，南部百废待兴：食物和其他的供给都不足，人们无家可归，城市中心、学校、铁路被毁坏，政府不复存在。不仅如此，国家有新的国民要解放和保护，就是获得自由的奴隶。另外的问题是，如何使南部州回归到合众国之中。

总之，受到创伤的国家需要恢复。但是，长时间的重建仅仅带来了更多的不和与争吵。这段时间里，战场不是盖茨堡或查塔努加，而是华盛顿。南部的“民主党”人和原来的奴隶主安德鲁·约翰逊总统同激进的“共和党”领导的国会相持不下。两股势力为争取制订重建工作的政策而明争暗斗。约翰逊倾向于采取更加容忍和迅速的方式统一国家，但是他的方法无法保护国内的黑人。国会的态度则更为谨慎，他们在南部重新被纳入合众国之前，在那里建立军队管理作为临时政府。最终，国会一次次推翻约翰逊总统的否决，取得了胜利。

国会在1866年通过了《民权法》，这向解放奴隶、保护他们的合法权益迈出了第一步；《重建法案》（*Reconstruction Act*，1867年）概述了如何将南方州重新纳入合众国；《自由人局法案》（*Freedman's Bereau Bill*）延长了处理南方的黑人和白人的事务的机构的任期，并且通过了第十三条、第十四条和第十五条修正案（被称作内战修正案）。因为南方的基础是农业，经济的恢复较慢，最终发展了更多的工业。各个州建立起公共学校。州政府比以前更加开放，更多的官员通过选举产生而不是任命。另外，保证了黑人的选举权和被选举权。

然而，这些措施是受到了阻力的，内战后的恢复也不是一帆风顺的。很多历史学家认为南部邦联州在阿波马托克斯投降后的几年里出现的争议引起了种族隔离和不公正，这最终导致了民权运动。很多人认为那时国家出现的问题至今仍然存在。

“40英亩和1头驴”是什么意思？

这个说法和合众国将军威廉姆·特古梅斯·谢里曼（William T. Sherman）有关。在美国内战的后期，1865年1月16日，在他领导的名为“向海洋进军”（从美国亚特兰大到萨凡纳）的军事进攻中，他发表了“15号特殊土地令”。土地令中将沿着南卡罗来纳州、佐治亚州和佛罗里达州的海岸的土地留给被解放的4万奴隶们。根据土地令，每个家庭都将得到“一块不大于40英亩（约1 616公亩）适合耕种的土地……关于土地的所有，军队将给他们提供保护，直至他们有能力自己保护自己或国会授予他们相关权利”。所有的土地都是战争期间充公的种植园；属于自由人局管辖范围。虽然提到了会提供“一个或多个收缴的蒸汽机用于劳作以及一个或多个商业点来售卖他们的劳动果实”，但是没有提到过向自由者提供驴，或其他的动物。可是不久农场主们得到了一些不能再为军队劳动的老驴，于是新闻“40英亩和1头驴”便在获得自由的奴隶中传播开来。

不久后，在1865年4月，战争结束了，安德鲁·约翰逊总统宣布宽恕以前南部联邦的人，并将他们的土地返还给了他们，因此，向获得自由的人们提供生活材料的承诺便被废除了。那个被人们淡忘了的“40英亩和1头驴”的说法在20世纪末21世纪初作为补偿问题又在美国被重新提起。

▶ 什么是“带着旅行包的人”？

“带着旅行包的人”是一个讥讽的词汇，用来指那些在“重建时期”的早期到达南方的北方人。尽管许多北方人都想在南方定居，但是南方人仍然把他们看成外来者，甚至把他们看作仅想快速盈利后回到北方的投机者。这些北方人被称作“带着旅行包的人”，因为他们都提着一个毡制的旅行袋作为行李箱。一些南方人甚至嘲笑这些北方人能把所有的家当都装进他们的毡制的旅行袋里，以暗示北方人的投机性。尽管如此，内战后再次在南方落户的北方人在重建期间起到了重要作用。在通过黑人选举权后，一些人进入了政府，并且影响着本州政策和当地政策的制订。但是一些人却被证实了贪污。因为此种人，“带着旅行包的人”就成为爱管闲事的、机会主义者的代名词。

▶ 什么是“南方佬”？

“南方佬”是南方白人用来贬损那些在重建期间支持或为共和党立法者工作的南方白人。19世纪60年代中期至后期，共和党成为美国南方的主要攻击对象：因为国会由激进的共和党所控制，他们能够推翻总统的否决权以达到他们的目的。当安德鲁·约翰逊(Andrew Johnson, 1808—1875年)总统支持宽大处理南方反叛州的时候,国会却倾向于采取一种更为渐进的方式促成统一。为了阻止南方的再一次暴乱,国会推迟了对以前的邦联州的恢复,直至在那些地方建立共和政府。国会还决定要制定法律和确定宪法修正案以扩大公民和被解放的奴隶的权利。4年残酷的战争过后,形势已经转向合众国,并且共和党的立法者掌控着重建政策的决定权。安德鲁·约翰逊总统已证明他自己是一名不起作用的领导人,国会已经多次以多数票来推翻他;事实上,1868年,国会就弹劾了约翰逊。一些被贬低为"南方佬"的南方白人加入到北方商人和政治家(被嘲笑为"带着旅行包的人")甚至是获得自由的奴隶之中以建造一个全新的南方。

为何安德鲁·约翰逊总统被弹劾?

1868年2月末,9条关于总统安德鲁·约翰逊和国会在政治及思想上存在冲突的弹劾被提了出来。

约翰逊——一个自学成材、自力更生及坦率直言的人——使得人们对他既爱又恨。美国内战(1861—1865)爆发以后,作为一个南方的民主党的参议员,他同他的家乡和政党断绝了关系,并发誓要联合合众国。他这么做是因为他强烈的个人信仰,他认为南方的州从合众国独立出去违背了美国宪法。不久,这个田纳西州的前民主党人,在1864年秋的第二次总统大选中,同共和党的亚伯拉罕·林肯都赢得了合众国的选票。4月中旬的一天,林肯在华盛顿福特剧场里看戏时遇刺,约翰逊副总统成为总统。然而,约翰逊的麻烦也开始了:3月份他和林肯发布就职誓言的时候,约翰逊显得有些醉意。一些人认为这是由于他患的伤寒症刚刚好,但一些新闻记者却在报道中将他写成"一位喝多的小丑",于是一组参议员开始呼吁让约翰逊退休。林肯于4月14日,就在他被约翰·威尔克斯·布斯(John Wilkes Booth, 1838—1865年)暗杀的前几个小时,同他的副总统进行了第一次会面——也是最后一次。

当上总统以后,约翰逊露出他真正的想法。他同他的家乡再一次联合在一起,他对南方州的政策十分温和;总是有阶级意识,他利用他在政府的权力向南方的贵族们证明了这个来自北卡罗来纳州的穷人多么努力向他们靠近;作为州权力的提倡者,他密切注意着任何一个可能会侵害州自由的国会法案;作为一个种族主义者,他对授予黑人的权利和保护都保持沉默。

约翰逊总统的这些特点都促成了他与国会之间的矛盾：1866年2月，国会选举通过了延长自由人局——一个帮助黑人和白人的战时机构——的决议。但是约翰逊否决了这个提议，并且国会也不能推翻他的否决。不久，国会又在1866年通过了民权法案，一个赋予获得自由的奴隶公民权并保障他们"受到法律平等保护"的法案。他认为这项立法超越了中央政府的权力范围（他感觉这个应该由各个州自己决定），再一次行使了否决权。但是这一次国会得到了他们需要的足够的选票，从而推翻了总统的否决权。这是约翰逊执政期间多次被推翻否决权的第一次。国会感觉到约翰逊不配管理国家，所以改变了会议的时间以便监视行政。与此同时，国会还领导着对重建时期的政策的制订。南方的州由他们的军队管理着，并向将军尤利塞斯·S·格兰特（Ulysses S. Grant）作汇报。

1867年国会通过了《任期法》（*Tenure of Office Act*），防止在不经国会的允许下总统开除任何一个内阁成员。这个时候，国会已经开始考虑是否要弹劾约翰逊。这年秋，约翰逊总统赦免了很多南部邦联的将军和官员，这进一步激化了同国会——以及这个国家的矛盾。约翰逊的支持率不断下降。第二年2月，格兰特试图取代埃德温·斯坦顿（Edwin Stanton，1814—1869年）成为国防大臣。约翰逊不顾违反官员《任期法》而要将斯坦顿革职。受国会支持的斯坦顿拒绝下台，竟用链子将自己锁在了办公桌上。国会在众议院举行弹劾约翰逊的听证会。几天内，众议院通过了一个弹劾决议。3月13日，审议在参议院开始。5月19日，参议院就弹劾一事进行投票表决——只差那么一点点就有2/3的选票认为总统有罪。提议失败了——仅差一票。之后的投票也是一样的结果。

当很多人认为约翰逊是一位不称职、不受欢迎并在执政期间犯了很多错误的总统时，一些人却认为他并没有冒犯宪法第4部分第2条中提到的重罪及轻罪。事实上，他被指控犯罪的依据——《任期法》之后也被推翻了，不再作为宪法了。

美国总统任期

▶ 为何美国总统要进行"国情咨文"的演讲？

美国宪法规定总统要每年向国会（由众议员和参议员参加）提供一个关于

国家状况的报告。乔治·华盛顿和约翰·亚当作为第一届和第二届总统，都亲自进行了国情咨文的演说。之后的国情咨文都以打印的形式送往国会，并在国会上进行宣读。但是，伍德罗·威尔逊（Woodrow Wilson，1856—1924年）总统亲自演说了他的报告，包括1918年1月亲自演说了“十四点”（他关于第一次世界大战结束后欧洲的和平方案的概述）。自从富兰克林·德拉诺·罗斯福（Franklin D. Roosevelt，1882—1945年）总统执政以后（1933年开始），所有的美国总统都向国会进行正式的国情咨文演说。

哪个美国总统举行了第一次记者招待会？

伍德罗·威尔逊（Woodrow Wilson，1856—1924年）是第一位定期通过举行记者招待会来回答公众问题的总统。1913年3月15日，在伍德罗·威尔逊总统就职典礼不久后，他就举行了第一次总统记者招待会。有100多位新闻记者出席了会议。几十年以后，约翰·菲茨杰拉德·肯尼迪（John Fitzgerald Kennedy，1917—1963年）以直接发布电视记者招待会而闻名，这样就能更直接地同美国公民交流。

什么是“厨房内阁”？

这个名字来源于安德鲁·杰克逊（Andrew Jackson）总统与他的非官方内阁在白宫厨房中的聚会。这组人中包括当时的国务卿马丁·范·布伦（Martin Van Buren，1782—1862年），他后来成为副总统（杰克逊连任后）和总统（1837—1841年）；F.P.布莱尔（F. P. Blair），一个在美国政治方面十分活跃的《华盛顿邮报》的编辑，他曾经帮助亚伯拉罕·林肯当选总统（1860年）；阿摩司·肯德尔（Amos Kendall，1789—1869年），一名新闻记者，也是杰克逊发言稿的撰写者，之后成为美国的邮政大臣。在杰克逊第一任期内（1829—1833年），厨房内阁影响着政策的制订，因此许多人认为总统真正的内阁不经常召开会议，也起不到什么作用。第七届总统杰克逊因为用这种方式依靠他的亲信而遭到了严厉批评。当他在1831年重组内阁的时候，厨房内阁被解散了。

然而，杰克逊对他的朋友圈子的亲近并非以厨房内阁的解散而结束。在他的任职期间，“破坏体系”达到了极致：杰克逊使许多他忠实的支持者都在政府里有了一席之地。尽管“破坏体系”一词在杰克逊任职期间被经常使用（他的朋友，威廉姆·马西〔William Marcy〕在“对敌人的破坏属于胜利者”中杜撰了这个词），但是杰克逊却不是第一个任人唯亲的总统。并且这种行为一直持续到19世纪。但从1883年初，人们开始通过法律来逐渐地杜绝，至少是限制破坏体系。

▶ 什么是“蒂波特山事件”？

“蒂波特山事件”是一个臭名昭著的政治丑闻，其程度相当于水门事件（1972年）。20世纪20年代的时候，当滥用权力的问题影响着沃伦·G.哈定（Warren G. Harding，1865—1923年）总统的时候，哈定却未被卷入这次犯罪中。艾伯特·培根·福尔（Albert Bacon Fall，1861—1944年），哈定的内政部长，在没有竞标的情况下，利用政府在加利福尼亚埃尔克山和怀俄明蒂波特山的油田为自己谋福利。福尔把加利福尼亚州的埃尔克山油田的钻井权在10万美元无利息贷款的条件下给了商人爱德华·L.多赫尼（Edward L. Doheny，1856—1935年），俄怀明州的蒂波特山油田则以30万美元的现金、债券及家畜的条件给了另一个商人，辛克莱石油公司的哈里·F.辛克莱（Harry F. Sinclair）。

丑闻是1922年被揭发的，美国的参议员委员会和特殊会议花了6年时间来处理这个事件。1928年当听证会和调查有结果的时候，哈定已经自杀；福尔辞去政府工作而在辛克莱那里任职；这3个主要人物——多赫尼、辛克莱和福尔都面临着指控；政府成功地起诉了石油公司并收回了油田。同控告的严重性质相比对他们的惩罚是轻的：福尔被判受贿罪，罚款10万美元并监禁1年，多赫尼和辛克莱被指控同谋罪和行贿罪，但是不久却宣布罪名不成立而无罪释放。

▶ 西奥多·罗斯福和富兰克林·罗斯福是什么关系？

这两个美国最著名的总统是远房表兄弟。西奥多·罗斯福（Theodore Roosevelt，1858—1919年）出生在美国纽约，曾在公共服务部任职，组织了由最早的志愿者组成的骑兵团。这位充满热情的户外勇士在1901年成为副总统。当总统威廉姆·麦金利（William Mckinley，1843—1901年）被杀后，9月14日，“泰迪”罗斯福作为继任者成为总统。1904年作为候选人当选总统，并执政到

1924年“蒂波特山事件”的漫画，这是在沃伦·G.哈定执政期间发生的一个臭名昭著的丑闻。

1909年，在白宫执政了将近两届。

作为美国总统的罗斯福，在1905年3月17日同他的侄女埃莉诺·罗斯福（Eleanor Roosevelt，1884—1962年）在走廊散步。这位年轻的女子嫁给了她远房的表兄富兰克林·德拉诺·罗斯福（Franklin Delano Roosevelt，1882—1945年），富兰克林从1900年进入美国哈佛大学便开始追求她。

富兰克林·德拉诺·罗斯福出生在美国纽约。同他的第5位表兄西奥多一样，富兰克林也从事着公共事业，这同他的表兄有惊人的相似之处：西奥多和富兰克林都在美国海军服兵役（分别是1897—1898年和1913—1920年）并且两个人都当过纽约市的市长（分别是1899—1900年和1929—1933年）。作为总统，他们都实现过连任——但是富兰克林·罗斯福是历史上唯一一位当选了两届总统的人（1951年美国国会投票通过了第二十二条修正案，这使得美国总统的任期最多不能超过两届）。两个人任总统时，都是在国家处于冲突的时期：西奥多1905年9月5日通过《朴次茅斯条约》（美国新罕布什尔州），调停了日俄战争，为此他获得了第二年的诺贝尔和平奖。富兰克林·罗斯福同英国的温斯顿·丘吉尔（Winston Churchill，1874—1965年）和苏联的约瑟夫·斯大林（Joseph Stalin，1879—1953年）被称为“三巨头”，他同同盟国联合，在第二次世界大战（1939—1945年）中反对德国纳粹和日本。同样的，他也是一位和平的拥护者，是组建联合国的中心人物。

1937年大萧条时期，富兰克林·罗斯福总统开始广播他的稳定美国公众的“炉边闲谈”时的照片。

有趣的是，当1912年“泰迪”罗斯福竞选总统的时候，他却遭到了民主党的表弟（当时是一位纽约的参议员）的反对，富兰克林当时支持的候选人是伍德罗·威尔逊（Woodrow Wilson，1856—1924年）。威尔逊当选以后，富兰克林·罗斯福被任命为海军助理部长。能够将他的职业(政治)和他的兴趣(船)连在一起,这使得他非常开心,也为他将来的政治生涯奠定了基础。在第一次世界大战(1914—1918年)结束时,富兰克林已经成为这个国家的知名人物了。

西奥多和富兰克林都有同样的户外爱好,但是富兰克林自从1921年8月患了脊髓灰质炎后便很少参加运动了。富兰克林曾经瘫痪过,虽然经过锻炼他有所恢复也能够在支撑物的帮助下行走,但是他没有完全康复。在强大的意志力的支撑下,他继续着他的公众生活,并在1933年再一次当选总统。他见证了这个国家的两个艰难期:大萧条(1929—1939年)和第二次世界大战(1939—1945年)。1945年4月,富兰克林由于脑溢血而猝死。

▶ 什么是"炉边闲谈"

这是富兰克林·罗斯福(1882—1945年)总统向美国国民发表演说的广播节目。富兰克林·罗斯福在美国那段长长的、黑暗的、大萧条的日子里,从1933年3月12日开始发表这种非正式的演说。他努力稳定国内局势,劝说人们要对银行有信心,要支持他的新政。这个有时以我"亲爱的朋友们"开始的广播节目获得了巨大的成功,在那个广播节目的"黄金年代"里比其他节目吸引了更多的听众。富兰克林·罗斯福的"炉边谈话"持续到20世纪的40年代,此后美国人开始关注战争。

▶ 为何埃莉诺·罗斯福被称为"人民的第一夫人"?

在她之前也有很多第一夫人活跃于国家政治中,但埃莉诺·罗斯福,第三十二届总统富兰克林·德拉诺·罗斯福的夫人却十分出众,她既是最活跃的第一夫人,也取得了巨大的成就。在她丈夫执政期间,这个国家正处于大萧条时期和又一次世界大战的前夜,埃莉诺·罗斯福的角色不仅是总统的顾问,她还是总统在这个国家的眼睛和耳朵——富兰克林·罗斯福的身体状况不允许他做过多的旅行。

从一开始埃莉诺·罗斯福就同美国人民保持着频繁的交流:她每周都开记者招待会,到罗斯福的任期结束时大概开了350次。但这种记者招待会仅仅允许女记者参加。1934年,她开始了一档广播节目,这个节目很受欢迎,以至于她被称为“广播第一夫人”。1936年开始，她又每天撰写一个叫做“我的一天”的栏目，在全国的多家报纸上刊登。这使得第一夫人对于美国的生活空前地有发言权，也使得美国人民充分地了解他们的第一夫人以及他们的第一夫人所关心的事。

担心大萧条会对美国的儿童产生影响，她帮助建成了国家青年总署以帮助高中和大学生在参加工作之前完成他们的学业。她也是少数民族的维护者，宣称工作的权利是“没有颜色界限的”，并在美国革命女儿会拒绝黑人歌手玛利亚·安德森（Marian Anderson，1897—1993年）在国会大厅演出后，退出了该组织。

埃莉诺·罗斯福还经常外出，走进人民群众之中；她在经常的演讲和其他公众场合中和美国人民面对面地说话。一幅著名的漫画描述一个煤矿工人停止了他的工作并喊道：“天哪，罗斯福夫人来了。”在第二次世界大战期间，她作了2.3万英里的旅行，越过南太平洋，在美国格陵兰岛战场的医院里和战线上不知疲倦地慰问着美国士兵。

罗斯福夫人原本就是一位维护人民权利的人，而她又恰恰能够住在白宫。这位受人爱戴的第一夫人积极支持自由事业和人权问题，她成为之后的第一夫人和女政治家及女激进者的榜样。

为何肯尼迪的执政时期被称为“卡默洛”？

第一个提出这种说法的人实际上是杰奎琳·鲍威尔·肯尼迪（Jacqueline Bouvier Kennedy，1929—1994年）。约翰·F. 肯尼迪（John F. Kennedy）遇刺（1963年9月22日）不久后，这个前第一夫人同记者讲话的时候将她丈夫的执政期描述为美国的“卡默洛”，并期望人们能记住他。“卡默洛”当然指的是亚瑟王和圆桌会议时期，也指一个充满快乐的地方或时期。约翰·菲茨杰拉德·肯尼迪（John Fitzgerald Kennedy，1917—1963年）的遗孀以一种坚强和优雅的方式领导着她的家庭和国家举办了这个悲哀、痛苦的总统葬礼，使美国公众自然地度过了这段时期。因此当她说到她丈夫任期内的美国使人想起“卡默洛”的传奇的时候，新闻记者便引用了它。尽管后来发现肯尼迪的婚姻已经出现问题，但是民众测验显示“卡默洛”的形象——尽管受到一定影响——还是深入人心的。

有多少位美国总统遭到暗杀？

有4位美国总统在任期内遭到暗杀：亚伯拉罕·林肯、詹姆斯·加菲尔德（James Garfield）、威廉姆·麦金利（William Mckinley）以及约翰·F. 肯尼迪。

亚伯拉罕·林肯于1865年4月14日傍晚遇刺，当时他坐在美国华盛顿福特剧场的总统包房里观看《我们美国兄弟》（*Our American Cousin*）的演出。一个叫做约翰·威尔克斯·布斯（John Wilkes Booth，1838—1865年）的演员向林肯开了枪，之后他跳下舞台，跌倒后（摔断了腿）一边喊着“这就是暴君的下场”，一边一瘸一拐地逃跑了。总统挺过了当天晚上，全家人都来了，他于4月15日早上7点去世。副总统安德鲁·约翰逊继任。4月26日调查小组在弗吉尼亚的牲口棚里找到了布斯，在那儿他被击毙。

1881年7月2日詹姆斯·加菲尔德（1831—1881年）在去往威廉姆斯大学同学聚会的途中，在华盛顿火车站被他的攻击者击中两枪。这个开枪的人是查尔斯·J. 吉托（Charles J. Guiteau，1841—1882年），他十分仇恨总统。吉托的一颗子弹仅仅擦伤了总统；而另外一颗子弹却打进了他的背部，医生们无法确定它的位置。如果事情发生在今天，总统的生命便得以挽救，但是在19世纪末，缺少X光这项技术的医学是无法救活他的。他生存了80多天，9月19日在美国新泽西海滨的别墅里去世。副总统切斯特·亚瑟（Chester Arthur，1830—1886年）继任。吉托的律师事后声称他是一名精神病患者，但是这种辩解并未能挽救他的生命。1882年他被判有罪并执行了绞刑。

1901年9月6日，总统威廉姆·麦金利（1843—1901年）在美国纽约布法罗参加一个招待会，在前一天他还进行了演讲。当他接近一名男子并同他握手的时候，这个家伙向麦金利开了两枪。一颗子弹仅造成了一个小伤，但另一颗子弹射进了他的腹部。虽然进行了外科手术，但是坏疽和感染还是在9月14日早上要了这位总统的命。副总统西奥多·罗斯福继任。射击者是一名叫里昂·F. 柯佐罗兹（Leon F. Czolgosz，1873—1901年）的无政府主义者；他被审判并于1901年执行了死刑。

1963年11月22日，总统约翰·F. 肯尼迪（1917—1963年）在他的妻子杰奎琳·鲍威尔·肯尼迪的陪同下，在美国得克萨斯州达拉斯进行车队游行。他们正前往达拉斯贸易商城，在那儿总统计划进行一个午餐演讲。中午12：30枪击事件发生了，当时总统正乘坐一辆黑色的敞篷车，子弹击中了他的脖子和头部。他被

1901年9月6日，无政府主义者里昂·F.柯佐罗兹向麦金利总统开枪，麦金利总统在8天后逝世。

迅速送往附近的医院，然而下午一点钟他在医院里逝世。整个国家立刻知道了这个噩耗，电视和广播都报道了肯尼迪遇刺和逝世的消息。在下午2：30副总统林登·贝恩斯·约翰逊（Lyndon Baines Johnson，1908—1973）进行了就职宣誓。

除此之外，还有一些对其他总统的暗杀行为，包括：安德鲁·杰克逊、西奥多·罗斯福、富兰克林·罗斯福、哈里·S.杜鲁门（Harry S. Truman，1950年11月1日）、杰拉尔德·R.福特（Gerald R. Ford，在1975年9月有过两次）以及罗纳德·里根（Ronald Reagan，1981年3月30日）。西奥多·罗斯福和罗纳德·里根都受了伤，但是都得以康复。其他的人并没有受伤。

水门事件中发生了什么？

水门是坐落在美国华盛顿特区的一个综合办公大楼。1972年7月，有5名男子潜入了在水门的民主党国家总部，并被抓。这5个人当中有小詹姆斯·麦考特

（James McCord Jr.，1924—　年），他是总统连任委员会的安全协调员。麦考特是为共和党人理查德·尼克松（Richard Nixon，1913—1994）总统连任而工作。

所有潜入水门的5个人被指控入室行窃和安装窃听器，包括总统连任委员会的助手G. 戈登·里迪（G. Gordon Liddy，1930—　年）和白宫的顾问E. 霍华德·亨特（E. Howard Hunt，1918—　年）在内的5个人都承认罪行。麦考特和里迪受到了审判并判有罪。

1972年2月——潜入水门的5个月以前——尼克松总统访问了中国，成为第一位访问中国的美国总统。5月份，他访问了莫斯科，在那里签署了《战略军备限制条约》，它是美国和苏联之间第一个此类条约。11月进行大选的时候，尼克松以绝对的优势战胜民主党候选人乔治·麦戈文（George McGovern，1922—1998）。

但是在1973年尼克松第二届任期的初期，当詹姆斯·麦考特被判入室行窃后，他向联邦地方法院的法官写了一封信，揭露了大量潜入水门的内幕，水门事件成为一个妇孺皆知的政治丑闻。一个特殊的参议员委员会开始对事件调查。

1973年6月25日，前白宫助手约翰·迪安在向参议院水门委员会主席萨姆·欧文宣誓。

在调查全部结束之前，有大约40个人卷入其中，包括一些高级政治官员，这些人被指控犯有入室行窃罪、窃听罪、通过以政治倾向换取成就、利用政府的机构损害政治对手和以阴谋破坏等方式违反了竞选法。

在被调查的人当中，有前白宫顾问约翰·迪安（John Dean，1938— 年）和大法官约翰·米切尔（John Mitchell，1913—1988年）。调查发现尼克松政府的很多人都知道水门行动。还发现有总统在美国总统办公室的谈话录音。当迪安和米切尔被证明有罪时，公众对总统尼克松的信心急剧下降。1974年7月，众议院的司法委员会开始为弹劾总统作准备（其中一条是指控总统妨碍司法）。弹劾文件还没有送到参议院，尼克松就在1974年8月9日选择下台。他是美国历史上第一位也是唯一的一位辞去总统一职的人。

尼克松的继任者杰拉尔德·R. 福特（Gerald R. Ford，1913— 年）上任后不久便宽恕了尼克松。水门事件成为美国历史上灰色的一章。

▶ 什么是“伊朗门”事件？

这是美国联邦政府官员的一系列动作，在1986年11月被公开。公开的内容立刻对美国总统罗纳德·里根（Ronald Reagan，1911—2004年）产生了负面影响，他的反恐政策遭到了来自他自己行政办公室的破坏。在对关于“谁知道什么、何时”这个问题展开深入的听证会和调查之后，特别检察官劳伦斯·沃尔什（Lawrence Walsh，1912— 年）在1994年1月18日上交了他的报告，报告阐明了同伊朗以及尼加拉瓜的反叛者的交涉“违反了美国的政策和法律”。

这次事件涉及里根的国家安全顾问罗伯特·麦克法兰（Robert McFarlane，1937— 年）、海军上将约翰·波因德尔斯特（John Poindexter，1936— 年）、陆军中校奥利弗·诺斯（Oliver North，1943— 年）、波因德尔斯特的军事副手、伊朗政府以及尼加拉瓜的反叛者。

有证据证明美国官员开始同伊朗政府和尼加拉瓜的叛军交易，目的是释放7名在伊朗支持的黎巴嫩反叛事件中被抓的美国人质。里根总统同人质的家人会面并且很自然地担心人质的状况。在释放人质的压力下，麦克法兰、波因德尔斯特和诺斯协商打算向伊朗（当时正同邻国伊拉克进行战争）出售大约3 000万美元的防空导弹的零部件。条件是，伊朗政府向恐怖组织施压释放美国人质。

向伊朗出售武器获得的款项由陆军中校诺斯转交给正在对抗尼加拉瓜政

府独裁统治的中美洲。国会已经通过禁止美国政府资助尼加拉瓜叛军的法律。资金的转交很明显违反了那些法律。

"伊朗门"事件导致诺斯被解雇以及波因德尔斯特的辞职。两个人都被起诉。虽然人质被释放了，但是里根的公众形象已经遭到严重破坏。

在1987年举办的伊朗门听证会中，国家安全委员会官员指出他们曾经愿意冒险通过向伊朗提供武器来交换人质，因为他们都记得美国政府曾以同样的方式试图在1980年营救在伊朗德黑兰美国大使馆的人质，但结果是失败的。

但是，向美国的敌对国伊朗提供美国武器将会对美国造成威胁。1987年伊朗发动了一次进攻，袭击了美国在科威特注册的油轮以及在波斯湾的矿井。美国以派出海军袭击伊朗的巡逻艇作为回应。在这次军事行动中，美国海军还意外地击沉了一架民用客机，机上人员无一幸免。

为何克林顿总统被弹劾？

一些人认为整个事件不过是"右翼人士的一次大阴谋"，这种说法首先是由第一夫人希拉里·罗德姆·克林顿（Hillary Rodham Clinton，1947— 年）在1998年初首先提出的。但是其他人——包括很多美国众议院的官员，在1998年12月提出了11项弹劾克林顿的条款——感到这个国家的首脑违背了自己的誓言也妨碍了司法。很多人认为他损伤了美国总统的权威。被指控同美国白宫实习生莫尼卡·莱温斯基（Monica Lewinsky）有染时，克林顿总统强烈地否认了这一点。在特殊检察官肯尼斯·斯塔尔（Kenneth Starr）调查组的不断调查之后，这

1998年7月31日，比尔·克林顿总统向记者举手示意他对莫尼卡·莱温斯基的调查毫无疑问。

个事情被证实是真的。总统强硬地否认了这个事实，然而收集到的证据证明他在同这个年轻女子的关系上撒了谎，他试图掩盖事实的真相。

许多人认为被指控的总统没有犯下美国宪法中的重罪和轻罪，不至于让他下台。尽管如此，美国参议院还是组织了对总统指控的听证。2月，陪审团指出克林顿并没有作伪证和妨碍司法。尽管成为历史上接受犯罪调查时间最长的总统，克林顿还是任满了两届，在卸任离开的时候，他的支持率还是相当高。

克林顿弹劾案是联邦立法机构130多年以来第一次开庭审理的案件——1868年举行了对安德鲁·约翰逊总统的弹劾听证会。

▶ 什么是“悬挂式”？

“悬挂式”又称“凸出式”或“孕妇式”，是一种投票者在打孔选票上未能将孔芯完全打掉的一种带有打孔痕迹的选票。这种选票在2000年共和党的候选人乔治·W·布什和民主党候选人阿尔·戈尔（Al Gore，1948—　年）的总统竞选中受到了国内外的广泛关注，因为戈尔方面希望通过这种选票改变现有的选举结果。因为在阳光之州——佛罗里达州的选票都十分接近，在11月7日选举之后的几天，又进行了人工计票。新闻照片显示计票员拿着打孔选票冲向阳光试着确定这个选举人是否想要通过打孔来选出他的候选人。

但是美国佛罗里达州并不是第一个通过审查有争议的选票来确定选举人意图的州。1996年民主党在马萨诸塞州优势就是通过认真审查选票、将“酒窝式”的选票算作有效来确立的。支持通过审查选票来确定选举人企图的马萨诸塞州高级法院表示，“如果选举人的意图可以通过审查选票来合理确定的话……这种意图和有效的选票一定会产生影响”。结论是选举人不应该因为无法正确表达自己的意图而丧失选举权。1990年在伊利诺伊州和1981年在印第安那州的案例都表示了希望通过审查选票的形式来确定投票者的意图。在所有的案例当中，模糊不清的选票将被放在一边。在2000年，佛罗里达州重新投票的结果是布什获得2 909 176张选票，而戈尔获得2 907 451张选票。在佛罗里达州取得了胜利以后，全国的选票都倾向了布什。虽然戈尔赢得了全国多数选票51 003 894（布什是50 459 211），但是布什却成功地争取到了选举团。

大小布什是第一对“父子总统”吗?

不是。在第四十一任(乔治·H .W. 布什)和第四十三任(乔治·W. 布什)总统成为父子总统之前,还有第二任总统约翰·亚当斯和第六任总统约翰·昆西·亚当斯(John Quincy Adams,1767—1848年)也是父子总统。

还有一些总统的亲戚也在他们之前当过总统:第二十三届总统本杰明·哈里森(Benjamin Harrison)是第九届总统威廉姆·亨利·哈里森(William Herry Harrison)的孙子。第十二届总统扎迦利·泰勒(Zachary Taylor)和第四届总统詹姆斯·麦迪逊(James Madison)是一对表兄弟。弗兰克林·德拉诺·罗斯福(Franklin Delano Roosevelt)在他的远房表兄“泰迪”罗斯福之后继任总统。系谱专家认为富兰克林·德拉诺·罗斯福同其他10位总统也有关系,其中的4人有血缘关系,另外6人有婚姻上的关系:他们分别是约翰·亚当斯、约翰·昆西·亚当斯、尤利塞斯·格兰特(Ulysses S. Grant)、威廉姆·亨利·哈里森、本杰明·哈里森、詹姆斯·麦迪逊、威廉姆·霍华德·塔夫脱(William Howard Taft)、扎迦利·泰勒、马丁·范·布伦和乔治·华盛顿。

战后时代

联合国是如何形成的?

联合国直到1945年10月才正式形成。但是第二次世界大战中发生的事情为建立这个人们今天所熟知的国际和平组织铺平了道路。

阿道夫·希特勒和他的军队在1939年入侵波兰,不久德国纳粹占领了整个欧洲。9个国家——比利时、捷克斯洛伐克、法国、希腊、卢森堡、荷兰、挪威、波兰和南斯拉夫——的领导人在伦敦同英国及英联邦国家的领导人会面。1941年6月12日在伦敦签署了《同盟国宣言》(*Inter-Allied Declaration*),承诺要联合起来建立一个和平的世界。2个月后,在8月14日,美国总统富兰克林·德拉诺·罗斯福和英国首相温斯顿·丘吉尔签署了《大西洋公约》(*Atlantic Charter*),两国领导人都指出条约的目的在于建立和平。

1943年，约瑟夫·斯大林、富兰克林·罗斯福和丘吉尔在德黑兰和平会议上。

1942年1月1日，26个国家签署了联合国宣言，宣誓联合起来对抗轴心国（德国、意大利和日本），致力于创造和平。“联合国”这个词据说是罗斯福创造出来的。

1943年11月末12月初，“三巨头”——罗斯福、丘吉尔和斯大林——在伊朗德黑兰举行了战争中的第一次会面。这些同盟国的首脑在那里确定了联合国组织在战后维护和平方面的责任。尽管结束战争是这些首脑首位的、也是最重要的事情，但是所有人都看到了两次世界大战的间隔很短，并决定世界上的国家应该联合起来防止类似的事件再次发生。1944年8月，在美国华盛顿举行的敦巴顿橡树园国际会议上，来自英国、美国、苏联和中国的代表会面为构想中的维和组织制订计划。会议持续到10月份，其成果是构成了联合国安全理事会的基本理念——即世界上的5个主要国家在理事会享有永久席位，除此之外还有一些有限的可以转换的会员。

当1945年“三巨头”再一次在雅尔塔（苏联）会面时，主要讨论的问题是如何结束同德国以及日本的战争。但是罗斯福、丘吉尔和斯大林也宣布要在那一年的4月25日在美国旧金山召开一次联合国会议。

在战争中有巨大贡献的罗斯福总统却未能活到见证第二次世界大战的结束以及这个国际和平组织的建立。罗斯福总统在1945年4月12日突然去世。欧洲战场于5月7日结束战争。在第二次世界大战结束的日子里，同盟国代表按照约定在美国旧金山会面签署了联合国宣言。在6月26日，代表们签署了《联合国宪章》。1945年10月24日，同日本的战争结束不久，当签字国递交了批准书后，联合国正式成立。最初有51个成员国；今天这个数字已达到了191个。

联合国何时开始工作？

在签署了宪章以后，联合国便立刻开始致力于实现它的使命。1946年1月10日，第一届联合国大会第一阶段会议在伦敦举行。2月14日，投票决定联合国总部设在美国。1950年，联合国综合大楼在美国纽约曼哈顿区东河之滨建成。

联合国都做了些什么？

成员国的代表致力于为全球的人民维护和平、确保安全。几十年过去了，联合国的角色已经扩展到人权领域，成为人道主义救助的提供者。联合国致力于通过外交途径解决出现的争端。尽管联合国不总是一个成功的维和者、和谈者，但是这个组织却能够为辩论提供一个平台，这就能够阻止一些争端升级为战争。并且联合国通过它的主要机构来帮助发展中国家、促进人权以及减轻遭战争破坏的地区的痛苦。

然而，也有一些批评指出，这个国际组织武断地确定国家之间的边界，认为这些边界分离了种族部落，造成了冲突（例如中东和非洲）。

今天联合国有多少个成员国？

到2005年，联合国的成员国已经达到191个国家，新加入的国家有2002年加入的瑞士和东帝汶民主共和国（东帝汶）。1945年成立以来，联合国的成员国便在不断地增加。建立之初包括加拿大、法国、(大不列颠)联合王国、苏联(今天的俄罗斯联邦)和美国等51个成员国。10年以后,另有25个国家加入联合国。到1965年,成员国数达到117个;到1975年,达到144个;到1985年,达到159个;而到1995年,达到了185个。

▶ 联合国有哪些主要机构和专门机构?

在联合国的宪章里建立了6个主要机构,并规定了这些机构的责任和运作方法。联合国大会是主要的讨论大会:所有成员国的代表都聚集在那里讨论同联合国密切相关的以及十分重要的问题;联合国安全理事会是主要负责维护和平的机构;联合国经济与社会理事会调查经济问题并致力于提高生活水平;联合国秘书处是联合国的管理机构,帮助所有的组织开展工作;联合国托管理事会帮助那些没有自己政府的领土;国际法院听取成员国之间的争议。除了最后一个机构,其他机构的总部都设在美国纽约。国际法院设立在荷兰海牙。

自从1945年签署宪章以来,联合国还建立了很多专门机构、委员会以协助它的工作能在全世界范围内展开。在这些机构中,人们熟知的有联合国教育、科学和文化组织,促进各国的思想的交流;联合国儿童基金会,帮助全世界的儿童和青少年,特别是在那些遭到破坏和发展中国家的儿童和青少年;世界卫生组织,促进提高全球的高水平健康标准;国际劳工组织,致力于提高劳动者工作条件和保护劳动者;国际货币基金组织,负责货币和贸易问题。

▶ 联合国安全理事会都有哪些理事国?

根据联合国宪章,安全理事会有15个理事国:5个常任理事国和10个非常任理事国。非常任理事国由联合国大会选出,任期是2年。常任理事国有中国、法国、俄罗斯、(大不列颠)联合王国和美国。10个非常任席位每年选一次,一次5个国家,因此在2004年1月1日,以下的国家开始了2年的任期:阿尔及利亚、贝宁、巴西、菲律宾和罗马尼亚。在2005年1月1日阿根廷、丹麦、希腊、日本和坦桑尼亚联合共和国开始他们的2年任期。在2005年,日本、德国、印度和巴西开始申请加入安全理事会。

安全理事会都做了些什么？

根据联合国宪章，安全理事会的职责和权力是：

> 依照联合国的原则和目标，安全理事会有维护和平和保障安全的责任；调查任何一个可能引起国际摩擦的争端和状况；负责拟订军备管制的计划；断定威胁和平或侵略的行动，对需采取的行动提出建议；呼吁成员国采取经济制裁或其他方式，而不是使用武力来阻止或停止入侵；向大会推荐新成员国；在“战略地区”实施联合国的托管职责；向联合国大会推荐秘书长；同联合国大会一起选出国际法院的法官。

什么是G-8？

它的意思是八国集团首脑会议，是世界上先进的工业民主国家（加拿大、法国、德国、意大利、俄国、英国和美国）每年召开一次的会议。开始的时候是六国集团于1975年在法国召开的一次会议，6个国家（法国、德国、意大利、日本、英国和美国）的代表会面以讨论国际经济和政治问题。会议的全球性是为了支持成员国在所关心的问题上的合作。1976年，加拿大加入这个集团，1994年俄罗斯也加入进来（然而，这个国家直到1998年才完全参与其中）。这八个国家轮流主持会议。2004年，美国在一个离佐治亚州海岸不远的小岛上举行了第三十次会议。会议的内容包括训练国际维和人员；在全球范围内研制艾滋病疫苗；制订计划以在2009年结束非洲之角（非洲最东端的区，包括索马里、埃塞俄比亚和吉布提）的饥荒。八国集团的领导人和代表被邀请参与同他们有关的讨论。

印　度

为什么莫罕达斯·甘地被称为“圣雄”？

莫罕达斯·甘地（Mohandas Gandhi）被人们称作“圣雄”（梵语中指“伟大的

灵魂”),是印度的国家和精神领导人,被看做是“国家之父”。1869年10月2日,他出生在印度。作为一名年轻人,甘地在英国学习法律。主要在印度活动的甘地那时到英国控制的南非进行商务访问,看到印度移民在那里受到压迫,甘地第一次组织了消极对抗活动。之后甘地因为这种叫做“真理的力量”的理念而闻名。

1915年,甘地回到印度以后,组织人们进行反对在印度的英国政府的活动。18世纪英国开始统治印度并且一直掌权。在第一次世界大战后,印度的民族主义者开始了他们漫长而艰苦的独立运动。甘地采取的是全民的“非暴力抵抗”方式,例如联合抵抗和绝食,他不止一次被指控引起骚乱而被逮捕,因为他的追随者的行为较为极端。他们通过制造骚乱来进行抵抗。

作为印度主要的政党印度国民大会党的领袖,甘地领导人们摆脱印度的世袭制度。在甘地时期,印度不仅存在四个阶层,还存在一个第五阶层,称为“贱民”,他们的社会地位比最低级的农民和工人还要低下。改善“贱民”成为这位领导人最重要的任务,那时的甘地放弃了他所喜欢的西方的简单的生活方式。

1937年初,甘地开始淡出政坛,但是他仍然被看作是独立运动的领导者。在第二次世界大战期间,他因要求英国从冲突中退出而被逮捕。1944年被释放后,甘地成为战后谈判的核心人物,1947年印度独立。甘地认为所有的宗教本质是一致的,他尊重天主教和穆斯林的信条。1948年印度教徒和穆斯林发生冲突,甘地在新德里祈祷守夜的时候被一名疯狂的印度教徒开枪打死。

莫罕达斯·甘地(约1945年拍摄)被人民称作“圣雄”,梵语中意思是“伟大的灵魂”,是印度的国家和精神领袖。

英迪拉·甘地和莫罕达斯·甘地是一个人吗?

不是,除了在几个事件上,他们之间是没有关系的。1947年印度获得了独立，国家的第一任总理是贾瓦哈拉尔·尼赫鲁（Jawaharlal Nehru，1889—1964年），他曾经是印度历史上漫长的独立斗争的领导者莫罕达斯·甘地的追随者。在他作为印度领导者的整个任期里，尼赫鲁唯一的孩子——女儿英迪拉（Indira，1917—1984年）协助他工作，英迪拉1942年同一名叫作费罗兹·甘地（Feroze Gandhi）的男子结婚，这名男子同莫罕达斯·甘地没有任何关系。英迪拉·甘地在印度国家事务中十分地积极。她父亲去世后，她于1966年接替她父亲成为国家的总理。然而，她在任期内却遇到了麻烦。由于被发现使用非法的选举手段，英迪拉于1977年被她的政治对手推下台。决定重返政坛的她再次参加议会的选举并再度成为总理直至1984年去世。出于宗教原因，她被她的2个锡克教保镖所暗杀。她的儿子拉吉夫·甘地（Rajiv Gandhi，1944—1991年）继任，但是1991年也遭到暗杀。

中　东

现代以色列是何时建立起来的？

作为一个现代国家，以色列于1948年宣布独立。随着第二次世界大战的结束，联合国建立一个特殊的委员会来处理英国统治的巴勒斯坦事宜。巴勒斯坦地处中东（亚洲的西南），西接地中海、北邻黎巴嫩、东邻叙利亚共和国和约旦、西南接埃及（西奈半岛）；这个狭长的地带向南延伸到亚喀巴湾。在1947年11月，联合国将以色列从巴勒斯坦地区分离出来；没有被指定给以色列的巴勒斯坦地区被划分给相邻的阿拉伯国家。

现代以色列的第一位领导人是大卫·本-古理安（David Ben-Gurion，1886—1973年）。他于1948年5月14日宣布以色列独立。本-古理安出生在波兰，20岁左右来到巴勒斯坦，积极致力于维护犹太人在这个地区的自治权。他的在任时间是从1949—1953年和1955—1963年。尽管20世纪以色列发生了许多大事，但是它的历史既漫长又复杂。以色列是巴勒斯坦地区一个古老的国度，公元前1020年在扫罗王（King Saul）的统治下建成。以色列包括迦南地区和希伯来人的乐土。希伯来人是从埃及逃出的摩西（公元前14—公元前13世纪）的后代。但是之后这个王国开始分裂，到公元前8世纪的时候，便不复存在了。尽管如此,这个地区仍然是定居在这儿的希伯来人的故土和圣地。

包括以色列在内的巴勒斯坦整个地区,之后经历了多个帝国的统治:亚述人、伦巴底人、波斯人、马其顿国王亚历山大大帝领导的马其顿人以及罗马人(在耶稣时期是罗马帝国的一个省叙利亚)。在罗马人统治之后,巴勒斯坦受到包括奥斯曼帝国(1516—1917年)等多个穆斯林(伊斯兰)王朝统治,只有一次是例外。1917年巴勒斯坦又归到英国人的统治之下,英国人通过了《贝尔福宣言》,在这里建立了一个犹太人的居住地。然而,1939年,当看到有大量在欧洲遭到迫害的犹太人涌入的时候,英国却违背了自己的政策。在巴勒斯坦的犹太人起来反抗英国的统治。与此同时,犹太人和阿拉伯人之间的斗争也加剧起来。

由于以色列人和阿拉伯人近两年来在这个地区不断交火,1947年联合国决定建立一个犹太人的家园。虽然在1949年这个地区的几个国家的边界被重新划分,但是阿拉伯和以色列的战争(1956年、1967年、1973年—1974年及1982年)仍然持续着。动荡的局面持续了整个20世纪80年代,进入90年代,双方开始谈判以解决长久以来的冲突。

▶ 什么是巴勒斯坦解放组织?

这是一个在1964年由阿拉伯人在巴勒斯坦形成的小组,简称巴解小组,其目标是在这个地区使穆斯林人获得自治。主要由游击队首领亚西尔·阿拉法特(Yasser Arafat, 1929—2004年)领导的巴解小组将以色列看作一个非法的国家,并且决心在这个地区建立一个巴勒斯坦国家。1947年,巴解小组作为巴勒斯坦人民的管理机构受到联合国和阿拉伯国家的承认;然而,巴勒斯坦人仍然为没有家园而继续战斗,很多时候还采取恐怖的手段。

1993年以色列和巴解小组在阿拉法特的领导下彼此承认,达成了一项国际协议:以色列在1996年初同意从加沙地带(地中海和埃及边界一个狭小的地带)和西海岸(在约旦河和死海西岸一块稍大的地带)的大部分城市和乡镇撤军(耶路撒冷被看做以色列和巴勒斯坦两个国家的首都,地处西海岸的西面,被划分成阿拉伯东耶路撒冷和犹太-以色列西耶路撒冷)。1993年被称作《奥斯陆协议》的巴以协定成功地使巴勒斯坦人获得了一个自治的家园,至少是一个自治的地区。为了管理这个地区,巴勒斯坦权力机构建立起来。

1994年,因为阿拉法特和以色列的领导人伊扎克·拉宾(Yitzhak Rabin,

1922—1995）以及西蒙·佩雷斯（Shimon Peres，1923—　年）的贡献而获得了诺贝尔和平奖。在1996年1月，巴勒斯坦人在加沙地带和巴勒斯坦控制的西海岸设立了一个立法机构并选出了一位总统（阿拉法特）来管理这些区域。

但是协定被推翻了：在这个长久以来都处于麻烦之中的地区，双方都扩大了暴力行为。2003年，在俄罗斯、欧联体和联合国的协助下，美国制订了“中东和平路线图”，并呈现给以色列和巴勒斯坦权力机构。这份计划清楚地列出了双方所要取得的目标和时间表。由于双方都拒绝采取互惠的措施以和平地共处在一个地区，因此暴力仍然在继续。当巴勒斯坦领导人马哈茂德·阿巴斯（Mahmoud Abbas）（1月接替阿拉法特）和以色列总理阿里埃勒·沙龙（Ariel Sharon）在埃及会谈时，和平的微小希望曾在2005年2月再次出现。两个人达成了口头的停火协定：沙龙表示以色列军队将停止对巴勒斯坦的袭击。然而达成协定还是存在阻碍的：以色列需要终止在加沙地带和西海岸的驻扎；巴勒斯坦需要获得曾经对以色列进行了上百次恐怖活动的哈马斯军队的控制权；以色列军队也应减少进攻。巴勒斯坦政府仍然要依赖于巴勒斯坦权力机构。

什么是“苏维埃联盟”？

苏联是怎么形成的？

苏联是1922年正式成立的，当时俄国连同乌克兰、白俄罗斯以及外高加索联邦（亚美尼亚、阿塞拜疆和格鲁吉亚）一起形成了苏维埃社会主义共和国联盟（苏联）。后来又有9个国家加入，领土也被重新划分，因此到1940年的时候，苏联包括15个加盟共和国：亚美尼亚、阿塞拜疆、白俄罗斯、爱沙尼亚、格鲁吉亚、哈萨克斯坦、吉尔吉斯（也称作吉尔吉斯斯坦）、拉脱维亚、立陶宛、摩尔达维亚、俄罗斯、塔吉克、土库曼斯坦、乌克兰以及乌兹别克斯坦。

苏联有多少个领导人？

从1922年（1917年俄国帝制在革命中被推翻的5年后）成立以来，苏维埃社会主义共和国联盟仅仅有10位领导人。但是只有5位在他们的任期内是有意义的——或者是统治的时间很长，或者是真正地掌握了政权：列宁、斯大林、赫鲁晓夫、勃列日涅夫和戈尔巴乔夫。

俄国帝制在1917年的革命中被推翻后，布尔什维克的领导人弗拉基米尔·列宁（Vladimir Lenin，1870—1924年）出任苏维埃人民委员会主席。1924年列宁死于中风，列宁的助手约瑟夫·斯大林接替了列宁，1929年斯大林成为真正的独裁者。第二次世界大战期间，就是由斯大林领导着苏维埃。虽然战争期间他和同盟国联合，但是战争结束不久，他便开始在东欧建立统治，并最终导致冷战（1947—1989年）的爆发，直到1953年他去世时仍然掌控着权力。

斯大林去世以后，苏联的领导层为争夺权力接连不断地发生斗争：苏联主席格奥尔基·马林科夫（Georgy Malenkov，1902—1988年），也是斯大林长期以来的助手，成为最高领导人。1955年马林科夫被迫下台，由武装力量部部长尼古拉· 布尔加宁（Nikolai Bulganin）继任。然而，布尔加宁仅仅是名义上的总理；权力真正掌握在共产党总书记尼基塔·赫鲁晓夫（Nikita Khrushchev，1894—1971年）手里，他于1958年驱除了布尔加宁，成为总理。

1922年弗拉基米尔·列宁同约瑟夫·斯大林

赫鲁晓夫公开指责5年前刚刚结束的斯大林的专制统治，开始致力于提高生活水平。在国际政策上，他遵循同西方“和平共处”的原则，甚至于1959年访问了美国，会见了德怀特·D. 艾森豪威尔（Dwight D. Eisenhower，1890—1969）总统。在1960年，美国的一架侦察机在苏联被击落，这使得人们开始质疑赫鲁晓夫对待西方的政策。因为粮食减产而引起的饥荒在国内造成了麻烦。与此同时，赫鲁晓夫推进苏联的太空开发，开始同美国的太空竞赛。最终，由于他在国际问题上的态度，包括同中国的不合，致使他在1964年10月丧失了权力。

赫鲁晓夫的下台（被迫退休）是受到他以前的支持者和政治顾问列昂尼德·勃列日涅夫（Leonid Brezhnev，1906—1982年）的推动。赫鲁晓夫下台后，这个国家实际上就是由勃列日涅夫和总理阿列克谢·柯西金（Alexei Kosygin，1904—1981年）两个人来领导。作为共产党领导的勃列日涅夫真正掌握着政权。20世纪70年代初，勃列日涅夫成为苏联的统治者——虽然柯西金到1980年前仍然在位。在他的执政期内，勃列日涅夫紧紧地控制着东方阵营（社会主义国家），建立起苏联军队（开始同美国的军备竞赛），但在改变苏联日益衰退的经济状况方面毫无作为。

1982年，勃列日涅夫去世，尤里·安德罗波夫（Yuri Andropov，1914—1984年）继任。然而，2年后安德罗波夫也去世了，由康斯坦丁·契尔年科（Konstantin Chernenko，1911—1985年）接替他成为总理。1985年3月，契尔年科去世了，米哈伊尔·S·戈尔巴乔夫（Mikhail Gorbachev，1931—　年）成为共产党和苏联的领导人。戈尔巴乔夫以开放的政策对待西方，经济的发展导致了苏联的解体，1991年，各个加盟共和国都建立了自己的政府。

什么是“五年计划”？

这是约瑟夫·斯大林首先制订的计划，目的是加速苏联的工业化以及在共产主义政府的管理下组织农业。第一个五年计划于1928年开始，之后的计划一直开展到1958年。那一年，苏联的领导人制订了一个七年计划（1959—1965年），目的在于赶上——超过——美国工业。勃列日涅夫上台后，在1966年又恢复了五年计划并且一直持续到1990—1991年苏联解体。其他的共产主义国家也开展了五年计划，其目的都是将工业、农业以及物品和服务的分发掌握在政府的控制之中。

什么是“缓和”时期？

缓和是在僵持的关系中的一种放松，特别是指国家与国家之间。冷战期间的缓和指的是赫鲁晓夫1958年在苏联掌权以后，开始的一个同西方和平共处的计划。20世纪60年代期间，美国同苏维埃社会主义共和国联盟（苏联）进入了一个关系缓和的阶段，这个时期签订了《不扩散核武器条约》（*Nuclear Nonproliferation Treaty*, 1968）、《战略武器限制公约》（*Strategic Arms Limitation Treaty*, 1972）、《赫尔辛基协议》（*Helsinki Accords*, 1975年）——这些条约强调要促进东方国家和西欧的合作。

一些历史学家认为“缓和”是冷战的结束，而另外一些人认为这只是一个暂停罢了：当1979年勃列日涅夫领导下的苏联入侵阿富汗以镇压在那里的反共产主义运动的时候，两个超级大国（美国和苏联）的关系又迅速地紧张起来。并且，勃列日涅夫在他的任期内也在逐渐地增加军备。这些事件都导致了“缓和”时期的结束。

美国的后9·11时代

美国国土安全办公室是何时成立的？

美国国土安全办公室是在2001年9月11日恐怖袭击之后的几天里组织起来的。总统乔治·W. 布什指派美国宾夕法尼亚州州长汤姆·里奇（Tom Ridge）出任第一届国土安全办公室顾问。里奇于2001年10月8日宣誓任职。2002年11月25日布什总统签署了国土安全法案后，国土安全办公室升级为国土安全部，法案提到建立美国国土安全部并指派里奇为内阁级管理者。

美国国土安全部巩固了现存的机构，并且发誓要采取新的措施以防止美国将来再次遭到恐怖袭击。国土安全部的机构和下属部门最终包括：美国移民与海关执法署、联邦应急管理署、信息分析及基础设施保护办公室、公民和移民局（以前的“移民归化局”）、公民权利与公民自由办公室、美国海岸警卫队和保密局。

2005年2月15日，前美国巡回法院法官迈克尔·切尔托夫（Michael

Certify, 1953— 年）接替里奇成为第二届美国国土安全部部长。在这个职位上他协助追查到9·11恐怖袭击同基地组织有关，并且致力于增加联邦调查局同州及地方政府共享的信息。

什么是《爱国者法案》？

由美国国会大多数人通过并由布什在2001年10月签署的《爱国者法案》（*Patriotic Act*）是一项有争议的法律，其目的在于在9·11事件后加强美国的国家安全。立法机构放宽了联邦监督法；在对美国公民和外来居住者的信息收集方面授予各个部门更多的权利；扩大了政府对恐怖嫌疑犯和帮凶的权力。这部综合法包括168个部分，允许国家的情报局和执法部门在没有传票的情况下可以监督邮件和商业交易，在没有法院命令的情况下可以使用窃听装置，也可以要求网络服务器提供者上交顾客所使用的数据。

《爱国者法案》的争议之一就是它被称为"图书馆式供应"，意思是这个法案允许国家机关秘密地索取商业、医院以及其他组织的图书、记录、论文、文件等其他资料。批评家担心政府因此能够利用这种权利来偷窥无辜者的阅读习惯。其他人对于这项权利的反应也十分强烈，从美国公民自由联盟获知，美国的5个州和43个州的375个委员会在2005年都通过了《爱国者法案》。《爱国者法案》的另一个有争议的部分最终也要求事后提供调查说明的报告；这个部分被称作"偷窃与偷窥"，因为它允许联邦政府可以在事后也不告知本人的情况下搜查嫌疑犯的家。

当很多立法者为《爱国者法案》可以打击恐怖主义和保护家园而欢呼雀跃的时候，另一些人很快地意识到这项法律严重地侵犯了公民权。支持者指出由于通过了这项法案，便能找到证据，使那些被带上法庭的上百名恐怖嫌疑犯认罪伏法。但是包括立法人员、美国公民自由联盟、保守派以及很多公民在内的批评者将这项法案看成是违背宪法的——非爱国主义的。一位美国公民自由联盟的高级代表说，"冷静的头脑可以看出《爱国者法案》越走越远，到了最远的地方，它必须被带回来，回到宪法的准则上来"。其他的副作用还有：被指控滥用执法权、引进了模棱两可的法律使国会可以推翻或废除法案的一些部分，同时，它还挑战了宪法（2004年，地方法院发现至少有两个部分是违背了宪法的）。

当《爱国者法案》的合宪性还在讨论之中的时候，一些提案在2005年底被废除了。4月份，布什政府的两个高级法律执行官敦促国会修订每一个反恐怖分子法案的提案：首席检察官阿尔伯托·冈萨雷斯（Alberto Gonzales，1955— 年）指出在《爱国者法案》中一些最有争议的提案在打击恐怖主义中已经被证明是十分有效的；联邦调查局的局长罗伯特·米勒（Robert Mueller，1944— 年）也说到法案中允许情报局和执法机构共享信息也是十分重要的。

对于在关塔那摩关押在押犯都有什么争议？

9·11袭击以后，美国军方开始在古巴关塔那摩湾海军基地的一个扣押中心拘留恐怖主义嫌疑犯。自从1898年美西战争以来，美国海军便占领着关塔那摩，并且每年向古巴缴纳租金。白宫将这些在押犯称为“敌对战士”；当无法证明他们的罪名成立还继续关押他们时，争议之声四起。

第一批被带到关塔那摩的人是2002年1月在阿富汗被抓的。到2004年2月这2年多的时间里，无法给任何一个在押犯定罪。美国的一些律师开始质疑布什政府在关塔那摩的政策，认为这违反了美国宪法的审判程序。2005年1月，一个地方法庭的法官认同检举说审判犯人应该遵循宪法：他们不应该被剥夺按法律程序审判的自由。布什政府立刻采取行动，上诉裁决。一些国际委员会也强烈地指责了美国政府的这种行为。英国的一位高级法官称这个政策为“公正的巨大失败”。

美国国防部考虑要对关押在关塔那摩的恐怖嫌疑犯的检举裁决上做出重大改变，以回应日益增加的批评。改变的方面在于将裁决回归到美国军事法庭的公正原则上来。

在对待和审问在押犯方面也出现了问题。人权小组因虐待提出上诉。2005年春，在关押在关塔那摩的恐怖嫌疑犯方面展开工作的联合国官员正在等待访问关塔那摩；未能前行的原因是联合国官员们要求全面了解当地的设备、犯人的人数和条件，而这一点华盛顿方面是不情愿接受的。根据2005年2月美国军队信息局的报告，当时有来自约40个国家的545人被拘留在关塔那摩关押中心。政府还在南卡罗来纳州、伊拉克和阿富汗的海军基地以及海军船只上关押了一些恐怖嫌疑犯，其中一些是塔利班组织的高级成员。

2002年1月，在古巴关塔那摩湾的海军基地，塔利班和基地组织的在押犯在美军的监视下跪着。

五 法律与著名审判

什么是罗马法?

罗马法是罗马人自公元前8世纪到罗马帝国衰落(西罗马帝国于476年灭亡;东罗马帝国覆灭于1453年)期间使用的法律体系。东罗马帝国的国王查士丁尼大帝(483—565年)搜集所有政府颁布的各种法令和罗马法学家(法官和法律顾问)对法令的论述和阐释进行整理,同时委派帝国内最好的法律专家来起草、编撰、出版和修正,直到他565年去世,终于编撰出《国法大全》(*Body of Civil Law*),亦叫《查士丁尼法典》(*Justinian Code*)。该法典包含4部分内容:收录政府颁布各种法令的《法典》(*Codex*);记录罗马法学家论述和阐释的《学说汇集》(*Digest*);作为学生教材的《法学总论》(*Institutes*)及新颁布的法律《新律》(*Novels*)。

尽管罗马法在中世纪(500—1350年)时受到大量质疑,但它还是一直存在于中世纪教堂的教会法规中并流传整个世纪。像它在路易斯安那州一样,罗马法构建了大多数欧洲大陆国家以及非英语国家的现代民法基础。这些以民法为基础的国家和州的法律体系的特征是依据法律条文,而非像英美普通法那样依据以前的法庭决议。

什么是普通法?

普通法是以过去的法庭决议为法律系统基础,流行于除路易斯安那州以外的英美国家的法律体系。普通法有时也被称为习惯法，因为它以能达成决定的共同习惯为规范。美国的路易斯安那州是唯一不依靠以前的法庭决议和习惯来审判法律案件的州。他们以民法为依据，随意忽视以往对其他相似案件的审判结果（其他州则必须考虑以往的例子）。路易斯安那州的特殊性源于它长时间受法国人的统治和影响的历史。

许多国家的法律体系不仅沿用了罗马法演变的民法，同时又引用了英国的普通法。民事案件很大程度上属于民法领域；已被裁定的反社会的刑事案件则归属于依先例审判的普通法领域。

什么是神判法？

神判法是一种非理性的方法用来判断人有罪还是清白。罗马帝国衰落（476年）后，罗马法被欧洲各种各样的野蛮法律所取代。如果有人被指控犯罪，

美国马萨诸塞州塞勒姆的乔治·雅格布斯（George Jacobs）审巫案。许多审巫案中的被告都处于痛苦的折磨中，那些被判定有罪的人将被处死。（由汤姆基斯·哈里森·马特森提供）

他将被故意弄伤，例如用炙热的铁棒烫，或浸入滚烫的热水中。如果被指控者能在一定的时期（一般为3日）内被治愈，则可判定其清白。如果伤口不能在固定时间内痊愈，则裁决其有罪。这种决定人有没有罪的方法也被称为预言法，因为法院试图通过诉诸神灵来区分被指控者的清白。

神判法是一种完全不实用也不理性的审判方式，在审判过程中法官和陪审团主持案件的陈述，雇人书写法规或先例以达成定论。17世纪初，新英格兰女清教徒被指控有魔法时，靠神的旨意来预言的方法被广泛使用。嫌疑犯被绑起后投入水中，如果她沉入水底，则判为无罪。如果她浮在水面，则被宣判有罪。原因是只有有魔法的人才有力量使其漂浮在水面。那些被神判法判定有罪的人将被处以死刑。

▶ 什么是决斗法？

决斗法像神判法一样是一种在中世纪（500—1350年）成为主流的审判方式。当贵族们发生争论时，他们会被鼓励相互决斗。人们设想正确的人将得到上帝的帮助而在战斗中取得胜利。毫无疑问，这种审判方式逐渐被陪审团审判所取代。

▶ 什么是拿破仑法典？

1800年，拿破仑·波拿巴执掌法国政权后，委派法学专家组成委员会汇集所有法国民法编制成典籍。历时4年，这部被称为《民法典》（*Code Civil*）的典籍于1804年3月21日正式施行，同年12月拿破仑在法国称帝。因此这部典籍有两个名字《法国民法典》和《拿破仑法典》。该法典在整个法国、比利时、卢森堡以及欧洲其他法语国家施行。

《拿破仑法典》是一部折中了《罗马法》和《普通法》的法典。它迎合了法国大革命（1789—1799年）的一些激进改革。这部民法典对个人自由、财产的所有权、继承的次序以及契约都进行了阐述。它像盛行于拉丁美洲的民法一样对欧洲有着广泛的影响。与大多数英语国家施行的普通法相反，民法审判以汇编的规则为基础，而非以往的先例。比如，《民法典》认为疑犯在被证明无罪前都是清白的，而相反《普通法》则认为疑犯在被证明有罪前都是清白的。

什么是人身保护令？

人身保护令被看做是法律程序公正的奠基石。它的意思是指疑犯在开庭被审讯前，没有人有权利对其拘留，只有法庭才能决定他是否应该被监禁。

这种观念可以追溯到中世纪的英格兰，许多历史学家认为人身保护令隐含于《大宪章》。其中的第三十九章记述："自由不可夺……或以任何毁坏方式放逐……除非是通过贵族的审判和国家的法律。"人身保护令通过1679年的《人身保护法修正案》(*Habeas Corpus Amendment Act*)得以加强。该修正案阐述：即使国王和王后也无权违反议会和法院的意志来拘留疑犯。英国人将这种理念带至其美国殖民地。《美国宪法》第一章第九节阐述人身保护令不应该被终止，除非它引发暴乱而且侵害公众安全。美国内战(1861—1865年)期间，亚伯拉罕·林肯曾终止过人身保护令。战后重建(1865—1877年)期间，人身保护令曾受三K党战乱活动影响而再度被终止。

国 际 法

什么是国际法？

根据荷兰法学家雨果·格劳修斯(Hugo Grotius，1583—1645年)的解析，自然法规定了自然中行为的规则，并最终演化成国际法。他1625年写的著作《关于战争与和平法》(*Concerning the Law of War and Peace*)是国际法的权威教科书，他大胆地提出世界所有主权国家是平等的。然而他的观念也遭到一些人的诽谤，英国哲学家托马斯·霍布斯(Thomas Hobbes，1588—1697年)就是其中的一个。他坚持国际法是不合法的，因为它并不被任何国家之上的法律团体所执行。

自17世纪以来，国际法得到发展，使其不仅仅只是理论范畴。在19世纪和20世纪早期，《日内瓦公约》(*Geneva Conventions*，1864年，1906年，1929年，1949年)和《海牙会议》(*Hague Coferences*，1899年，1907年)阐明了战争的规则。今天，两个或多个国家之间的条约、惯例、法律著作都影响着国际法。此外，国际法也被国际法庭执行，同时它也被看作是世界的观点、国际的认可，以及国际法庭的干预手段。

什么是《日内瓦公约》？

《日内瓦公约》是由当今世界大约200个国家共同签订的人道主义条约（截至2003年在公约上签字的国家共有189个）。它有4个公约分别于1864年、1906年、1929年和1949年4次在瑞士日内瓦被签订（1864年首次公约的签订促进了红十字会的诞生）。1977年《日内瓦公约》又签订了2个附加议定书。《日内瓦公约》设立了签约国家在战争中对待敌人的标准，也包含了如何对待阵亡者、战俘以及平民的标准。

公约和附加议定书的摘要如下：

公约一：《改善战地武装部队伤者病者境遇的日内瓦公约》（*For the Amelioration of the Condition of the Wounded and Sick in Armed Forces in the Field*）。它阐明了对战地中伤病者的保护。

公约二：《改善海上武装部队伤者病者及船只遇难者境遇的日内瓦公约》（*For the Amelioration of the Condition of Wounded, Sick and Shipwrecked Members of Armed Force at Sea*）。它在公约一的基础上增加了对海上伤病者及遇难者的保护。

公约三：《关于战俘待遇的日内瓦公约》（*Relative to the Treatment of Prisoners of War, Geneva*）。它列明了战俘的权利。

公约四：《关于战时保护平民的日内瓦公约》（*Relative to the Protection of Civilian Persons in Time of War*）。它阐明了在战争中对平民的保护。

（上述这4项公约在1949年时被统一为一部公约）

附加议定书一：《1949年8月12日签署的日内瓦公约的附加议定书，关于保护国际军事冲突中牺牲者》（*Additional to the Geneva Conventions of 12 August 1949, and Relating to the Protection of Victims of International Armed Conflicts*）。它增加了对反对种族战争及在独立战争中的牺牲者的保护。

附加议定书二：《1949年8月12日签署的日内瓦公约的附加议定书，关于保护非国际军事冲突中牺牲者》（*Additional to the Geneva Conventions of 12 August 1949, and Relating to the Protection of Victims of Non-International*

Armed Conflicts）。它增加了对在为争夺疆域而进行的内战中的牺牲者的保护。

《日内瓦公约》和《海牙公约》一样由许多《国际人道主义法》（*International Humanitarian Law*）组成。它们常被认为是惯用的国际法，因为世界上的许多国家都认可并受它们的约束。

什么是《海牙公约》？

《海牙公约》是1899年和1907年两次通过的关于战争法律和惯例的国际条约的总称。第一次《海牙公约》源自1899年由俄国沙皇尼古拉斯二世（Nicholas Ⅱ）召集的在荷兰海牙举行的和平会议。最初的目标是限制军事的膨胀。尽管包括美国在内的出席会议的26个国家拒绝限制军事膨胀的决议，但这次会议还是对在陆地和海上的交战规则达成了统一。更重要的是这次会议形成了《和平解决国际争端公约》（*Convention for the Pacific Settlement of International Disputes*）。该公约确立了存在至今的永久性仲裁和国际审判法庭。法庭的地点就在荷兰海牙由美国实业家和慈善家安德鲁·卡耐基（Andrew Carnegie，1835—1919年）捐建的和平宫。1907年44个国家出席了为时4个月的第二次海牙和平会议并签订了第二个公约。该公约对第一次海牙公约进行了增加和修订。各国代表们决定在1915年再次会晤，但是由于第一次世界大战的爆发而未能如期举行。可以说《海牙公约》是国际同盟和联合国的渊源。

美国的法律与司法

美国最高法院的结构及判决方式是什么？

《美国宪法》第三章阐述："美国的司法权授予最高法院。"该宪法描述了最高法院的权利，但没有明确最高法院的结构以及由多少法官组成。这些未被明确的问题留给了议会，在《美国宪法》出台的1788年，议会通过了第一部司法条例，阐明了法院最初的组织结构。最高法院有6名成员：首席大法官和另外5名同事。后来国会的法案又对最高法院的组织和权限进行了修订。

在1869年，最高法院的规模扩大到9名成员，他们是首席大法官和8名服务的同事。大法官由总统指定但是根据宪法的第二章还必须征得参议院的同意。为了避免党派偏见，议会用降低法官薪水的方法来干预，同时规定只有靠弹劾的方式才能被解职。高级法庭审理上诉的案子，法官依据多数的意愿来进行裁决。

谁是美国最高法院的首席大法官？

乔治·华盛顿总统任命约翰·杰伊为首席大法官，同时任命詹姆斯·威尔逊（James Wilson）、约翰·拉特利奈（John Rutledge）、威廉姆·库欣（William Cushing）、约翰·布莱尔（John Blair）和詹姆斯·爱尔德尔（James Iredell）为他的5位副法官。

杰伊在他被委任时有着令人印象深刻的履历，他在1778年和1779年作为负责人主持了大陆会议，同时作为美国大臣在1799年美国革命期间服务于西班牙。1872年他与美国政治家本杰明·弗兰克林和其他在法国巴黎的和平委员

什么是蓝法？

蓝法是一种强制精神行为的法律。它起源于新英格兰清教徒殖民期间，由于被印刷在蓝色的报纸上而得名。一些蓝法指明了在安息日的正确的行为，包括禁止工作、运动和饮酒。早期的美国康涅狄格州纽黑文蓝法在1871年被广泛出版成书，名为《康涅狄格州普通史》（*A General History of Connecticut*）。作者塞缪尔·皮特斯（Samuel Peters，1735—1826年）引入一些教科书中的特权，甚至创造了一些他自己的法律。大多数蓝法在那些年间被逐渐废止，因为它们侵犯了人类的自由。如果今天一个团体仍然有蓝法，那它也是不可能被执行的。

会一道工作，并在与英国战争接近尾声时起草条约。虽然新共和体被创立了，但杰伊还是继续留在前线。他作为华盛顿总统的外事秘书（1784—1789年），在1787—1788年间和亚历山大·哈密尔顿（Alexandra Hamilton，1755—1804年）、詹姆斯·麦迪逊（James Madison，1751—1836年）一起编写了用来解释由他们批准的宪法能给美国所带来什么益处的《联邦党人文集》（*Federalist*）。

什么是吉姆·克劳法？

吉姆·克劳法是把黑人从白人中隔离出来的一些法律和惯例的总称。它们盛行于19世纪末至20世纪50年代的美国南部。吉姆·克劳（Jim Crow）是19世纪一部歌舞剧中讲述的一个思想老套的黑人。第一部以吉姆·克劳命名的法律诞生在1838年，到19世纪的80年代已经在美国普遍使用。尽管1868年议会通过的《第十四条修正案》禁止各州亵渎公民的平等权利，但美国南部许多州仍然在批准将黑人从公众中隔离出来的法律。简言之，吉姆·克劳法是对种族歧视的体现和执行。这些法律在20世纪50年代和60年代时被判定为违反宪法，这都要感谢后来的民权运动的发展。

最高法院在种族隔离中的角色是什么？

虽然最高法院在20世纪50年代和60年代推翻了大多数的种族隔离法，但实际上法院只是在修正它自己的错误。

19世纪末，美国内战和奴隶制废除后的几年中，最高法院以州为层面制定了一些确实支持种族隔离的法律。其中最著名的是1896年的普莱西诉弗格森案。

该案中，支持立美国路易斯安那州法律为宪的最高法院命令，对在有轨电车上的黑人和白人实行"隔离但平等"的政策。当时曾经声明"宪法是色盲"的副法官马歇尔·哈蓝（Marshall Harlan）对此持强烈的反对意见。普莱西对弗格森案判决后，各州持续使用"隔离但平等"政策50年，批准了吉姆·克劳法，在学校里、交通工具上、休闲场所、饭店里建立起种族隔离制度。这也就意味着在自动饮水机旁、长椅旁、休息室里、公共汽车座位上、医院的病床上和剧院里都会标有"白人专用"和"有色人种使用"的标记。一部阿肯色州的法律甚至在法庭

隔离学校的场景(1948):俄克拉何马州大学里白人学生坐在教室里而黑人学生却坐在另一个与之相连的房间里。

审案时也根据证人皮肤的颜色来提供在作证宣誓时使用的圣经。

1954年的布朗诉教育局案和1960年的博因顿诉弗吉尼亚州案成为最高法院判决上的两个里程碑。在布朗诉教育局案中,美国堪萨斯州托皮卡市小学里黑人孩子的家长们控诉公共学校将黑人学生和白人学生隔离的行为违反了1868年第十四修正案中黑人孩子拥有平等保护的规定。这些家长们当时得到了拥有辩护律师索古德·马歇尔(Thurgood Marshall, 1908—1993年)在内的全国有色人种协进会(NAACP)的支持。1954年5月17日,最高法院裁定这些实行隔离的学校确实违反了平等保护的条款,推翻了之前在普莱西诉弗格森案中赞成的"隔离但平等"学说。1960年12月,首席上诉律师索古德·马歇尔为哈佛法律学生布鲁斯·博因顿案的辩论令联邦政府再一次在最高法院之前制定了反对州种族隔离法的标准。原告控诉美国弗吉尼亚州里士满公共汽车站实行隔离制度违反了联邦反种族隔离法,华盛顿为此下发了指令给各州,支持所有公民不分肤色享有对公共设施使用的平等权利，这是法律再一次依照控方的意愿制订了制度。这些裁决配合激进的民权运动最终宣布了种族隔离的不合法性。

▶ 什么是猎鹰行动？

猎鹰行动是2005年4月中旬由美国法警署领导的，在全国范围内对1万多名逃亡者在一周之内进行围捕行动的代号。960名来自联邦、州和执法机关认证机构的执法者与警察一道共抓捕10 340名各种案件的通缉犯，其中大部分为暴力犯罪案件。这次行动发生在“受害者权益周”期间。这些通缉犯中有150余名犯谋杀罪，550名犯性侵犯罪，600多名犯持械抢劫罪。还有一些是在逃犯和嫌疑犯。对比以往的仅能抓捕数百名通缉犯的合作效应，这次抓捕数量众多通缉犯的猎鹰行动可称为执法上的一个里程碑。

著名的审判

▶ 什么是塞勒姆审巫案？

塞勒姆审巫案是1692年在美国马萨诸塞州塞勒姆市发生的一系列审判。这个使200人被指控为巫师的事件后来成为搜寻持不同意见者的导火线。事实上，19名被绞死的人让学生们铭记了一段历史：一个对大规模的歇斯底里行为的警醒。

在17世纪，人们开始广泛相信巫术，同时相信那些有超自然力量、行为怪异的人会伤害他们的邻居。法院会不时审判女巫的蓄意犯罪案。在1692年这些声名狼藉的审判前，美国马萨诸塞州和康涅狄格州的记录显示，70件女巫案已经被审问，其中18位受指控者被宣告有罪，但是规模远没有达到1692年的规模。那年的1月，塞缪尔·帕里斯（Samuel Parris）牧师的女儿和侄女开始出现奇怪的行为。经过医生的诊断，得出的结论是这两个9岁和11岁的小女孩中邪了。2个女孩在被强迫说出是谁向她们施了魔法的时候，她们指出了在牧师家工作的1个加勒比印第安奴隶和另外2个女人，1个是流浪汉，另1个是被驱逐者。她们都被逮捕起来。有些正直的社会成员也遭到控诉，他们所谓的“罪行”看上去只是因为反对帕里斯牧师。他的教徒成了他的证人。到了5月，塞勒姆和波士顿的监狱里关满了等待审判的女巫嫌疑人。法庭集中将70件待审的案子安排到6月28日。

经过夏季直到9月，50名被指控者承认她们会魔法，26名被宣告有罪，19名被处死。英国派驻在美国马萨诸塞州的殖民官员开始对这种大量的定罪警觉起来。他命令塞勒姆法庭解散，开始在高级法庭对其余的案子进行听证。在50名仍被指控的人中，法庭仅仅控诉了23人。在这23人中，只有3人被判有罪，其余的均被推翻。1693年殖民官员赦免了所有悬而未决的案子，并宣告巫术不再是可控告的罪行。

▶ 谁是约翰·彼得·曾格?

约翰·彼得·曾格（John Peter Zenger，1697—1746年）是美国纽约的一个印刷业者，1735年曾被指控煽动叛乱和诽谤。他的这个案件不仅改变了美国法庭对诽谤的定义，也奠定了出版自由的基础。

曾格出生于德国，1710年当他13岁的时候移民到美国。后来在《纽约公报》（*New York Gazette*）找到了一份印刷学徒工的工作。15年后，他开始了自己的生意，主要印刷宗教小册子。1733年纽约新上任了一个英国派来的殖民长官威廉姆·科斯比（William Cosby），他上任后不久就招致了所有人的蔑视，不论穷人还是富人。反对科斯比和他那使人伤心的政策的富商们找到曾格，想要支持他创办一份由他本人负责编辑和出版的报纸。曾格答应了此事并在1733年11月5日，发行了第一期《周刊》（*Weekly Journal*）。内容包括对殖民官员的痛斥。这重重地激怒了科斯比。在烧毁了大量的期刊后，科斯比在1734年11月抓捕了曾格。这位编辑出版商在监狱里仍然通过铁门向他妻子口述社论，继续出版他的刊物。

曾格案在1735年开始审判。当时被认为是美国殖民地最好的费城著名律师安德鲁·汉密尔顿（Andrew Hamilton，1676—1741年）为其进行辩护。汉密尔顿承认他的当事人出版报纸有罪，但他争论，如果想判定曾格犯有诽谤罪，则必须证明曾格的言论是错误和怀有恶意的。控方争论着诽谤的定义，并断言诽谤的言论是造谣中伤的、煽动性的、使人不安的语言。法庭赞成原告的意见，汉密尔顿因此不能提供任何证据来支持曾格在《周刊》中印刷的材料的真实性。

汉密尔顿直到在最后陈词中才开始了他的反抗辩论，他的总结陈词也因此成为法律史上最著名的典范。他控诉法庭查禁证据，迫切要求陪审团考虑将法庭的这种行为作为最强有力的证据，并且阐明特权是属于某些人的，“只有壁垒才能抵抗非法的权利……那些靠伤害和压迫群众来管理的人才会激怒百姓，令百姓哭泣和抱怨”。这个聪明的律师恳请陪审团尊重自由，因为这么做是在阻挡暴政的出现。7名陪审员被汉密尔顿的激情演讲感动了，最终判定曾格无罪。

曾格从监狱释放后第二天就回到他的印刷生意中，出版了关于他自己审判的抄本。正当殖民官员们还在为接受这个案件所重新规定的诽谤的定义而为难时，曾格案已经在整个美国殖民地变得著名起来。后来殖民地居民抛弃了英国的皇家制度，建立了一个新的共和国，这些开国者们将曾格审判所形成的制度编著进美国宪法关于保证新闻出版自由的第一修正案《权利和自由法案》(*Bill of Rights*)中。

▶ 为何德雷德·斯科特(Dred Scott)判决案重要？

德雷德·斯科特案的判决宣告了1820年《密苏里协议》(*Missouri Compromise*)的违反宪法性，加重了南北的分裂，为1861—1865年发生的美国内战打开了道路。

19世纪中叶，出生在美国弗吉尼亚州奴隶家庭的德雷德·斯科特(约1795—1858年)试图索求他的自由，因为他随他的主人来到了因执行《密苏里协议》而禁止奴隶制的美国威斯康星州和伊利诺伊州。根据该协议，议会决定承认密苏里州为奴隶州，缅因州为自由州，并且宣布36°以北的疆域(现在密苏里南部的边界)除密苏里州外均为自由制。

度过了奴隶的一生，德雷德·斯科特为了自己的自由在1846年4月控诉了密苏里州。这件围绕斯科特旅行到美国北部自由疆域的案件经过了两次审判。获准第二次审判的原因是由于第一次审判犯了程序上的错误。1850年，依据第二次审判的结果，一位密苏里陪审员不顾密苏里州实行奴隶制的事实，基于身处自由疆域或州的居民应被释放的先例裁定斯科特成为自由人。斯科特主人的律师约翰·F.A.桑福德(John F.A. Sanford)立刻向密苏里州最高法庭提出上诉，请求废除斯科特的自由。

但是这个案子仍然没有结束，因为桑福德没用斯科特前主人的名字而用他

什么是马德医生审判?

塞缪尔·马德是一名医生,他在约翰·威尔克斯·布斯(John Wilkes Booth, 1838—1865年)1865年4月14日刺杀完总统亚伯来罕·林肯(Abraham Lincoln)后,为布斯治疗受伤的脚踝。后来塞缪尔·马德被控诉为暗杀总统的同谋,被指控叛国和共谋。1865年6月30日,他在军事法庭接受审问,被判有罪入狱。3年后马德被安德鲁·约翰逊(Andrew Johnson, 1808—1875年)总统赦免。官方对此的解释是出于马德的人道主义成就,他拯救了生活在疫疾流行的监狱里面的生命。尽管这个指控他的案件已经不可信了,但历史已经把他有罪的判决归咎于他极度的政治野心和对利益的喜爱。因此,马德的名字也遗臭万年,给了现代文化这样的习语:"他的名字叫马德。"(美国俚语:你不受欢迎的意思。)

自己的名字签署了法庭文件,使这个斯科特诉桑福德案有了有趣的转折。由于错误签署斯科特诉桑福德案,这件案子被退回重审。斯科特雇了一位新律师。由于桑福德搬到了纽约,因此原告斯科特和已登记的被告桑福德现在处在了不同的州,使案子转入了联邦范围。1854年美国圣路易斯巡回法庭再一次受理斯科特的案子,他的自由再一次被否认。这个判决被上诉到美国最高法院,于1856年开始听审。

1857年3月,南方人占大多数的最高法庭裁定斯科特居住在威斯康星州和伊利诺伊州是不能令他获得自由的,作为一个美国公民的黑人是没有自由的,因此不能上诉到联邦法庭,议会从没有权力可以在这片领域上禁止奴隶制。德雷德·斯科特几年后就去世了。

为何审问苏珊·B.安东尼(Susan B. Anthony)?

苏珊·B.安东尼由于违反联邦选举法而被审问。1872年当选举权运动达到高潮时，安东尼和14名女性同伴前往可以参加投票的纽约州罗彻斯特市，在那里有选举人注册办公室，选举人可以进行登记。当安东尼遭到拒绝时，她和那些官员们争论起来。安东尼出示了法官亨利·塞尔登（Henry R. Selden）的书面意见，该意见赞同她及同伴关于《第十四修正案》（*Fourteenth Amendment*, 1868）保护妇女选举权的主张。安东尼威胁登记员，如果不允许她和她的同伴参加选举，将会遭到她的控诉。登记员们屈服了，他们允许妇女们签字进行选举。在选举日11月5日，她们参加了选举。23天后，所有15名妇女因为她们之前的行为都被抓捕了。妇女们提出了保释申请，并得以被释放。同年6月，安东尼的审判开始进行。检察官代表政府指控她："她在1872年11月5日……选举……她是一个女人。"最终安东尼被判有罪并罚款100美金。安东尼用温和抵抗的行为拒绝支付罚款，她说："对暴政的抵抗是服从上帝的。"

玛塔·哈里（Mata Hari）真是间谍吗？

当1917年2月13日荷兰人玛哈雷塔·赫特雷达·泽莱（Margaretha Geertruida Zelle, 1876—1917年）在巴黎被捕时，没有什么有力的证据可以证明这位在欧洲被称为玛塔·哈里的女人是第一次世界大战中的德国间谍。但是却有大量的证据证明她和敌人有长期的结交，并且接受他们的钱，但最确凿的证据却从没被发现过。然而，在7月的一个封闭的巴黎的审判室里，那些陪审员2天所听到的陈述足够使他们信服这个从前做过欧洲众多名人情妇的奇异舞女确实是一个间谍。她最终被判处死刑。

在她18岁的时候，一则征婚启事令她嫁给荷兰军队的一名中年上尉约翰·鲁道夫·坎贝尔·麦克劳德（John Rudolph Campbell MacLeod）。约翰被派遣到印尼爪哇岛，在那里她年轻漂亮的妻子在21岁时就不仅学会了马来语，而且也学会了跳当地的舞蹈。她的爪哇朋友都叫她玛塔·哈里，意思是"清晨的明眸"。后来回到荷兰，玛塔·哈里离开了她的丈夫，并移居到巴黎，在那里她开始了无节制的生活，并很快成为众所周知的奇特印度舞女。她的演出遍布整个欧洲，而她也一直忙碌于联络有权势的男人。1914年，她移居到德国，据说她当时在安特卫普接受了间谍训练。

第一次世界大战开始后，由于玛塔·哈里在法国拥有财产并且是中立国荷兰的公民，她被允许回到巴黎。她重新开始了与有影响力的男人们的关系，用她的能力为德国人搜集信息。同盟国开始留心关注起她，怀疑她是间谍，并给她设下陷阱。而她却变成了一个双重间谍。法国人送她去西班牙工作，但是她在那里与德国间谍会面并汇报。当她受德国人命令返回巴黎时，已经截获了德国人给她的电报的同盟国官员已经在等她的归来了。他们逮捕了玛塔·哈里，因为她被发现拥有一张德国人开的支票。在玛塔·哈里的审判上，一份法国人编写的报告作为证据指控马塔·哈里应对5万名同盟军士兵的死负责。1917年10月15日，玛塔·哈里被执行枪决，而战争仍然持续了1年多。

▶ 谁是利奥波德（Leopold）和罗伊伯（Loeb）？

"小孩"内森·利奥波德（Nathan Leopold，1904—1971年）和"围嘴"里查德·罗伊伯（Richard Loeb，1905—1936年）是受过很好教育的美国芝加哥富家子弟，他们聪明过人，甚至可以制造无懈可击的谋杀案。1924年5月，18岁的罗伊伯就成为密歇根大学最小的毕业生，并在芝加哥大学继续攻读硕士学位。19岁的利奥波德是那儿的一名法律系的学生，同时也是美国大学优等生荣誉学会的成员。就像下面将要叙述的，他们两个成了好朋友，在1923年的秋天开始相信他们自己可以制造一起周密计划并能完美实施而又不被发现的谋杀案。

1924年5月21日，这对朋友实施了他们的卑鄙计划。受害者是百万富翁的儿子，罗伊伯的堂弟，14岁的博比·弗兰克斯（Bobby Franks）。他的尸体被发现时旁边有利奥波德的一副眼镜。这副眼镜成为线索，警察开始对利奥波德和罗伊伯严加拷问。他们固执地为自己编造的故事坚持了一天后，罗伊伯开始认为利奥波德出卖了他，进而坦白。他们被指控谋杀和绑架。在父母为他们聘请的著名律师克拉伦斯·达罗德（Clarence Darraw）的劝说下，利奥波德和罗伊伯承认了罪行，以免被判死刑，剥夺政治权利终身，及另外的99年有期徒刑。1936年，罗伊伯被他同室的狱友杀害。利奥波德由于在第二次世界大战期间为试验疟疾作出了贡献，美国伊利诺伊州的官员在1958年免去了对他的判决，令他重获自由。他迁往波多黎各，在那里他结了婚并获得了硕士学位，一边做慈善工作，一边教书。

▶ 希特勒啤酒馆政变审判的重要性是什么？

1924年，对阿道夫·希特勒和其他9名男子进行了审判，理由是他们企图在

1923年年底发动政变。这次审判是希特勒权力开始无节制上升的标志。

正如巴伐利亚领袖古斯塔夫·范·卡尔（Gustav von Kahr）在德国慕尼黑的啤酒馆的演讲所说的那样，1923年11月8日，作为纳粹党领袖的希特勒和他的部下对于推翻软弱的德国政府，让所有人摆脱掉“杂种样”品质，重新创造一个强有力的德国的行为充满信心，认为自己一定会得到民众的支持。然而在通过慕尼黑的行进中，德国皇家军队和巴伐利亚州警察向纳粹示威者和他们的支持者开火了，杀死了16人，逮捕了希特勒和他的9名同谋。他们的审判在1924年2月26日开始。在25天的审判里，靠着广播和报纸的影响力，希特勒一直表现活跃，甚至在一次庭审中，不惜花4个小时去回答一个问题。他的行为得到了德国大多数人民的支持。他慷慨激昂的控诉扭转了形势，使矛头指向德国政府。他的根本辩论点是：“我不能宣布自己有罪。我承认事实，但我不承认叛国罪。为了不再像1918年那样辜负这个国家，我的行为毫无可指责之处。”所谓的辜负是指1918年第一次世界大战结束时德国宣布投降。

此外，他还有9个同谋被指控叛国罪。希特勒被判入狱5年，在那里他写了他第一本声名狼藉的书《我的奋斗》（*My Struggle*）。书中描述了他令人恐惧的种族至高论和他第三帝国的信念。在书出版的9个月后，希特勒走出了监狱。这场被高度关注的审判令他变得比原来更加出名。

什么是“猴子审判”？

公众教师约翰·T.斯考普斯（John T. Scopes，1900—1970年）由于在课堂上传授进化论而在1925年7月美国田纳西州的代顿市接受了审判，该审判也被称为“猴子审判”。美国田纳西州信奉《圣经》里所讲述的人类起源的宇宙进化论，他们的法律禁止教师在公共学校里向学生教授英国自然学家查尔斯·达尔文（Charles Darwin，1809—1882年）的理论。达尔文科学可信的《物种起源》（*The Origin of Species*），认为人是从类人猿进化而来的。著名律师克拉伦斯·达罗（Clarence Darrow，1857—1938年）作为斯考普斯的辩护律师和前总统候选人号称“伟大的平民”的威廉姆·詹宁斯·布莱恩（William Jennings Bryan，1860—1925年）进行论辩。在1925年酷热夏季的12天里，这个田纳西州东部的小镇成了现代科学思想和传统法则，或者说是世界全民和乡村美国决战的地点。观众拥堵到法庭，甚至迫使法庭审判转移到草坪上举行。评论员每天在报纸上刊登

1925年7月，在美国田纳西州，由于教师约翰·T.斯考普斯在课堂上讲授进化论，审判案被称为“猴子审判”。

文章传至整个国家。他们用“猴子审判”来作为这件案子的大标题。

达罗制造了历史，他叫布莱恩亲自站到证人席上。站到反方律师一边是很大胆的，但是布莱恩热情地接受了他的召唤，法官也就允许了达罗的请求。达罗先请布莱恩认可《圣经》里的所有内容都是真实的，然后他开始揭露这种字面解释的危险。举个例子，他问道：“如果地球上那时只有亚当、夏娃、亚伯和该隐4个人，那么该隐是如何找到他的妻子的呢？”达罗成功地撼动了检察官，迫使他最终承认自己也不相信地球是在6天内被创造的。但布莱恩的反击是责难达罗侮辱《圣经》，达罗却回应道：“我是在用你那种没有一个基督徒会相信的蠢念来考验你。”这一幕比任何小说家写出来的作品都要好。尽管这个案子的判决后来在学术上被推翻了，但当时达罗还是输了这场官司。斯考普斯被判违反本州法律并罚款100美元。后来在1967年该判决被撤销了。这件官司后来被拍成话剧和电影《向上帝挑战》（*Inherit the Wind*），直到今天仍然被大家所牢记。斯考普斯的犯罪行为并不壮观，他的审判没有打破任何法律基础，辩护者也没有赢得聪明的胜利，但是这件发生在美国南部炎热仲夏的案子成为划时代的缩影并最终书写了一个伟大的故事。

比利·米切尔（Billy Mitchell）军事法庭审判为何如此出名？

1925年威廉姆·比利·米切尔（1879—1936年）的军事审判案由于被告公开地对美国军队进行有争议的批评而上了头条。

亲身经历了第一次世界大战的美国将军米切尔，相信国家未来军事的强大将取决于空军的力量。他曾经指挥过美国远征欧洲的空军，甚至试图向约翰·珀欣（John Pershing）将军提议在德国防线后方用降落伞把部队投下，但是遭到了珀欣的拒绝。战争结束后，1921年米切尔声明："未来战争的第一场战斗将是空战。"但是当海军和陆军部队拒绝发展空军勤务时，米切尔大胆直言地控诉军队无能，玩忽职守和管理不善。言词十分激烈。米切尔也因此被指控"不顺从，他本性的行为使军队受到了侮辱"。1925年10月28日开始了对他的审判。经过长时间的听审，在12月17日，米切尔被判有罪并被罚没5年的军饷。议会介入了这场争论，并主张同法庭共同判决以恢复米切尔的职级，但是加尔文·柯立芝（Calvin Coolidge，1872—1933年）总统却支持法庭的决定。米切尔以辞职做出了回应。他过上了平民的生活，但仍然继续着他关于空军的想法。他死于1936年，只差5年就能看见他的预言实现了。1941年12月7日，日本令人吃惊地突袭了美国在菲律宾和夏威夷的军事基地。尽管美国军队后来应对自如，加入战争并建立起强大的飞行机群，但许多观察者还是感觉到如果早些年前接受米切尔的建议，军队本应该能准备得更好。

什么是阿方斯·卡蓬审问？

20世纪20年代，声名狼藉的美国强盗"疤面煞星"阿方斯·卡蓬（Alphonse Capone，1899—1947年）犯罪集团威胁着美国芝加哥。当局以逃税罪将其告上法庭。当时芝加哥的警察一直没有办法以走私酒品、赌博、色情以及谋杀罪来控告他，联邦调查局不得已决定只好用违反税法的名义来起诉他。1931年10月的两个半星期后，控告卡蓬的官司在美国芝加哥的一个法庭里开审了。他被判处5项逃税罪，入狱11年，罚款5万美元及3万美元法庭费用。他的第一个监狱房间在美国伊利诺伊州的库克国家监狱，那里允许他使用豪华的私人浴室、电话、电报，甚至可以接受其他强盗，像“幸运者”卢西亚诺与“荷兰佬”舒尔兹的拜访。卡蓬最终被转移到旧金山阿尔卡特拉斯岛，在那里他失去了所有的特权。1939年被释放后，卡蓬和他的妻儿定居到迈阿密海滩，据说他在那里总是想象自己遭到杀手的追杀。

谁在德国纽伦堡接受审问？

第二次世界大战后，23名纳粹头目被推上德国纽伦堡的审判法庭。1945年11月25日国际军事法庭开始了庭审，直到第二年的9月30日他们才做出了判决。10月1日法庭公布了最终裁决。审判地点是同盟国经过深思熟虑才选定的，现在只要一提起遭受轰炸的城市纽伦堡就会想到纳粹势力的审判地。

尽管包括苏联领袖约瑟夫·斯大林在内的许多人认为希特勒的党羽应该在他们被行刑前再给予一个展示性的审判，但美国首席检举官罗伯特·杰克逊（Robert Jackson，1892—1954年）始终坚持遵守法律审判的程序。最终美国人的观点获得了胜利。

法庭指出这23名纳粹头目的四项罪状：阴谋罪、反和平罪、战争罪和反人类罪。被告中的一员罗伯特·莱伊（Robert Ley，1890—1945年）审判之前在监狱里自杀。控诉纳粹的证据有军事命令、报告、名单、记录、信件和日记，堆得像山一样高。德国人审慎地记录着他们的邪恶行为。证据文件的陈述主要强调了一个德国承包商的证词，他出于好奇心跟随一支德国特遣部队去筑堤，发现许多犹太男人、女人和孩子被射杀并被掩埋在坑里。还有一个从恐怖的奥斯威辛集中营活下来的法国妇女回忆说：一天夜晚，纳粹将孩子们扔进熔炉，只是因为他们的燃料用光了。大量的牺牲者遭到了无法想象的残酷暴行，他们中包括370万死在监狱里的苏联战俘，400万在集中营被灭绝的犹太人，还有被谋杀的超过200万的犹太人。为避免有人企图将他们的行为都归罪为是战争的一部分，法庭禁止纳粹用“你们做的也一样”的托词来辩护。纳粹因为耸人听闻的残忍行为而被送上法庭接受审判。

在德国纽伦堡接受审问的有希特勒的首席代表赫尔曼·戈林（Hermann Goering，1893—1946年）、外交部长约阿希姆·范·里宾特洛普（Joachim von

Ribbentrop，1893—1946年）、军事大臣阿尔伯特·斯皮尔（Albert Speer，1905—1981年）。戈林和里宾特洛普是5名被指控所有4项罪状中的2位，他们被判处绞刑。其他6名被判处反人类罪，也被判处绞刑。还有就是缺席审判的马丁·博尔曼（Martin Bormann，1900—1945年），如果他被发现还活着，他也将被判处死刑。另外7名被指控1～2项罪状的被判入狱10年。有3位被宣判无罪。尽管监狱官一直对戈林实行监控，但他还是在行刑前几小时吞下了一瓶氰化物自杀身亡，未能对其执行绞刑。由于博尔曼没有被捕，所以只有10名纳粹在法庭搭建的3台绞刑架上被绞死。

德国纽伦堡的审判加强了战争时期领导者的犯罪及不道德行为也会受到国际法制裁的法则。

▶ 阿尔杰·希斯（Alger Hiss）审判是怎么回事？

美国国务院官员阿尔杰·希斯（Alger Hiss，1904—1996年）在1949年和1950年因作伪证而被审问。他的第一次审判由于陪审团不能达成共识而告终，第二次审判被判有罪，入狱5年。他服了4年8个月的刑后被提前释放。今天许多人仍然相信希斯是被当时雇用苏联特工并掌管哈里·杜鲁门总统的行政部门的共和党政客陷害的。这件政治指控被一连串的阴谋包裹起来，其中包括后来被泄漏作假证并在14年中用过7个化名的《时代》（*Time*）杂志主编的证词、存放在农场中央空心南瓜中的缩微胶片，以及一部老式的打字机。后来的证据和证词显示所有的这些很可能都是被捏造的。

希斯的这件案子被纳入众议院组织的反美活动调查当中。1948年，冷战在持续，不信任到达了顶峰。这时一个叫惠特克·钱伯斯（Whittaker Chambers，《时代》杂志的编辑）出现在众议院里，宣称希斯是一个传送政府机密文件给苏联的间谍。身为卡内基国际和平基金会主席的希斯一时间成了被调查的目标。他被起诉并送上法庭。尽管他已经作为公务员为美国政府工作了11年，可在审判时还是需要有一群品德信誉见证人来作证他的正直、忠诚和诚实。希斯强烈地否认了对他的指控。检察官设法找出足够的证据指控希斯，以使第二陪审团确信希斯所说的“他自己是一个完全被编造出来的特工”的话是谎言（希斯第一次审判时的陪审团经过14个小时的争论也没能达成一致意见）。

在希斯被宣判有罪后,他的律师不知疲倦地为其上诉,但都遭到拒绝。1957年希斯出版了自己对案件的回忆录《在舆论的法庭里》(*In the Court of Public Opinion*),书里他始终坚持自己是清白的。后来,在1973年的水门事件中,前白宫律师约翰·迪安(John Dean,1938— 年)泄露的证词里写道,他听见美国总统里查德·尼克松说“打字机是常用的线索……我们在希斯的官司里放了一个”。1988年希斯又出版了一本回忆录,书名叫《一生的回忆》(*Recollections of a Life*)。4年后,在希斯87岁的时候,他控诉俄罗斯政府,请他们检查自己的情报存档,看看有什么内容能揭露希斯本人。得到的答复是“没有单一的档案”可以证实希斯与苏联情报中心通敌。同年1992年,希斯的儿子托尼为《纽约州人》(*New Yorker*)的杂志写了一篇文章,题目是《我父亲的荣誉》(*My Father's Honor*)。

为何有罗森伯格审判?

朱利叶斯(Julius,1918—1953年)和埃塞尔·罗森伯格(Ethel Rosenberg,1915—1953年)夫妇因同谋间谍罪而被审问。1950年罗森伯格夫妇被捕,并被指控传递核武器数据给苏联人使其开发研制原子弹。1949年9月23日杜鲁门总统就向美国国务院通告了此事。这件事如果是事实,将使美国有可能成为原子弹袭击的受害者,冷战的激烈程度进一步上升。市民们开始被鼓励去建造防空洞,学校的孩子们开始参加空袭演练,像《怎样才能在原子弹爆炸中活下来》(*How Can I Stay Alive in an Atom Bomb Blast?*)的民防电影也被搬上银幕,整个城市都在忙着如何应付爆炸的演习。

与此同时,从美国新墨西哥州洛斯阿拉莫斯曼哈顿工程中泄漏最高机密信息的线索又使人追踪到纽约机器店主人朱利叶斯·罗森伯格夫妇和他的兄弟大卫·格林格拉斯(David Greenglass)身上。历史学家桃瑞丝·卡尔恩斯·古德温(Doris Kearns Goodwin)记述道:“矮小丰满的罗森伯格女士比起国际间谍来,更像我朋友的母亲。”实际上,这件案子标志着第一次有美国公民被控告为间谍,这个审判也上了国际的头条。尽管罗森伯格夫妇仅仅是众多陷入阴谋集团中的两位,但他们却是在反间谍集团案件中受到惩罚最重的。由于他们的出卖和拒绝坦白,罗森伯格夫妇被判处死刑。在发布这个判决时,法官欧文·考夫曼(Irving Kaufman)谴责他们“改变了历史的进程”。死刑震撼了世界。正如最高法院法官费利克斯·弗兰克福特(Felix Frankfurter)所说，他们被以阴谋罪审问，并以叛国罪判决。他们在1953年6月19日被施以曾在纽约广场有大约1万人签字反对的电刑。

1953年朱利叶斯和埃塞尔·罗森伯格在被判犯有阴谋间谍罪后送往辛辛监狱。

什么是克拉伦斯·厄尔·吉迪恩审判的持续影响?

克拉伦斯·厄尔·吉迪恩(Clarence Earl Gideon)是一个51岁的流浪汉，他在美国佛罗里达州巴拿马市被指控入室抢劫(他抢了一个香烟售货机和自动唱机)，并分别于1961年和1963年接受了两次审判。这两次审判中所发生的事情对今天的每一个美国人都有着重要的影响。法庭拒绝为他提供律师的事情侵犯了宪法给予他的权利，当他对此提出抗议并获得成功时，他创造了历史，促进了美国审判系统日常事务处理标准的建立。吉迪恩没受过多少教育，但在1961年被判罪后，他开始知道他有向最高法庭诉讼的权利，并为《第六条修正案》所赋予他公平审判的权利已经被侵犯的事情上诉。由于他没能聘请一个律师为他辩护，所以法庭对他的审判是不公平的。最高法院每年会收到上千件类似的诉请，不知什么原因，他这件被排在了最前面。高级法院听审了吉迪恩的案子并同意了他的结论，称之为，“一个显而易见的真理”，并清楚地声明：“任何因贫穷请不起律师的人，只有在法庭为其提供律师并辩护后才能算是公平的审判。”对于吉迪恩来说，这使他的第一次审判结果被推翻；而对于美国的其他人来说，他肯定了不管是否有罪都要有辩护律师为其辩护的权利。受益于这项建议，吉迪恩的案子在1963年获得重审，结果他的所有指控均被宣判不成立。

▶ 什么是米兰达警告?

大多数美国人是从警匪电视片里熟悉米兰达警告的，它是对被拘捕的犯人的权利的解释："你有权保持沉默……你所说的话将被作为法庭上的呈堂证供。你有权请一个律师……如果你自己不能请，法庭将会为你指派一个……"

1963年在对一名被控犯强奸罪的墨西哥人埃内斯托·米兰达(Ernesto Miranda)进行审判后，宣读被告的权利成为必不可少的要求。米兰达被判有罪，并处以20~30年的关押。但是米兰达的法庭指派律师阿尔文·摩尔(Alvin Moore)通过对警察的提问，揭露被告并没有被告知有权被指派一名律师为其辩护。那个被提问的警察用2个小时的审问就获得了米兰达的笔供。摩尔使大家信服这份笔供是不应该被法庭所接受的，因为程序出了错，被告并没有被事前告知他的权利。他一直上诉到最高法院。1966年6月13日，最高法院以5票对4票判定摩尔是对的。首席大法官厄尔·沃伦(Earl Warren，1891—1974年)作出裁决："任何人在被审问前，都应该被告知他有权保持沉默，他所说的话都可能被作为呈堂证供提上法庭，他有权请……律师。"

米兰达的第一次审判被发回重审，1967年他又一次站在了美国亚利桑那州的审判席上。检察官找到了新的证据，与他不和的女友的证词证明米兰达曾经和她承认过自己犯了强奸罪。米兰达再次被宣判有罪，并入狱20—30年。1976年1月米兰达在假释期死于一场酒吧的争斗中。米兰达案件之后，尽管警察、法庭和被告可能不再记得米兰达的名字和他所犯的罪行，但他们却深深地记住了这件案子的重要性。

▶ 为什么罗伊诉韦德案的裁决是有争议的?

1973年美国最高法院在罗伊诉韦德案中决定将堕胎合法化，这引起群众的争论，影响远比20世纪后期其他合法的决定激烈得多。妇女们有权安全堕胎一直是争论的主题，并渐渐演变成反堕胎的暴力运动。在妇女健康诊所实施堕胎手术的医生和工作人员成了暴力的对象。数千封仇恨和恐吓的信件向7位作出主要决定的最高法院的法官们不停地飞来。

1973年1月23日，数百名群众抗议美国最高法院对罗伊诉韦德案的判决违反了堕胎违法的州法律。

这场官司由21岁的诺玛·麦科威（Norma McCorvey，1947— 年）代表所有怀孕妇女以联合诉讼案的形式发起，但判决结果伤害了她的感受，使她加入到反堕胎的阵营，并开始提倡“生命的权利”。但是在1969年，化名为简·罗伊的麦科威声明得克萨斯州的堕胎法侵犯了她和其他妇女拥护宪法的权利。该案中的另一方美国得克萨斯州检察官亨利·韦德（Henry B. Wade，1914—2001年）则支持得克萨斯州对堕胎的人进行惩罚的规定。尽管罗伊胜诉的判决来得太迟，没能让她结束她不情愿的怀孕，这个案件的裁决也没帮上罗伊的任何忙，但她的律师琳达·考菲（Linda Coffee）和萨拉·韦丁顿（Sara Weddington）继续追踪她的案子以进行一个测试。1971年12月，韦丁顿认为得克萨斯州强迫妇女不能堕胎的法令违背了妇女掌握自己生活的权利，它违反了宪法《第十四条修正案》的关于“禁止各州制定或强制制定任何剥夺或免除公民权利的法律”。作为回应，反方的观点是胎儿有受保护的权利。韦丁顿主张“我所读过的宪法……受保护的权利是从出生开始”。这些争论和辩护在最高法院演说了两次。第一次演说结束后，7名法官坐下来讨论。他们认为必须有另外两名新的被指定的法官加入后他们才能下结论。1972年10月，这件案子再次被受审。两名新法官中的一名同意多数人的意见，而另外一名持有异议。1973年1月22日法官哈里·布莱克穆恩（Harry Blackmun）宣判了多数人的决定：最高法院推翻所有关于限制妇女堕胎的本州法律。

由于当时堕胎是风险高的手术，所以那时的法律禁止堕胎也是为了保护美国妇女的健康，在这点的基础上，法庭的决定使这种医疗上的保护变得不再需要和有效。法庭也依照《第十四条修正案》关于人权的内容……或《第九条修正案》关于保留权的内容，同意宪法所暗含的人权是广泛的，并且足以包含女性结束自己怀孕的权利。有两名法官不同意这种观念，其中法官拜伦·怀特（Byron White）写道：“法庭支持了一个立场，那就是：比起胎儿的生命，他们更重视那些图快乐，喜欢一时的兴致或任性的准妈妈。”在这个里程碑式的判决下达后的将近30年时间里，人们对堕胎仍持有不同观点。

什么是ABSCAM？

ABSCAM是联邦调查局秘密搜查腐败的政府官员，并起诉他们的行动。1978年，密探们开始伴装成想要收买美利坚合众国政治权利人物的阿拉伯商人的驻美代表，并注册了一个阿卜杜尔有限公司（ABSCAM是由阿卜杜尔〔Abdul〕英文的前两个字母和单词“骗局”〔SCAM〕组成）。第一个被逮捕的是宾夕法尼亚州的国会议员迈克·奥兹·梅尔（Michael “Ozzie” Myers，1943—　年），他接受了5万美元的贿赂并且说，“我会告诉你一些真实、简单的事情——钱可以在生意中讲话”。而这些都被拍摄了下来。一些其他的官员也栽倒在这次令人痛心的行动中。他们所有人都被拘捕并被指控受贿和阴谋。7件审判案中的第一件在1980年开庭。所有的官员都被宣告有罪。大多数人面临罚款和/或入狱的处罚。所有人都丢掉了饭碗。这张被ABSCAM撒下的大网共捕获了1名美国参议员、6名国会代表、1名市长、3名宾夕法尼亚市议会成员、1名移民规划局检察员、1名会计以及许多他们的副手。美国联邦调查局的行动和最终的审判结果以及处罚向所有受到影响的政府官员们发出了警告。

什么是20世纪审判?

随着20世纪渐渐结束，美国历史学家、法律专家和公众们都在考虑哪些审判算得上是20世纪的审判。但是每个人的标准都是不同的：有些人相信最重要的审判是公众关注度最高的；有些人则认为应该是它的裁决能影响到每一个人的；而有些人却觉得应该是能成为一个时代的缩影的；还有的人认为是能引发最多群众争议的，也有些人在寻找一个能包罗万象的审判，其中要包括：声名狼藉的、带冲突的、详尽反映社会的、结果有争议的。

被拍成戏剧的法庭审判有：

1907—1908年的哈里·索(Harry Thaw, 1871—1947)审判。它的律师经历了两次审判(其中第一次陪审团未能达成一致)去说服陪审员相信索先生确实患了"美国式痴呆"。所谓"美国式痴呆"是针对美国男性的一种狂想病，它使哈里·索感受到一种无法控制的渴望去杀死那个与他妻子有染的男人。这个案子将"清白源于精神错乱"的观念上升到一个新的高度。这个受过哈佛教育的富翁索最终被判无罪。

1921年意大利的无政府主义者尼古拉·萨柯(Nicola Sacco, 1891—1927年)和巴特勒莫·范塞蒂(Bartolomeo Vanzetti, 1888—1927年)被裁定谋杀和抢劫罪成立。尽管许多人都相信他们俩是清白的，世界各地的城市也都为此上演了示威游行，但他们还是在1927年8月被执行了死刑。然而在50年后，美国马萨诸塞州长官麦克尔·杜卡基斯(Michael Dukakis)却签署了一个特别宣判，洗清了他们两个人的罪行。

布鲁诺·里查德·霍普曼(Bruno Richard Hauptmann, 1899—1936年)在1935年的审判案：这位德国人被控在1932年3月1日从美国新泽西州霍普威尔市著名飞行员查尔斯·林德伯格(Charles A. Lindbergh, 1902—1974年)的家中绑架并谋杀其20个月大的儿子和他的妻子安妮·摩洛·林德伯格(Anne Marrow Lindbergh, 1906—2001年)。两个半月后，全世界都在祈祷希望小查尔斯能平安返回。但在5月12日，小孩的尸体在距林德伯格家2英里的地方被找到了。群众愤怒地要求进行审判。表面证据使1935年1月2日—2月13日被审判的霍普曼牵连进来。由于被判有罪，霍普曼被处以电刑。有影响力的新闻编辑H.L.门肯（H. L. Mencken）意识到：这个判决是“自从耶稣复活后最引人注目的事件”，因为在这个审判当中是否被判有罪一直反反复复围绕着环境的证据。尽管许多人仍然相信官员们控告霍普曼的案子处理得有些草率，但直到20世纪90年代他们仍然维持着原判，不为他洗脱罪名。

1931—1937年被称作“斯科茨伯勒男孩”的审判案是指9名12—20岁的男孩在美国东北部阿拉巴马州的一辆42节车厢的火车上被捕，他们随即被指控强奸两名白人妇女。经过医疗鉴定，没有迹象显示这两名妇女被强奸，甚至在被盘问过程中发现他们都没有过交流。尽管如此，在实行种族隔离的法庭看来，这9个男孩中有8个罪名成立，虽然有力的证据和检查能够证明他们的清白。

1995年在前橄榄球运动员O. J. 辛普森（O. J. Simpson，1947—　年）的案件中，辛普森被指控谋杀他的妻子尼古拉（Nicole）和她的朋友罗纳德·戈德曼（Ronald Goldman）。一个目击证人指出这个审判将“妇女、少数人种、公众兴趣、国内暴力、失势的英雄”所有这些都包含了进去，并且通过媒体直播将“法律体系呈现给公众”。

在考虑问题时，还要例行公事般提到的审判有：判处利奥波德和罗伊伯犯有谋杀罪；臭名昭著的斯考普斯“猴子审判案”，这是一次信仰与理智、宗教与科学、传统与现代的一次对决；纽伦堡审判案，它为战犯的公正审判制订了程序；阿尔杰·希斯审判案，希斯“或者是个叛国者，或者是政治利益的牺牲品”以及罗森伯格间谍案。当然，这样的案例数不胜数，也没有一个固定的答案来回答这个问题。

如何对连环枪击案主犯进行判决？

2002年10月，美国华盛顿特区的枪击事件导致10人死亡，3人受重伤，这引发了一系列的法律活动，直至3年后还在进行。2003年底在美国弗吉尼亚州的审判中，两名男子被判有罪：约翰·艾伦·穆罕默德（John Allen Muhammad），出生时的名字为约翰·艾伦·威廉姆（John Allen William，1960—　年）被判处死刑，而他的同伙李·博伊德·马尔沃（Lee Boyd Malvo）也称作约翰·里·马尔沃（John Lee Malvo，1985— 年）被判终身监禁并不得保释（因为在枪击案审讯过程中，他还是名未成年人，因此他不能被判处死刑）。2004年10月，在听取了另外2起连环枪击案的申诉后，马尔沃第二次审判被判决终身监禁并不得保释，另外他还因滥用枪支而被判处有期徒刑8年。

2002年10月24日，穆罕默德和马尔沃因连环枪击案被逮捕。他们的行为使华盛顿特区的郊区陷入了恐惧之中，也激怒了整个国家。事情开始于10月2日傍晚在美国马里兰州惠斯登的一个停车场杂货店里的谋杀；在之后的16个小时里，又发生了4起枪击案，又有4个人丧生。10月22日，8起枪击案再度发生；其中3名被害人得以逃生。即便是普通人也是被袭击的目标：在加油站外加油的人、在停车场将包裹放入车内的人、到达学校的人、甚至是过马路的人。线索使得调查者从联邦政府那里得到逮捕穆罕默德和马尔沃的授权，2002年10月23日两人被捕。第二天清晨二人被带到马里兰州的看守所里。

两个人受到多个州的指控，甚至包括哥伦比亚地区。除了弗吉尼亚州和马里兰州外，这对凶手还在华盛顿特区（他们的罪行是从这开始的）、路易斯安那州、阿拉巴马州和佐治亚州进行了审判。2005年，在马尔沃被判终身监禁和穆罕默德被判死刑的情况下，检察官还想对两个人进行其他案件的审判，以确保其申诉不能成功，也是对遇难者家属的一个交代。但是法律分析人士质疑进一步审判所带来的高成本；仅是对穆罕默德和马尔沃辩护（他们接受法院指派的辩护律师，因此公家来承担费用）的花费估计就接近100万美元了。

这起公共连环枪击案导致政府加强了对枪支的控制。根据联邦法律，穆罕默德和马尔沃都不能购买武器；他们在杀人案中使用的武器是从美国华盛顿特区塔科马的一家枪支商店购得的；在“布拉德利中心阻止枪击暴力的合法行动方案”代表遇难者及其家属提出上诉的民事案件中提到了商店的所有者和枪支制造者的名字。2004年，这个案件的花费最终达到了250万美元。

9·11的同谋者有被宣告有罪的吗？

是的，但是到2005年为止也只有一名：法国公民扎卡利亚·穆萨维（Zacarias Moussaoui，1968— 年）在美国弗吉尼亚州亚历山大市的法庭上被宣告有罪，罪名是同2001年9月11日使3 000人丧失生命的恐怖袭击有关联。

2001年8月，美国联邦调查局扣押了穆萨维；在明尼苏达州（穆萨维在那里接受训练）的一名飞行指挥员报告穆萨维是一名嫌疑犯。9月份的恐怖袭击之后，穆萨维继续被视为第二十名可能的劫机者（9·11一架航班上有4名劫机者，其他3架航班上都有5名劫机者）。之后的3年里，恐怖嫌疑犯成为法律战场上引人注目的主题：穆萨维攻击对他的案件进行听证的地方法官、试图辞退他的律师，但在其为他的罪行辩护之后又改变了想法。2005年4月22日，穆萨维在挤满了人的法院里认罪，这个案件得以结束。2006年对他的罪行进行了宣判。